感谢国家社会科学基金项目（14BZX057）的资金支持

周易重读新解

王绪琴 著

中国社会科学出版社

图书在版编目（CIP）数据

周易重读新解/王绪琴著. —北京：中国社会科学出版社，2021.1
(2023.11 重印)
ISBN 978-7-5203-7756-0

Ⅰ.①周…　Ⅱ.①王…　Ⅲ.①《周易》—研究　Ⅳ.①B221.5

中国版本图书馆 CIP 数据核字（2021）第 016301 号

出 版 人	赵剑英
责任编辑	郝玉明
责任校对	张　婉
责任印制	王　超

出　　版	中国社会科学出版社
社　　址	北京鼓楼西大街甲 158 号
邮　　编	100720
网　　址	http://www.csspw.cn
发 行 部	010-84083685
门 市 部	010-84029450
经　　销	新华书店及其他书店
印　　刷	北京君升印刷有限公司
装　　订	廊坊市广阳区广增装订厂
版　　次	2021 年 1 月第 1 版
印　　次	2023 年 11 月第 2 次印刷
开　　本	710×1000　1/16
印　　张	18.75
字　　数	298 千字
定　　价	99.00 元

凡购买中国社会科学出版社图书，如有质量问题请与本社营销中心联系调换
电话：010-84083683
版权所有　侵权必究

【目　录】

前　言 …………………………………………………… 1

上　经

第一卦	乾为天	3
第二卦	坤为地	9
第三卦	水雷屯	17
第四卦	山水蒙	21
第五卦	水天需	26
第六卦	天水讼	29
第七卦	地水师	34
第八卦	水地比	38
第九卦	风天小畜	43
第十卦	天泽履	47
第十一卦	地天泰	51
第十二卦	天地否	56
第十三卦	天火同人	60
第十四卦	火天大有	64
第十五卦	地山谦	68
第十六卦	雷地豫	74
第十七卦	泽雷随	78
第十八卦	山风蛊	82
第十九卦	地泽临	85

第二十卦	风地观	89
第二十一卦	火雷噬嗑	93
第二十二卦	山火贲	97
第二十三卦	山地剥	101
第二十四卦	地雷复	105
第二十五卦	天雷无妄	109
第二十六卦	山天大畜	112
第二十七卦	山雷颐	117
第二十八卦	泽风大过	121
第二十九卦	坎为水	125
第三十卦	离为火	128

下　经

第三十一卦	泽山咸	135
第三十二卦	雷风恒	139
第三十三卦	天山遁	143
第三十四卦	雷天大壮	147
第三十五卦	火地晋	151
第三十六卦	地火明夷	155
第三十七卦	风火家人	159
第三十八卦	火泽睽	162
第三十九卦	水山蹇	166
第四十卦	雷水解	170
第四十一卦	山泽损	174
第四十二卦	风雷益	178
第四十三卦	泽天夬	183
第四十四卦	天风姤	187
第四十五卦	泽地萃	191
第四十六卦	地风升	195
第四十七卦	泽水困	199

第四十八卦　水风井	204
第四十九卦　泽火革	208
第五十卦　　火风鼎	212
第五十一卦　震为雷	217
第五十二卦　艮为山	221
第五十三卦　风山渐	225
第五十四卦　雷泽归妹	228
第五十五卦　雷火丰	233
第五十六卦　火山旅	238
第五十七卦　巽为风	241
第五十八卦　兑为泽	245
第五十九卦　风水涣	249
第六十卦　　水泽节	254
第六十一卦　风泽中孚	258
第六十二卦　雷山小过	262
第六十三卦　水火既济	266
第六十四卦　火水未济	270
附录　通行本《易传》	274
参考文献	287
后　记	289

前　言

一　关于解读的立场

本书参照了《帛书易》和今本《易传》，包括《论语》中的相关记载，重新审视与梳理通行本《易经》。《帛书易》记载了大量孔子论易的言论，这是自汉代以来（至少汉中期以后）的学者都无法看到的，因此也在一定程度上导致了《易经》解读的混乱。甚至，疑古学派还试图否定《易传》是孔子所作，其中一个重要的论据就是在《易传》中"子曰"无法表明就是孔子之言。而在《帛书易》中，我们可以看到，大量的问答中，直接标示"孔子曰"，因此，否定孔子与《易经》无关之论可以休矣。《帛书易》中的记载非常丰富，孔子的论述涉及许多卦爻，是帮助我们正确理解——至少是以孔子的思想去理解《易经》的上佳资料。如晋卦之"康侯用锡马蕃庶，昼日三接"，泰卦之"自邑告命"，讼卦之"食旧德"，屯卦之"屯其膏，小贞吉，大贞凶"，师卦之"师左次"，同人卦之"同人于野"，大畜卦之"豮豕之牙"，小过之"宜上不宜下"，明夷之"入于左腹"，涣卦之"涣其群，元吉"，等等，后世明显是在误解或错解。因此，注重以《帛书易》解易，应该是本书最主要的一个特色。

《易经》是依天、地、人三才的结构建构的一个文本体系，故本书尝试以"自然之象"（天地）与"人事之象"（人）两个维度去解读——其实这两个维度的解读方式蕴含在每个卦的大象辞之中，其中的前半句在讲"自然之象"，后半句则在讲"人事之象"，单纯从"自然之象"（天地之象）或单纯从"人事之象"的角度去解读都不是整体式的解读，或者过分把"自然之象"与"人事之象"混淆解说，也会给读者造成一定的混乱。本书为了方便阅读，不进行过多学术性的分析和论证，尽量简洁明快，但是，译者也不是任意发挥和臆断，而是建立在对古今众多解读文本的比较、综合理解之后进行判断和取舍。

另外，本书基本基于义理易学的译释立场，除了参照《帛书易》外，主要参照的注本还有《周易郑玄注》《周易王弼注》《周易程氏传》《周易口义》《周易正义》《周易本义》《周易折中》《周易集解》等。为加强解易的逻辑性和严密性，本书对象数派的解读也有相当的借鉴。本书注意每句话、每个字在整个卦爻中的具体落实，如"公弋取彼在穴"等句的解读。

二 关于解读的基本原则

对每个卦进行解读时，本书主要依据的原则就是爻之阴阳、刚柔、当位、正应、相比等。这些原则是经和传中直接或间接给定的。《系辞》曰："立天之道曰阴与阳，立地之道曰柔与刚。"即爻在天道层面上以阴阳论，在地道层面上以刚柔论。若进行现代转换，可理解为在抽象层面上以阴阳论，在现实层面上以刚柔论。内外卦爻位对应之说散见于《易经》文本中，六爻卦既是两个三爻卦相叠而来，上下卦之天地人三才之爻依"同声相应，同气相求"之原理，是相对应的。即内卦之第一爻对应外卦之第一爻，内卦之第二爻对应外卦之第二爻，内卦之第三爻对应外卦之第三爻，是为"一对四，二对五，三对六"，而以阴阳相对为"正应"。如《师·彖》有言："刚中而应，行险而顺。""刚中"显然是指九二爻，其所"应"者，六五爻也。九二为勇武忠诚之帅，六五为知人善任之君，二者以阴阳相应为美。又如《比·彖》有言："上下应也"，乃指九五与六二正应为美，等等。《说卦》又有"分阴分阳，迭用柔刚"。即一卦之中，爻位分阴阳，第一、三、五爻为阳位，第二、四、六爻为阴位，而阳爻居阳位为当位，阴爻居阴位为当位，反之则为不当位。如《遯·彖》曰："遯亨，遯而亨也。刚当位而应，与时行也。"九五爻以刚居阳，六二以柔居阴，得其位也，故曰"当位"。九五与六二皆内外卦之中爻，阴阳相应，故曰"应"也。在六十四卦中，六爻皆当位的是既济卦，六爻皆不当位的是未济卦。"相比",即两爻相邻之义。

另外,为了使入门者对六个爻位的吉凶贵贱的一般规律能够快速地把握,笔者编写了一个歌诀帮助记忆:"**一为初,二多誉,三多凶,四多惧,五多功,六多悔。**"大义即:第一爻在一卦之初,事物为刚萌发阶段,吉凶未现或不明,故一般不断以吉凶,故曰"一为初";第二爻处下卦之中,中正柔和,多吉少凶,因其为下卦之主,美誉多归之,故曰"二多誉";第三爻处下卦与上卦交接之地,下不安于内,上未得纳于外,躁动而轻进,多易招致凶险,故曰"三多凶";第四爻处五爻之下,如臣处君王之侧,必敬惧方可以免咎也,故曰"四多惧";第五爻为事物发展之鼎盛之时,物壮而势大,功成而果硕,故为有"功"也,若以人事论,第五爻为君王之位,率土之滨,天下之功(过)皆由君王当之,故曰"五多功";第六爻为一卦之终结处,物壮则老,当持盈保泰,若恃余势以逞强,必悔也,故曰"六多悔"(需要注意的是爻位由下至上为序,阳爻以"九"示之,阴爻以"六"示之)。此歌诀的原文依据为:"其初难知,其上易知……二多誉,四多惧,近也。柔之为道,不利远者,其要无咎,其用柔中也。三与五,同功而异位:三多凶,五多功,贵贱之等也。"(《系辞下》)

三 关于卦序等问题

《帛书易》与通行本卦序是不同的,至于二者所依据的原理,以及孰优孰劣,或哪一种更符合《易经》的内在逻辑,此处暂不展开讨论。本书重点在于对各个卦文义的解读,故暂时还按照通行本的卦序编排。

但是,据《史记》等文献[①],再结合帛书等出土文献,会发现汉初的《易经》本无《序卦》和《杂卦》,所谓的"十翼"之说很可能是汉儒(应该是汉中期及以后)为凑泊盈满之数而窜入了这两篇文字。

---

① 《史记·孔子世家》曰:"孔子晚而喜《易》,序《彖》《系》《象》《说卦》《文言》。读《易》,韦编三绝。"司马迁只说孔子序《彖》《系》《象》《说卦》《文言》,未提及《序卦》和《杂卦》。皮锡瑞曰:"太史公书成于汉武帝时经学初昌明、极纯正时代,间及经学,皆可信据。云'孔子晚而喜《易》,序《彖》《系》《象》《说卦》《文言》',则以《序卦》《杂卦》为孔子作者非矣。"[(清)皮锡瑞:《经学历史》,中华书局2008年版,第92页]

故本书的译释不会参考《序卦》与《杂卦》的说法，但是，按照习惯，还暂时把它们列在附录中。

四　关于注解的文风

显然，本书主要为入门的读者参阅而编著的，因此，译释的通俗性是首先要保障的，但是如果译释太"白"，则索然寡味，所以，在不影响语义理解的前提下，在译释时保留了一定半文白的文风，以尽量不至与《周易》原文刚健优美的风格相去太远，也更加接近文本的原义。

考虑到《帛书易》中很多通假字和古今字等，因此所引用《帛书易》中的文字参照通行本和常用字已经进行了调整，并进行了一定的翻译和解读，以方便大家参考和对照。为了保证阅读的流畅性，《帛书易》的引文和释文都放在每个卦后的注释中。

上经

第一卦　乾为天

☰ 乾上
☰ 乾下

乾：元亨利贞。

【解】元为创始之义，亨为通达之义，利为义和之义，贞为正固之义。《子夏传》云："元，始也。亨，通也。利，和也。贞，正也。"（《周易正义》，后文皆简称为《正义》）《文言》曰："元者，善之长也；亨者，嘉之会也；利者，义之和也；贞者，事之干也。君子体仁，足以长人；嘉会，足以合礼；利物，足以和义；贞固，足以干事。君子行此四德者，故曰：'乾：元亨利贞。'"

《彖》曰：大哉乾元！万物资始，乃统天。云行雨施，品物流形，大明终始，六位时成，时乘六龙，以御天。乾道变化，各正性命。保合大和，乃利贞。首出庶物，万国咸宁。

【解】乾卦六爻皆阳以象天，天之阳气刚健充盈，昊大广远，万物资借之以始生。天德流行，使云行雨施，物各成其品类，各得其形，各得亨通。以卦论之，阳刚贯穿始终，自下而上，终成六位之卦，以比拟万物生长之过程。乾之六爻，犹如六龙，六龙或潜或用，因时而动，可御天之变化，使万物各得其性，各正其命。此和谐无碍之至境，谓之"大和"（太和）。万物皆自阳而生，故曰"首出庶物"。万物生长则民得以生养，得物养而民心安宁，故曰"万国咸宁"。故"万物资始，乃统天"乃释"元"之创始之能也，"云行雨施，品物流形"乃释"亨"之通达之义也，"乾道变化，各正性命"，乃释"贞"之得正之义也，"保和大和"，乃释"利"之运化和美之义也。[1]

《象》曰：天行健，君子以自强不息。

【解】乾卦六爻皆阳，至刚至健，故以天为象。王弼曰："天也者，形之名也。健也者，用形者也。"（《周易王弼注》，后文皆简称为《王注》）天行健，则日月行焉，万物生焉，各正性命，各得亨通。君子观此象，则知效法天之刚健通达，自强不息，成己进而成人，化成天下。若细分之，"天行健"，乾卦之自然之象也；"君子以自强不息"，乾卦之人事之象也。其余卦之"大象"辞无不如此。[2]

初九：潜龙勿用。

【解】初九以阳居初，位卑而势微，故当潜于水下而不用事，以积蓄能量，将以有为也。[3]关于为何以龙为喻解乾卦，在《帛书易》中孔子做了详细的解答。[4]

《象》曰："潜龙勿用"，阳在下也。

【解】初九一阳在下，如物之始生，势单而力弱，不宜有所作为。

九二：见龙在田，利见大人。

【解】九二阳气发于地上，如龙见于田野之上。居下卦之中，中正无偏，虽非君位，有君之德也。王弼注曰："虽非君位，君之德也。"九二有人君之德，所以称"大人"也。王弼又曰："利见大人，唯二五焉。"是二之与五，俱是"大人"，为天下所"利见"也。在《帛书易》中，孔子对九二"人君之德"亦有充分的阐发。[5]

《象》曰："见龙在田"，德施普也。

【解】九二力量积累稍盛，如人之崭露头角，中正而谦和，与民相接于田野之中，虽未至于高位（五爻），亦能广施其德于民，则必得民之称誉也。

九三：君子终日乾乾，夕惕若厉，无咎。

【解】九三以阳居阳，故刚健进取不止，故曰"终日乾乾"。然九三所处不中不正，躁而易失，故诫之曰"夕惕若厉"。夕者，日之将终之时也。于日之将终之时，省惕自身一日之行是否有过失之处，如此，则虽有厉而无咎也。[6]

《象》曰："终日乾乾"，反复道也。

【解】乾者，健也，此一义也。"终日乾乾"者，言君子终日努力不懈，无论顺境逆境，都不断进取，毫不动摇。乾者，日也，此二义也。言君子日复一日皆进取不止而无懈怠。

九四：或跃在渊，无咎。

【解】九四终日乾乾之努力，阳气已盛，故有飞跃之能也。然时机、地位尚未至于最佳，故或跃或潜，择机而动也。九四之知进知退者，缘其以刚居柔也。[7]

《象》曰："或跃在渊"，进无咎也。

【解】九四虽知进知退，然阳刚已经长盛如此，谦谨之余，宜进不宜退也。

九五：飞龙在天，利见大人。

【解】九五以阳居阳，处中正之尊位，如龙飞于天，大显其道。值此之时，君子之修为已至盛德，圣人之作也。圣人得时且得位，则为大人也。大人现于天下，其德如风，其令必行，为天下之民谋福利者舍我其谁，万民皆睹其明德，上下一心，同声相应，太上之治世也，故曰"利见大人"。[8]

《象》曰："飞龙在天"，大人造也。

【解】"造，建也，作也，为也。"（《增韵》）阳长至于五位，实力与时机皆至于最佳，正是大人大有作为之时。

上九：亢龙有悔。

【解】上九以阳居极，动而不止，故为"亢"也。物极必反，盛极必衰，天之道也，亢则必有悔也。《系辞》曰："上九曰'亢龙有悔'，何谓也？子曰：'贵而无位，高而无民，贤人在下位而无辅，是以动而有悔也。'"又曰："'亢'之为言也，知进而不知退，知存而不知亡，知得而不知丧。其唯圣人乎，知进退存亡，而不失其正者，其唯圣人乎！"[9]

《象》曰："亢龙有悔"，盈不可久也。
【解】凡物老则衰，盈满则亏，况亢极而骄者。

用九：见群龙无首，吉。
【解】乾之六龙皆刚，无不欲为群龙之首也，然群龙相争，必有被伤者，故用九诫之以无争，则吉也。盖太刚易折，故以阴柔化之，以中和乾卦之纯阳之性也。《帛书易·衷》曰："《易》曰：'见群龙无首。'子曰：'让善之谓也。君子群居莫乱首，善而治，何疾其和也？'"又曰："'群龙无首'，文而圣也。"[10]君子群居而不乱，能让善也。群龙无首而不争，文而圣也，群阳相处之至境，亦不过如此也。

《象》曰："用九"，天德不可为首也。
【解】一卦本只有六爻，唯乾卦与坤卦有"第七爻"，即"用九"和"用六"。盖此二卦为纯阳纯阴之卦，阳极与阴极皆非天地之常态，故加一爻以中和之。乾卦六爻皆阳，如六龙御天，皆欲为首也。而用九诫之以"群龙无首"，如一阴爻也，以中和六阳之刚烈之气。而"天德不可为首"者，盖天以创始流行而为天，若天德为首，则尽为其始而无终也，天之生生不息于此为止也。

注释：
[1]《系辞》曰："彖者，材也。"《正义》曰："夫子所作《彖》辞，统论一卦之义，或说其卦之德，或说其卦之义，或说其卦之名。"故彖辞是对整个卦的纲要式解说。

[2]《系辞》曰："象也者，像也。"象辞是对卦或爻的象所做的阐述，对整个卦象的阐述乃为"大象"辞，对每个爻的阐述乃为"小象"辞。

[3]《帛书易·二三子》曰："孔子曰：'龙寝矣而不阳，时至矣而不出，可谓寝矣。大人安佚矣而不朝，苟延在廷，亦犹龙之寝也。其行灭而不可用也，故曰寝

龙勿用。'"注：为了方便阅读，引文中的假借字、通假字、古今字等已转换为现代通行字。

[4]《帛书易·二三子》曰："二三子问曰：'《易》屡称于龙，龙之德何如？'孔子曰：'龙大矣。龙形迁，假宾于帝，俔神圣之德也。高尚行乎星辰日月而不眺，能阳也；下沦穷深渊之渊而不昧，能阴也。上则风雨奉之，下纶则有天神护之。游乎深汃，则鱼鲛先后之，水流之物莫不随从；陵处，则雷神养之，风雨避向，鸟兽弗干。'曰：'龙大矣。龙既能云变，有能蛇变，有能鱼变。飞鸟昆虫，唯所欲化，而不失本形，神能之至也。□□□□□□□□□焉，有弗能察也。知者不能察其变，辩者不能察其美，至巧不能赢其文，明目弗能察其视。□非焉，化昆虫，神贵之容也，天下之贵物也。'曰：'龙大矣。龙之为德也，曰利见□□□易□□和，爵之曰君子。戒事敬合，精白柔和，而不讳贤，爵之曰夫子。或大或小，其方一也，至周者也，而名之曰君子。谦，黄裳近之也；尊威精白坚强，行之不可挠也，不习近之矣。'"（"□"以代阙字）

大意：此段孔子对于《易》为何借龙为喻给弟子们进行解释，在孔子看来，龙几乎无所不能，变化形状，可大可小，可上天入地，风雨奉之，鸟兽无能害之，等等，故以龙为圣人君子之效法也。

又《帛书易·衷》曰："乾也者，八卦之长也。九也者，六爻之大也。为九之状，浮首眺下，蛇身偻曲，其为龙类也。"对于为何以"九"来代表阳爻也给予解释，即"九"有龙之形状也。

[5]《帛书易·二三子》曰："卦曰：'见龙在田，利见大人。'孔子曰：'见龙在田□□□回，卑谦，易告也；就民，易遇也。圣人君子之贞也，度民宜之，故曰利以见大人。'"大意：九二以阳居阴，故谦下，民众易与之交流；处下卦之中，则靠近民众，易于与民相遇。知民之疾苦，度民之所需，大人之得民也，故大人利见于田陌乡野之间也。

又《帛书易·衷》曰："《易》曰：'见龙在田，利见大人'，子曰：'君子之德也。君子齐明好道，日自见以待用也。见用则动，不见用则静。'"

大意：君子心诚而好道，每日自修其德，以待用也，见用则行，不见用则止。

[6]《帛书易·二三子》曰："卦曰：'君子终日乾乾，夕沂若，厉无咎。'孔子曰：'此言君子务时，时至而动，□□□□□屈力以成功，亦日中而不止，时年至而不淹。君子之务时，犹驰驱也。故曰君子终日乾乾。时尽而止之以置身，置身而静，故曰夕沂若，厉，无咎。'"

大意：君子当抓住时机，时机一到，则迅速行动，并全力以赴去争取成功，甚至日当中午也不停止，终年奋斗而不息。但是，时机一尽则安身不动，以免于危厉也。

[7]《帛书易·衷》曰："《易》曰：'或跃在渊，无咎。'子曰：'恒跃则凶。君子跃以自见，道以自成。君子穷不忘达，安不忘亡，静居而成章，首福有皇。'"

大意：君子不跃则不显，而恒跃则凶。君子之道需自我成就，然亦须把握好穷达动静之间的张力。

[8]《帛书易·二三子》曰："《易》曰：'飞龙在天，利见大人。'孔子曰：'此言君子□□□□□□□，君子在上，则民被其利，贤者不蔽，故曰飞龙在天，利见大人。'"

大意：君子在高位，且值其时，当尽能任事，则可使民众受到恩泽，在此时势之下，贤能之人不会被埋没，成己成人，成就天下事业，如龙飞于天，大有作为，故利见大人。

《帛书易·衷》曰："《易》曰：'飞龙在天，利见大人'，子曰：'天之助□□□□□何有其□□□□□人，蔚文而溥，斋明而达矣。此以专名，孰能及之？'"

大意：九五之君子之修为，已蔚然成章，博厚广大，斋明通达之至也。

[9]《帛书易·二三子》曰："《易》曰：亢龙有悔。孔子曰：此言为上而骄下，骄下而不怡者，未之有也。圣人之立正也，若循木，俞高俞畏下。故曰亢龙有悔。"

大意：上九居卦最上之位，故有骄下之心，骄下则危。而圣人立身中正，如缘树木而上，越是爬得高就越要警惕，否则必有悔也。

《帛书易·衷》又有载："子曰：'万物之义，不刚则不能动，不动则无功，恒动而弗中则亡，此刚之失也……是故乾之亢龙……刚之失也，动而不能静也。'"

大意：上九动而不能静，故亢也。

[10]《帛书易·二三子》曰："卦曰：'见群龙无首，吉。'孔子曰：'龙神威而精处，□□而上通，其德无首，用九见群龙无首者，□□□□□□□□□□□见君子大吉也。'"

《帛书易·衷》曰："《易》曰：'见群龙无首'，子曰：'让善之谓也，君子群居，莫敢首，善而治，何疾其和也？龙不待光而动，无阶而登，□□人与龙相似，何不吉之有？此乾之详说也。'"

大意："见群龙无首，吉"，是告诫君子群居之时，相互善意礼让才能和谐相处。

在《帛书易·衷》中孔子对乾卦有一段总结式的解读："子曰：乾六刚能方，汤武之德也。'潜龙勿用'者，匿也。'见龙在田'也者，德也。'君子终日乾乾'，用也。'夕惕若厉，无咎'，息也。'或跃在渊'，隐而能静也。'飞龙在天'，□而上也。'亢龙有悔'，高而争也。'群龙无首'，文而圣也。"

第二卦　坤为地

坤上
坤下

坤：元、亨，利牝马之贞。君子有攸往，先迷后得主。利西南得朋，东北丧朋，安贞吉。

【解】坤六爻皆阴，柔顺之至也，故曰"利牝马之贞"。牝马，柔顺而健行者也。[1]坤之为地，顺坦而通达，故"君子有攸往"。阳动阴静，天之道也，故若阴先动必迷，阴必承阳而动，方得其主，故曰"先迷后得主"。[2]西南坤之位，阴方也，往西南则得其同类，而东北艮位，阳方也，往而有阻，反失其类也，故曰"利西南得朋，东北丧朋"。又，孔子曰："岁之义始于东北，成于西南。"(《帛书易·衷》)因此，坤乃成终之位，西南乃其本位，往而"得朋"，东北为成始之位，非其安居之地也，故往而"丧朋"。坤之为卦，阴柔而静也，安居为要，易得吉也，故曰"安贞吉"。

《彖》曰：至哉坤元！万物资生，乃顺承天，坤厚载物，德合无疆。含弘光大，品物咸亨，牝马地类，行地无疆。柔顺利贞，君子攸行，先迷失道，后顺得常。"西南得朋"，乃与类行。"东北丧朋"，乃终有庆。"安贞"之吉，应地无疆。

【解】乾以资始，坤承之以生，故曰"万物资生，乃顺承天"。孔疏曰："乾本气初，故云'资始'，坤据成形，故云'资生'。"(《正义》)故乾之"元"与坤之"元"不同也。乾创生不止，坤则载之而无遗，乾坤之合，广而无疆，故曰"坤厚载物，德合无疆"。"含弘光大，品物咸亨"者，言坤之成物之盛，各得亨通也。"牝马地类，行地无疆"者，言牝马柔顺，乃地之类也，以顺处顺，行而无疆，"得朋"之谓也。"终有庆"者，往东北遇阻，迷途知返，往西南而得顺利，先迷后终得主也。坤者，地道也，妻道也，臣道也，地从于天，妻从于夫，臣从于君，谓之得主也。

《象》曰：地势坤。君子以厚德载物。
【解】地以其柔顺博厚承天而广生，终成其大也，故君子观地之象，知以顺厚之德载物与容人，则亦可成其大也。

初六：履霜，坚冰至。
【解】初六居下，阴气微至，薄霜凝降，履于其上则知坚冰终至也。盖阴初动虽微，渐积著必坚也。犹小人初虽势小，长可至于盛也。故《文言》曰："积善之家，必有余庆；积不善之家，必有余殃。臣弑其君，子弑其父，非一朝一夕之故，其所由来者渐矣，由辨之不早辨也。《易》曰'履霜，坚冰至'，盖言顺也。"[3]

《象》曰：履霜坚冰，阴始凝也。驯致其道，至"坚冰"也。
【解】驯者，马之顺也，顺习也。阴始而凝，顺习此道，终成其大，而至于坚冰也。孔疏曰："以明人事有为，不可不制其节度，故于履霜而逆以坚冰为戒，所以防渐虑微，慎终于始也。"（《正义》）胡炳文曰："上六曰'其道穷也'，由初六顺习其道，以至于穷耳。"（《周易本义通释》）

六二：直方大，不习，无不利。
【解】六二以阴居阴，当位而中正，最得坤之义也。直者，言坤柔顺贞固也；方者，言坤之生物有形也；大者，言坤之承天而德合无疆也。坤得此专静，乃自然如此，非习得来也，不习而无所不利也。君子若能效坤之德，无往而不利也，故《文言》曰："'直'，其正也；'方'，其义也。君子敬以直内，义以方外，敬义立而德不孤。'直方大，不习，无不利'，则不疑其所行也。"[4]

《象》曰：六二之动，直以方也。不习无不利，地道光也。

【解】《系辞》曰："乾知大始，坤作成物。乾以易知，坤以简能。"地以光大其柔顺至简之能而成其方大也。郑玄注曰："六二，直也，方也，地之性。此爻得中气而在地上，自然之性，广生万物，故主动直而且方。"（《周易郑玄注》，后文皆简称为《郑注》）

六三：含章可贞，或从王事，无成有终。

【解】六三以阴居阳，内含章美，贞固以守，终有成也。《周礼·冬官·考工记》曰："画缋之事，青与赤谓之文，赤与白谓之章。又明也。"章又通彰，质美而外显也。今六三虽内美却含藏谦顺，不哗宠争先，且可贞守此道，此臣道之极也。故六三若从王事，可助成王事，却又不居其功，故曰"无成有终"也。《文言》曰："阴虽有美含之，以从王事，弗敢成也，地道也，妻道也，臣道也。地道'无成'，而代'有终'也。"[5]

《象》曰："含章可贞"，以时发也，"或从王事"，知光大也。

【解】"以时发"者，六三内含章美，虽不争先而发，然时机来临，当发而能发也。"知光大"者，六三从于王事，不自彰其美，功归于君也。孔疏曰："既随从王事，不敢主成物始，但奉终而行，是知虑光大，不自擅其美，唯奉于上。"（《正义》）

六四：括囊，无咎无誉。

【解】六四以阴居阴，不中不正，且处君位之下，故当谨而行之，可得无咎，自然亦无誉也。《文言》曰："天地变化，草木蕃。天地闭，贤人隐。《易》曰'括囊，无咎无誉'，盖言谨也。"在孔子看来，此爻主要在于为小人诫，小人多言多过，箴其口可免祸也，而圣人则不受此限也。[6]

《象》曰："括囊，无咎"，慎不害也。

【解】括囊者，慎也，慎其言行，免于被害也。

六五：黄裳元吉。

【解】黄，地之色也。裳者，衣之下者也。六五居尊位，柔顺之德于斯为盛也。以地为喻，博大浑厚之至也，遍养万物而不殆。以君子为喻，厚德而文明，无往而不胜也。故《文言》曰："君子黄中通理，正位居体，美在其中，而畅于四支，发于事业，美之至也。"

《象》曰："黄裳元吉"，文在中也。

【解】六五柔顺之至，任文而非任武也。王注曰："垂黄裳以获元吉，非用武者也。"（《王注》）衣衫垂而天下治，何必任武也。然以孔子"后武而能安""屯于文武"之义来看，坤之"文在中"并非单纯崇文而抑武之义，而是刚武于外，文柔于中之义。"文人内其光，外其龙"之句亦是一佐证。[7]

上六：龙战于野，其血玄黄。

【解】上六居上，阴极而生阳，阳动则阴阳相战，有龙战之象。"于野"者，坤为地，卦外为野也。《文言》曰："坤至柔而动也刚。"上六虽阴极而阳始称龙也，然终为阴也，故战而有伤，有血之象（血为阴物也，地之属也，在天则为气也）。郑玄注曰："龙战于野，圣人喻龙，君子喻蛇……上六为蛇，得乾气，杂似龙"（《郑注》）。然上六终处阴阳相交之地，其色则阴阳相杂也，故"其血玄黄"也。玄者，天之色也，黄者，地之色也。《文言》曰："阴疑于阳必战，为其嫌于无阳也，故称'龙'焉。犹未离其类也，故称'血'焉。夫'玄黄'者，天地之杂也，天玄而地黄。"《九家易》曰："实本坤体，未离其类，故称'血'焉。血以喻阴也。玄黄，天地之杂，言乾坤合居也。"本以牝马喻坤，突于上六以龙为喻，可知上六已由坤转乾也。此正《说卦》云"战乎乾"是也。而在《帛书易》中，孔子则对上六之义进行了"和顺"，把阴阳相战之义转化为文明教化之事。[8]

《象》曰："龙战于野"，其道穷也。

【解】阴极而其道穷也，穷而能反，阳之所生也。《帛书易·衷》曰："坤之至德，柔而反于方。乾之至德，刚而能让。此乾坤之参说也。"可见，"龙战于野"，柔极而刚也；"群龙无首"，刚极而柔也。老子曰："反者道之动。"道穷则反也。

用六：利永贞。

【解】坤道尚文，乾道尚武。坤用六，乾用九，故"利永贞"者，尚坤道以守其顺也。[9]

《象》曰：用六，"永贞"，以大终也。

【解】乾以资始，坤以成物。成物而守顺，物可久也，故曰"大终"也。[10]

注释：

[1]《帛书易·衷》曰："子曰：《易》又名曰坤，雌道也。故曰'牝马之贞'。童兽也，坤之类也。故良马之类，广前而圆后，遂臧，上受而顺，下安而静。外有美形，则中有□□□□臧寿以□乎，从以来群，文德也。是故文人之义，不待人以不善，见恶默然弗反，是谓以前戒后，武夫倡虑，文人缘序。"

大意：孔子曰：坤卦讲的是雌道。"牝马之贞"，是幼兽或雌兽，柔顺之物类也。是故良马，前胸宽广，后臀浑圆，人乘其上而柔顺，不乘亦可静处。外形俊美，内守贞顺，群处不躁，此是文德也。故此，秉承文德之人，待人以善，见人之恶亦能默然自省，不复其过，此则是惩前毖后之修养，刚武之人当以此为诫，文柔之人则沿循此德而进退有序。

[2]《帛书易·衷》曰："不柔则不静，不静则不安，久静不动则沉，此柔之失也……坤之'牝马'……阴之失也，静而不能动者也。"

[3]《帛书易·二三子》曰："卦曰：'履霜，坚冰至。'孔子曰：'此言天时潜，戒葆常也。岁始于[东北]，成于东南。温始于艮，寒始于坤，□□□□□□□□□□□□□□□□□□□□□□□□德与天道始，必顺五行，其逊贵而宗不崩。'"

大意："履霜，坚冰至"之义乃告诫人们知道，天于冬天闭藏潜伏，乃是为久常之生生也。人之德行自天道始，则知顺乎五行而不妄为。当潜则潜，当出则出，不追求无时无刻的显贵才总能使生生之道不中断。

《帛书易·衷》曰："《易》曰：'履霜，坚冰至。'子曰：'逊从之谓也。岁之义始于东北，成于西南。君子见始弗逆，顺而保毂。'"

大意：孔子说"履霜，坚冰至"是谦逊顺从之义，一年之生机起始于东北，而成终于西南。君子知天地之始终则不会逆道而行，顺道而行则万物化成也。

[4]《帛书易·衷》曰："是故，天之义，刚健动发而不息，其吉保功也。无柔救之，不死必亡。重阳者亡，故火不吉也。地之义，柔弱沉静不动，其吉保安也。无刚救之，则穷贱遗亡。重阴者沉，故水不吉也。故武之义，保功而恒死；文之义，保安而恒穷。是故柔而不狂，然后文而能朕也；刚而不折，然而后武而能安也。《易》曰：'直方大，不习，吉'□□□之屯于文武也，此《易》赞也。"

大意：在这里，孔子说，天之义在于刚健动发不息而有功；地之义在于柔弱沉静不动而保安。但是，只重阴或重阳皆将走向灭亡，因此，必须柔而不狂，刚而不折，才能后武而能安。言下之意，坤六二之"直方大"，非止是阴也，而是阴阳相济也，如此才能"无不利"也。

《帛书易·衷》曰："《易》曰：'直方大，不习，吉。'子曰：生文武也，虽强学，是弗能及之矣。《易》说：'直方大，不习，吉。'"其义与上一条引文相似，强调坤之"直方大"阴阳相济，文武兼备，且此能非强学可得也。

《帛书易·缪和》曰："子曰：'直方'者，知之谓也；'不习'者，□□□□之谓也；'无不利'者，无过之谓也。夫嬴德以与人，过则失人和矣，非人之所习也，则近害矣。故曰：'直方大，不习，无不利。'"

《帛书易·二三子》曰："卦曰：'直方大，不习，无不利。'孔子曰：'此言□□龙也。直者，□□自避也；方者，□□□大者，言其直，龙之容焉□□□□□□□□□□□□□□□□□□□□□□□□□□□□也，则无不吉利；故曰无不利。'"

[5]《帛书易·衷》曰："《易》曰：'含章可贞，吉。''言美情之谓也。文人动，小事时悦，大事顺成，知勿过数而务柔和。'"

大意：坤之"含章可贞"，是说其质而形彰之义也。因在坤，故利于文人有所作为，文人动则小事易成且和悦，大事则顺从君王而亦成。

《帛书易·衷》曰："《易》曰：'或从事，无成，有终。'子曰：'言《诗》《书》之谓也。君子苟得其终，可必可尽也。君子言于无罪之外，不言于有罪之内，是谓重福。'《易》曰：'利永贞。'此坤之详说也。"

大意：君子之所以从于王事而有成者，在于君子所言柔顺而得当也；即便未有其成，其亦不会因言而获罪（其言从不越界）。这二者皆可为"有终"，故曰有"重福"（即不论成与不成皆是福）。可见，坤之所以"利永贞"者，因其无时不柔顺也。

[6]《帛书易·二三子》曰："《易》曰：'聒（guō）囊，无咎无誉。'孔子曰：

'此言箴小人之口也。小人多言多过，多事多患。可以衍矣，而不可以言。箴之，其犹聒囊也，莫出莫入，故曰无咎无誉。'二三子问曰：'独无箴于圣人之口乎？'孔子曰：'圣人之言也，德之首也。圣人之有口也，犹地之有川谷也，财用所系剸（tuán）出也；犹山林陵泽也，衣食家给所剸生也。圣人一言，万世用之。唯恐其不言也，有何箴焉？'"

大意：孔子言此句是训诫小人当箴闭其口，以免于祸患。而圣人不可箴也，圣人之言，如大地上的河川，河川出则裁剪大地而有山林陵泽也，有山林陵泽，百姓之衣食家给方能生也，圣人言出，为万世立法，民生有序而可久也。通行本"括囊"，帛本作"聒囊"，帛本更形象，为耳与口舌皆箴闭之义。

[7]《帛书易·衷》曰："子曰：《易》之要，可得而知矣。乾坤也者，《易》之门户也。乾，阳物也；坤，阴物也。阴阳合德而刚柔有体，以体天地之化。有口能敛之，无舌罪，言不当其时则闭慎而观。《易》曰：'括囊，无咎。'子曰：不言之谓也。不言，何咎之有？黑亦毋誉，君子美其慎而不自著也。渊深而内其华。《易》曰：'黄裳元吉'，子曰：蔚文而不发之谓也。文人内其光，外其龙，不以其白阳人之黑，故其文兹章。"

大意：孔子说，《易》之要，可由乾坤二卦知之，因其是《易》之门户也。"括囊，无咎"者，即不言之义。不言，有什么过错吗？黑色，多为人所不喜，但是君子却喜欢它内敛而不张扬的品格。还如深渊内敛其华而不流光于外，以成就深幽也。《易》之所说"黄裳元吉"者，正是虽有蔚然之文采而不显发于外之义也。尚文之人则会内敛其光芒与才华，而外显其刚健正直之象，并以其长扬人之知，反而会更加彰显其人格之光辉与高大。

[8]《帛书易·二三子》曰："《易》曰：'龙战于野，其血玄黄。'孔子曰：'此言大人之广德而施教于民。夫文之教，采物毕存者，其唯龙乎？德义广大，法物备具者，其唯圣人乎？龙战于野者，言大人之广德而接下民也。其血玄黄者，见文也。圣人出法教以道民，亦犹龙之文。可谓玄黄矣，故曰龙。见文而称莫大焉。'"

大意：孔子谓此句是言大人因其博广之德而施教于天下之民之义。"龙战于野"者，乃言大人有宽广的胸怀与德性亲近民众；"其血玄黄"者，乃言文明教化之事丰富多彩（如龙之文），皆聚于圣人处，圣人施之以教化民众，天下可治也。可见，坤之上六本阴极而生阳，而至阴阳相战，孔子却对此义进行了"和顺"，使本是阴阳相伤之义转化为文明教化之义。

《帛书易·衷》曰："'龙战于野，其血玄黄。'子曰：'圣人信哉！隐文且静，必见之谓也。龙七十变而不能去其文，则文其信与。而达神明之德也。其辩名也，杂而不越与！'"

[9] 关于乾卦之"用九"与坤卦之"用六",在《帛书易·衷》中孔子有一段话可以参照:"子曰:易之义唯阴与阳,六画而成章。曲勾焉柔,正直焉刚。六刚无柔,是谓大阳,此天之义也。□□□□□□□□方。六柔无刚,此地之义也。天地相率,气味相取,阴阳流形,刚柔成章。万物莫不欲长生而恶死,会心者而以作《易》,和之至也。是故乾□□□九□□,高上□□,天之道也。坤,顺从而知畏凶,义沾下就,地之道也。用六,贡也;用九,盈也。盈而刚,故《易》曰'直方大,不习,吉'也。因不习而备,故《易》曰:'见群龙无首,吉'也。是故,乾,德之阳也;坤,德之阴也。"

大意:这一段中,孔子首先对古人表达阴阳的符号方式给予了说明,"曲勾焉柔"即"∧"(后来改为"— —"表达阴爻),"正直焉刚"即"—"。接着说,六刚无柔为天之义,六柔无刚为地之义。刚柔相杂而万物成形,天地成章。高上者,天之道也;下就者,地之道也。因此,"用六,贡也;用九,盈也"。盈即刚(阳)满之状,贡即阳下就之状。《说文解字》(后文皆简称为《说文》):"贡,赐也。"故此,乾之"用九:见群龙无首,吉",乃因刚之盈满,不习而俱备,六龙何者为首皆为吉也;坤之"用六:利永贞",乃地之直方大,承阳之下就而无疆也。"用九"与"用六"唯乾坤二卦之独有,它卦则无,可看作二卦之"第七爻",以推崇乾坤之至刚与至柔之大用也。在它卦,须根据所处之爻位之吉凶,损益自己之言行以趋利避害,而于乾坤二卦,德行修为至"用九"与"用六,则从心所欲而不逾矩,无往而不利也,此《易》之至境也。另外,在《帛书易·衷》中还有"坤之至德,柔而反于方;乾之至德,刚而能让"。可见,坤之"龙战于野"至"利永贞"即"柔而反于方"、阴反于阳也;乾之"亢龙有悔"而至"群龙无首,吉"即"刚而能让"、由阳反于阴之义也。由此推测,"用九"实乾卦之"阴爻","用六"实坤卦之"阳爻"也。以此各中和两个纯阴纯阳卦之气也,以防止太刚易折与太柔易沉之事也,此亦阳极生阴、阴极生阳之生生之理也。尚秉和曰:"其曰'见群龙无首''利永贞'者,则所以申明九、六必变之义。九何以必变?阳极则亢,亢则凶,若'见群龙无首'则吉也,无首则阴矣。六何以必变?阴极则消,消则不能固守,若持以健而永贞则利也,永贞则阳矣。"(《周易古筮考》)尚氏所论"无首则阴","永贞则阳",也表明乾坤两卦,阳极生阴、阴极生阳的道理。

[10]《帛书易·衷》总结坤卦之义曰:"坤六柔相从顺,文之至也。'君子先迷后得主',学人之谓也。'东北丧朋,西南得朋',求贤也。'履霜坚冰至',豫□□也。'直方大,不习,吉',□□□也。'含章可贞',言美情也。'括囊,无咎',语无声也。'黄裳元吉',有而弗发也。'龙战于野',文而能达也。'或从王事,无成有终',学而能发也。"

第三卦　水雷屯

☵ 坎上
☳ 震下

屯（zhūn）：元亨利贞。勿用有攸往，利建侯。

【解】雷动于下，雨降于上，万物始作，故元、亨、利、贞皆备也。《说文》曰："屯，难也。象草木之初生，屯然而难。从屮贯一，一，地也，尾曲。"篆字写作"屯"，为一幼芽扭曲努力钻出地面的形象。屯为物之始生之象，其物稚而不可为用，利继续积蓄力量，为以后之大用，故有"利建侯"之言。

《彖》曰：屯，刚柔始交而难生，动乎险中，大亨，贞。雷雨之动满盈。天造草昧，宜建侯而不宁。

【解】刚柔始交，万物初生，初生之事，并非易事。始生虽难，有雷动于下，故能出乎险中，终将大亨通，万物必将各正性命，各成其是。雷雨之动，大地水分充盈，草木生发。值屯之时，君子宜建功立业，进取不止。

《象》曰：云雷屯，君子以经纶。

【解】云者，行雨者也。上水下雷，有屯之义。君子观此象，当潜心积蓄力量，以经纶天下。

初九：磐桓，利居贞，利建侯。

【解】磐，大石也。《诗·鲁颂》曰："桓桓于征。又盘桓，难进貌。"桓指古代立在驿站、官署等建筑物旁作标志的木柱，后称华表。

磐桓，流连难行之貌。初九以刚处震之初，居险之下，动则险生，故有"磐桓"之义。利居正，待时以动。屯之初，其动虽难，然必守正而动，建功立业之始也。

《象》曰：虽"磐桓"，志行正也。

【解】初九以刚居下，虽有磐桓不进之状，然其志行正也，必待时以动。

六二：屯如邅（zhān）如，乘马班如，匪寇婚媾。女子贞不字，十年乃字。

【解】《集韵》曰："迍邅，难行不进貌。"此处屯通迍，为道路难行之义。六二与九五为正应，二则往会于五，然前有坎陷（有二阴相隔），后有初九之牵止，故迍邅而难行，故曰"乘马班如"。《子夏传》云："班如者，谓相牵不进也。"（《正义》）"匪寇婚媾"，"寇"者，初九也，"婚媾"者，九五也。"女子贞不字，十年乃字"，女子嫁之为字，十年未嫁，可谓久也，可知屯之难也。然志正而坚，十年终可字也。

《象》曰：六二之难，乘刚也。十年乃字，反常也。

【解】六二之难进，因其乘初九之刚。六二欲行，而初九止之。六二经十年方与九五相合，不可谓不久也，非常态也。

六三：即鹿无虞，惟入于林中。君子几，不如舍，往吝。

【解】即，就也。虞，虞官，掌管山林之官。欲擒鹿，却无虞官为向导，唯有自入林中去捕捉，如此则可能会有凶险。六三以柔居阳，处震之极，其易妄动。"君子几，不如舍，往吝"，君子见微而慎行，不如舍弃，从鹿入林则为吝也。

《象》曰："即鹿无虞"，以从禽也。君子舍之，"往吝"穷也。

【解】从，纵也。贸然进入山林之中，也未必就能抓住猎物，不如舍弃之，往则可能陷入穷途末路的困境。

六四：乘马班如，求婚媾，往吉，无不利。

【解】"乘马班如"者，磐桓不进也。"求婚媾"，六四与初九正应，六四不肯往前者，正为初九求婚媾也。"往吉，无不利"，二者正应，往求必相合，故吉无不利也。

《象》曰：求而往，明也。

【解】初九求于六四，二者正应，往而必吉，其理明也。

九五：屯其膏，小贞吉，大贞凶。

【解】膏，《说文》："肥也。"《韵会》："凝者曰脂，泽者曰膏。"处屯之时，九五居尊位且富足，当遍施群小，而其囤膏之盛以积奇，实不吉也。故囤少尚吉，多则为凶。成大事者必不以私利为满足，当广施其财，财散而人聚是也。《大学》曰："仁者以财发身，不仁者以身发财"此之谓也。孔子认为，九五当处富思贫，不当自利而不恤下，囤宜少不宜多。[1]

《象》曰："屯其膏"，施未光也。

【解】"施未光也"，九五未能光大知屯善施之德也。小民（普通百姓）之家，积蓄之少，基本衣食已为难也。而于大富之君，囤财之多又有何用？当广施于民，反之则凶。[2]

上六：乘马班如，泣血涟如。

【解】上六乘马难进者，因其处险难之极，下与六三无应，九五屯其膏而不助，孤苦无援，进退两难，故有"泣血涟如"之言也。

《象》曰："泣血涟如"，何可长也？

【解】上六处穷途末路之地，泣至血出，如何还能长久支撑呢？

注释：

[1]《帛书易·缪和》曰："吕昌问先生曰：'《易·屯》之九五曰：屯其膏，小贞吉，大贞凶。将何谓也？''夫《易》，上圣之治也。古君子处尊思卑，处贵思贱，处富思贫，处乐思劳。君子能思此四者，是以长有其利，名与天地俱。今

《易》曰"屯其膏"，此言自闰者也。夫处上立者，厚自利而不自恤下，小之犹可，大之必凶，且夫君国有人而厚俭致正以自封也，而顾其人，此除也。夫能见其将□□□□，未失君子之道也。其小之吉，不亦宜乎？物未梦兆而先知之者，圣人之志也，三代所以治其国也。故《易》曰：屯其膏，小贞吉，大贞凶。此之谓也。'"

大意：吕昌问孔子"屯其膏，小贞吉，大贞凶"之义，孔子答曰：《易》乃上圣之人治世之说也。故君子处尊贵之地而当思及卑贱之人之辛劳。财资丰足不当自私自利独自享用，而当体恤下层民众，广施其财与民共享，方是屯之道也。对于圣明的君主，为己小屯尚可，大屯则凶也。"自闰"通"自润"，即自私自利之义。

[2]《帛书易》中还有一处记载有孔子论屯之六五。《帛书易·二三子》中载有："《卦》曰：'屯其膏，小贞吉，大贞凶。'孔子曰：屯□□而上通其德，无□□□□小民家息以接衣□□□□□□□□□□□□屯轮之，其吉亦宜矣。大贞□□□□□□□□□□川流下而货留□年穀十重□□□□□□□□□□□□□□□□□□□货守财弗施则凶。"阙字虽多，然其中"货守财弗施则凶"句亦点明了屯六五的要义。

第四卦 山水蒙

艮上
坎下

蒙：亨。匪我求童蒙，童蒙求我。初筮告，再三渎，渎则不告。利贞。

【解】蒙，致人亨通之理也。启蒙之道，非我去求孩童来受启蒙，而是孩童来求我启蒙（儒家之"只闻来学，不闻往教"也）。启蒙之事，敬在其中，如求卜筮，首次来问告诉他，再三纠缠追问就是在亵渎启蒙者，就不再告诉他。启蒙之事，为去除蒙昧以成人之道，故曰"利贞"。[1]郑玄注曰："蒙，幼小之貌。齐人谓萌为蒙也。蒙亨，匪我求童蒙。蒙者，蒙蒙，物初生形，是其未开着之名也。人幼稚，曰童，未冠之称。亨者，阳也。互体震而得中，嘉会礼通，阳自动其中，德施地道之上，万物应之而萌芽生。教授之师取象焉。修道艺于其室，而童蒙者求为之，弟子非己乎求之也。弟子初问，则告之以事，义不思其三隅。相况以反解而筮者，此勤师而功寡，学者之灾也。渎筮则不复告，欲令思而得之，亦所以利，义而干事是也。"（《郑注》）

《彖》曰：蒙，山下有险，险而止，蒙。"蒙，亨"，以亨行，时中也。"匪我求童蒙，童蒙求我"，志应也。初筮告，以刚中也。再三渎，渎则不告，渎蒙也。蒙以养正，圣功也。

【解】蒙，上艮下坎，故山下有险之象。人见险而知止，蒙之事也（人之年幼，见险而不知止）。蒙，致人亨通之事也，人欲所行皆亨，则当保持时时中道而行，"时中"者，言九二也。"志应"者，九二与六五正应，九二乐教，六五乐学，其志相合。"初筮告，以刚中也"，言九二以刚居中，好学而敬，闻始知终，见本知末。"再三渎"者，众阴与上九，尤以上九。"渎蒙也"，亵渎启蒙之人，乃处在蒙昧愚顽之中也。"蒙以养正，圣功也"，启蒙之道，以养成人之中正之德，圣人教化之功德也。

《象》曰：山下出泉，蒙。君子以果行育德。

【解】上艮下坎，故有山下出泉之象，泉出则育万物。君子观此象，当中正之行以化育万民之德也。果者，蒙（萌）之得正则可得其果也。

初六：发蒙，利用刑人，用说桎梏。以往，吝。

【解】初六以阴居下，柔弱而蒙昧。故需启发开蒙之，必要时可借助小的惩戒，以防止其误入歧途。若任由其发展，则为吝也。发蒙者，九二也。《尔雅·释草》载："蒙，王女也。"《注》曰："女萝别名。"《诗·頍弁》："茑与女萝，施于松柏。"《毛传》曰："女萝，菟丝，松萝也。"蒙字本义，是指一种藤蔓植物，玉女，又名女萝，俗名菟丝子。这种植物的生长特点是，易攀附在其他植物身上，生长速度迅速，很快可以形成遮天蔽日之势，在其下方的植物就很难再获得阳光和空间。因此，蒙卦正是取此义，为蒙蔽、蒙昧义。然蒙蔽太过，则不利于生长。人之初生，蒙昧无知，故需要发蒙之以解除其蒙昧，助其成长。《博雅》云："发，开也。"发蒙，可借助适当的刑罚，以防止将来陷入桎梏之事，小惩而大诫也。"说"，脱也。《小雅》云："杻谓之梏，械谓之桎。"郑玄注曰："木在足，曰桎。在手，曰梏。"（《郑注》）

《象》曰："利用刑人"，以正法也。

【解】启蒙之初，对孩提即利用刑罚之事，多以为有大张其事之嫌，盖蒙正之事，差之毫厘，谬以千里，不可不慎也。且于幼时，矫正则易，及其壮，施以刑人也未必收效，观上九之"击蒙"可知也。"以正法"者，以正人伦尊卑之法也。

九二：包蒙，吉。纳妇吉，子克家。

【解】九二以刚居中，刚健而中正，为蒙之主也。卦中另一阳爻，上九，处蒙之极，刚而不中不正，故非蒙之主也。处蒙之中，蒙为蒙昧、幽暗，阴是也；去阴之蒙昧者，阳也。众阴之蒙昧皆需九二去除之，故曰"包蒙"，孔子之"有教无类"是也。此"包"之义一也，九二处众阴之中，行启蒙之事，也当在一个相对封闭的空间中进行，此"包"之义二也。观蒙卦之象，山下有水，以蒙万物，山为生物提供了一个庇护场所，相对封闭的环境利于生物生长。故古之庠序私塾皆在室中，受蒙者身心方能安定，不为外物所扰也。"纳妇吉"者，经过包蒙的孩子成年之后，娶妻成家方吉，而且可以克齐其家。妇，当指六五，六五以柔居中，中正安舒之女子，可为妻也。《玉篇》曰："克，胜也。"《尔雅·释言》云："克，能也。"

《象》曰："子克家"，刚柔接也。

【解】"刚柔接"者，或有二义。其一，九二以刚居阴，刚柔相济，其启蒙众阴之法，亦能恩威并施；其二，九二与六五正应，刚柔相接，共齐其家，有吉之象。

六三：勿用取女。见金夫，不有躬，无攸利。

【解】六三以柔居阴，处内外卦之间，进退失据，心无定主，易于迷失自我，此类女子不可娶之为妻，故曰"勿用取女"。"金夫"，上九也。六三虽下临九二，却不虚心求教之，却往从于上九，失身委之，然上九并非启蒙之主，二者为非义之合，故曰"不有躬，无攸利"。

《象》曰："勿用取女"，行不顺也。

【解】六三之往于上九，其行非义，故曰"行不顺也"。六三往九二为顺。或："顺"本为"慎"。

六四：困蒙，吝。

【解】六四以柔居阴，无脱蒙之力，又处两阴之中，且远于九二，困于蒙昧之甚也，故曰"困蒙"。

《象》曰："困蒙"之吝，独远实也。

【解】阴为虚，阳为实。"实"者，九二也，唯九二是启蒙之主，独六四远九二，无能出困蒙之中，故曰"独远实也"。

六五：童蒙，吉。

【解】六五以柔居艮之中，蒙于幽暗，故有"童蒙"之象。然六五有中和之德，谦而下求蒙于九二，以助己脱离蒙昧，吉也。或曰：六五之君如童子之心，凡事委于九二，故吉。孟子曰："大人者，不失其赤子之心者也。"（《孟子·离娄下》）

《象》曰："童蒙"之吉，顺以巽也。

【解】郑玄曰："六巽，当作逊。"（《郑注》）虞翻曰："艮为童蒙，处贵承上，有应于二，动而成巽，故吉也。"荀爽曰："顺于上，巽于二，有似成王任用周召也。"（《周易集解》，后文皆简称为《集解》）

上九：击蒙，不利为寇，利御寇。

【解】上九以刚居上，处蒙之终，为桀骜难训之人，其将脱离启蒙而为害也，故必以当头棒喝之法做启蒙之最后努力，如果成功，则可防止其成为匪寇，如果击蒙不利，则其将成为寇，故曰"不利为寇，利御寇"。杨简曰："击其蒙，治之虽甚，不过御其为寇者而已，去其悖道之心而已。"（《周易折中》，后文皆简称为《折中》）

《象》曰：利用御寇，上下顺也。

【解】说教式的启蒙之法并非万能，对于说教已经不再对其有效的蒙昧者，只能借用雷霆之法做最后的尝试，侥幸成功，则启蒙可从头开始，故曰"上下顺也"。

注释：

[1]《帛书易·缪和》曰："吕昌问先生曰：'夫古之君子，其思虑举措也，内得于心，外度于义，外内和同，上顺天道，下中地理，中适人心，神□它焉，故又嘉命□昔之闻。今《周易》曰：蒙，亨。非我求童蒙，童蒙求我，初筮吉，再三

渎，渎则不吉，利贞。以昌之私，以为夫设身无方，思虑不察，进退无节，渎焉则不吉矣，而能亨其利者，古有之乎？'子曰：'□□□□也，而又不然者。夫内之不咎，外之不逆，昔昔然能立志于天下，若此者，成人也。成人也者，世无一夫，岂可强及舆才？故言曰：古之马及古之鹿，今之马今之鹿。夫任人之过，亦君子也。'吕昌：'若子之言，则《易·蒙》上矣。'子曰：'何必若此，而不可察也。夫蒙者，然少未有知也。凡物之少，人之所好也。故曰：蒙，亨。非我求童蒙，童蒙求我者，有知能者，不求无能者，无能者求有能者。故曰：非我求童蒙，童蒙求我。初筮吉者，闻其始而知其终，见其本而知其末。故曰初筮吉。再三渎，渎则不吉者，反复问之而渎，渎弗敬。故曰：不吉。弗知而好学，身之赖也，故曰利贞。□□□□仁义之道也。虽弗身能，岂能已才！日夜不休，终身不倦，日日载载，必成而后止。故《易》曰：蒙，亨。非我求童蒙，童蒙求我，初筮吉，再三渎，渎则不吉，利贞。此之谓也。'"

大意：吕昌不理解"匪我求童蒙，童蒙求我。初筮吉，再三渎，渎则不吉。利贞"句，说既然已经"再三渎"，为何又"利贞"呢？孔子答道：自我反省无有什么愧疚，外在行事无有什么违逆，并且每天以天下为志，像这样的人，可以称作成人了（完人）。这样完美的人，世界上并不多见。因此说：要想知道古代的马、古代的鹿，看看现在的马和鹿就可以了（意思是成才的标准古今一理）。人之蒙昧之时，年少而无知。但是，凡是物在小的时候，大家都喜爱他。因此，"匪我求童蒙，童蒙求我"，讲的就是有知识的人不会求教无知识的人，而无知识的人必会求教有知识的人。"初筮吉"（今本作"初筮告"），说的是聪明的求教者，听施教者讲事物的开始，便已经知道了事情的结尾；看到事物的根本，便已经知道事情的细节了（这种人不只是聪明，态度端正且好学而已）。而"再三渎"者，因其反复纠缠追问老师，态度不敬，故不吉也。不知则好学，夜以继日，天天年年如此，肯定会成为"成人"的，这是人之立身之本，因此说"利贞"。

第五卦 水天需

☵ 坎上
☰ 乾下

需：有孚，光亨贞吉，利涉大川。

【解】云（水）在天上，其必为雨，雨降于地，而万物生长，物成而民可取用之，故为需之道。"有孚"者，有云在天，终必为雨，天道无欺也。"光亨贞吉"者，九五居尊位，中正刚健，其德至诚而光明，故亨通也。因其中正守贞，故吉也。"利涉大川"者，云行雨施，万物化生，民欲取而用之，则须往涉大川，博采而取之。郑玄注曰："需读为秀。阳气秀而不直前者，畏上坎也。"（《郑注》）

《彖》曰：需，须也，险在前也。刚健而不陷，其义不困穷矣。"需有孚，光亨贞吉"，位乎天位，以正中也。利涉大川，往有功也。

【解】须，等待之义。上坎下乾，以刚遇险，刚不躁进而不会陷入险难之中，必守正而轻进也。或曰：云在天上，其降为雨，必待其时也（并且，雨润万物，万物长成，亦必待之也）。刚健而不陷险，何来困穷也。"需有孚，光亨贞吉"者，因九五居尊位处中正之故也。"往有功"者，生万物者，天地也，取用之，人也，往而能得，故有功也。

《象》曰：云上于天，需。君子以饮食宴乐。

【解】云上于天，降而为雨，万物生长，民得其饮食也。君子知天之道，待天之时，故能得天地之施惠也，则有饮食宴乐之美事也，反之，逆天而行，妄动而误天时，则有饥馁之忧也。

初九：需于郊，利用恒，无咎。

【解】初九居需之初，距险最远，故有"需于郊"之说。距险最远，以安守其常为美，故曰"利用恒"。初九阳刚，未躁动而动，故曰"无咎"。

《象》曰："需于郊"，不犯难行也。"利用恒，无咎"，未失常也。

【解】既远离于险，不犯难而行，以待来时，不失其常也。

九二：需于沙，小有言，终吉。

【解】坎为水，近水则有沙，故九二较初九更近于险也。虽不至于患害，然恐有言语之伤也，故曰"小有言"也。九二以阳居柔，守中自处，故"终吉"也。

《象》曰："需于沙"，衍在中也。虽"小有言"，以吉终也。

【解】"衍"，宽裕之状也。九二居下卦之中，宽裕自处，虽小有言，亦不足以动其心，故终能得吉也。

九三：需于泥，致寇至。

【解】"泥"者，更近于险也。九三以阳居刚，躁动而进，自招匪寇也。

《象》曰："需于泥"，灾在外也。自我致寇，敬慎不败也。

【解】坎处外卦，故曰"灾在外也"，九三虽近于险，本尚不至于陷难，然其躁动而犯险，故为"自我致寇"也。当此之时，宜敬慎以待之，可免于祸败也。下三阳爻，由远及近，其险则渐甚也。

六四：需于血，出自穴。

【解】"血"者，阴阳相伤所致也。六四居坎之下，下三阳进犯之而有血也。六四处坎之始，居穴之中，九三刚强而进，六四唯有避之，故曰"出自穴"也。

《象》曰:"需于血",顺以听也。

【解】六四以柔居阴,其力不足以拒下三阳之侵逼,唯有出离其穴,以化其势,故曰"顺以听也"。

九五:需于酒食,贞吉。

【解】雨降而万物生长,至九五而有功也,物成而可为酒食,需之大义成也。需之义成,复有何需?故曰吉也。郑玄注曰:"位乎天位。宴,享宴也。"(《郑注》)九五居尊位,物成而可享宴席之乐也。

《象》曰:"酒食,贞吉",以中正也。

【解】九五安守中正,以待天时,终获丰食(酒食俱有),故贞而能吉也。

上六:入于穴,有不速之客三人来,敬之,终吉。

【解】"穴"者,坎也。"不速之客"者,下三阳也。下三阳相携而进,至上六为入穴之极也。三阳侵至上六,其势已衰,故敬之终无他害也。

《象》曰:不速之客来,"敬之,终吉",虽不当位,未大失也。

【解】对"不速之客","敬之,终吉",因上六虽所居不并当位(居五为当),然其以柔居阴,下与九三正应,故终不会有大的过失。

第六卦　天水讼

☰ 乾上
☵ 坎下

讼：有孚，窒惕中吉，终凶。利见大人，不利涉大川。

【解】天欲上，水欲下，二者背道而驰，故有争讼之事。《周易本义》（后文皆简称为《本义》）曰："上乾下坎，乾刚坎险，上刚以制其下，下险以伺其上，又为内险而外健，又为己险而彼健，皆讼之道也。""有孚"者，九二与九五皆以刚居中，中有信实也。"窒惕中吉"者，九二与九五无应，故窒塞不通，二者相斥为上下卦背道而驰之主因也；然若能窒而知惕，各守中道，止争而罢讼，可得吉也，孔子曰："已矣乎！吾未见能见其过而内自讼者也。"（《论语·公冶长》）"内自讼"者，责己之过，正"窒惕"之义也；若必欲以争讼决其事，则凶也。盖讼非善事，不得已而用之，固执而用之，凶之道也。"利见大人"者，讼者必由刚明中正之人决断之。"不利涉大川"者，争讼之时，如临险地，宜静不宜动，以待险之消解也。孔子曰："讼者，得之疑也。"（《帛书易·衷》）得，德也。与人起讼，必是德为人所疑也。郑玄本"窒"为"咥"，"咥，觉悔貌"（《郑注》）。

《象》曰：讼，上刚下险，险而健，讼。"讼有孚，窒惕中吉"，刚来而得中也。"终凶"，讼不可成也。"利见大人"，尚中正也。"不利涉大川"，入于渊也。

【解】上刚下险，乾欲上行，而坎陷于下，故有争讼之事。处讼之中，唯有以诚处之，于窒塞不通之时而惧惕之，可得吉也。于卦言之，九二之刚来，九五亦为刚爻，无所应之，好在二者皆得中而居，守中而能得吉也。"讼不可成也"，讼非止争之上法，必欲假讼而竟其事，必凶也。"入于渊"者，乾健而欲动，然居坎陷之上，动而恐有入于深渊之险也。

《象》曰：天与水违行，讼。君子以作事谋始。

【解】天与水背道而行，故有讼之象。君子观此象，则当知免于讼患，在于止争端于未萌之时，子曰："听讼，吾犹人也。必也使无讼乎？"（《论语·颜渊》）无讼在于谋始，谋始则免于事作。

初六：不永所事，小有言，终吉。

【解】初六与九四正应，然于讼卦之中，为上下卦相背离之势。故二者虽正应，却不为吉而为凶，为九四以刚犯于初六也。初六以柔居下，遇此相争之事不足以成讼。或，成讼而以初六之力亦不足以终讼也。然讼非吉事，不终讼未必为坏事，纵然"小有言"（遭侵犯者九四在言语上的谩骂或因不与九四争高下而遭到旁人讥笑等），终能得吉。

《象》曰："不永所事"，讼不可长也。虽"小有言"，其辩明也。

【解】初六柔弱居下，纷争不足以成大，故讼不可长也。虽小有言，然皆知为九四犯于初六，是非自明，无损初六之名，故曰"辩明"。

九二：不克讼，归而逋其邑人三百户，无眚。

【解】九二上讼于九五，何可敌也？故"不克讼"也。《尔雅·释言》曰："克，能也。"幸九二以刚居柔位，尚能知难而退，退回本邑之中，尚可自保。《说文》曰："逋，亡也。"亡者，逃也。"人三百户"者，项安世曰："一家好讼则百家受害，言三百户'无眚'，见安者之众也。"（《折中》）即知难而罢讼，不止自己免祸，也可使本邑之民免受其害也，因古时败讼多处以连坐，必累及邑人。另外一义可能是，"三百户"虽不众，亦足以藏隐而自保。"三百户"者，郑注《礼记》云："小国下大夫之制。"又郑注《周礼·小司徒》云："方十里为成，九百夫之地，沟渠、城郭、道路三分去其一，馀六百夫。又以田有不易，有一易，有再易，定受田三百家。"即此"三百户"者，一成之地也。郑注云："九二，归而逋其邑人三百户，无眚。小国之下大夫，采地方一，成其定税，三百家，故三百户也。不易之田，岁种之；一易之田，休一岁乃种；再易之地，休二岁乃种。言至薄也。苟自藏隐，不敢与五相敌，则无眚灾。"（《郑注》）

《象》曰："不克讼"，归逋窜也。自下讼上，患至掇（duō）也。

【解】掇，《说文》曰："拾取也。"《增韵》曰："采也。"九二知归而逃之，或可免难。以下讼上，本是自取其祸，祸之来，如俯身拾物，何其易也。九二又处险中，身居险地，去之速而可免灾也。郑本"掇"为"惙"，"惙，忧也"。（《郑注》）

六三：食旧德，贞厉，终吉。或从王事无成。

【解】旧德者，旧日所行之德也。"食旧德"者，即借用往日所积之德，欲以胜讼也，此贞厉之事也。[1]因六三以柔居刚，力弱却性燥，欲与上九争讼。自身弱却欲借旧德之力（旧时自己曾施德之人）而胜讼，此举不可取也，为危厉之事。"终吉"者，六三终为柔爻，知力不胜，知难而止也。徐几曰："圣人于初三两柔爻，皆系之以'终吉'之辞，所以勉人之无讼也。苟知柔而不喜讼者终吉，则知刚而好讼者终凶矣。"（《折中》）"或从王事无成"者，《帛书易·缪和》曰："子曰：'臣人者有大德于君而不求其报。'"为人臣者，事其君不望其报也，然六三有食旧德之念，何可成也？

《象》曰："食旧德"，从上吉也。

【解】六三以柔居刚，力弱却刚愎自用，有"食旧德"之念则必危厉，故其唯有弃其妄念，舍己从于九五为吉也。或曰六三与上九正应，所从者当为上九，然上九以刚居极，其欲必求讼胜，凶险之主也，若六三往从之，何吉之有？而九五中正居尊，正是决讼之主，六三从之，吉也。

九四：不克讼。复即命渝，安贞吉。

【解】九四犯于初六，事本不足以成讼，初六亦不欲争讼，故曰"不克讼"。九四以刚居柔，尚能自省其过，改变初衷，收复前命，安顺守贞而获吉也。复，反也。渝，变也。王弼注曰："处上讼下，可以改变者也，故其咎不大。若能反从本理，变前之命，安贞不犯，不失其道，'为仁犹己'，故吉从之。"（《王注》）

《象》曰："复即命渝"，安贞不失也。

【解】初不犯己，己莫陵于初，是为仁义之道也。知错能改，守安正而不自失（仁义）也。

九五：讼，元吉。

【解】九五处中正之尊位，讼则元吉也。王弼曰："处得尊位，中而且正，以断狱讼，故得'元吉'也。"（《王注》）

《象》曰："讼，元吉"，以中正也。

【解】《正义》曰："中则不有过差，正则不有邪曲，中正为德，故'元吉'。"

上九：或锡之鞶（pán）带，终朝三褫（chǐ）之。

【解】上九以刚居极，穷讼而能胜，然胜讼又何可喜也，何可敬也？王弼注曰："处讼之极，以刚居上，讼而得胜者也。以讼受锡，荣何可保？故终朝之间，褫带者三也。"（《王注》）《说文》曰："鞶，大带也。"《说文》曰："褫，夺衣也。"上九胜讼，得君王之赐大带，而终朝之间，三夺其赐，可知不得其敬也。

《象》曰：以讼受服，亦不足敬也。

【解】讼非吉事，故纵以强讼胜其事，亦不得众人之敬也。可知讼乃不得已而用之之事也。邱富国曰："九五虽尊，为听讼之主，故'讼，无吉'。余五爻则皆讼者也。然天下惟刚者讼，柔者不讼。初与三柔也，故初'不永所事'而'终吉'，三'食旧德'而'终吉'。二四上刚上。二与五对，揆势不敌而不讼。四与初对，顾理不可而不讼，亦以其居柔，故二'无眚'而四'安贞'也。独上九处卦之穷，下与三对，柔不能抗，故有锡鞶带之辞焉。然一日'三褫'，辱亦甚矣。讼

之胜者，何中敬乎？"（《折中》）

注释：

[1]《帛书易·缪和》曰：子曰："君人者，有大德于臣而不求其报，则不□□要，晋、齐、宋之君是也。臣人者有大德于君而不求其报，则□□□□□□关龙逢、王子比干、伍子胥、介子隼是也。君人者，有大德于臣而不求其报，生道也；臣者，有大德于君而不求其报，死道也。是故圣君求报于人，士饶壮而不能，□□□□□□□□□□矣。□□者又大德于众而不求其报□□□□□□□□□也 □□□□□□□□□□□□□□，此之谓也，不身□□□□□□□□□□□□其在《易》也，《复》之六二曰：'休复，吉。'则此言以□□□而□□□□□□何吉之有矣？"子曰："昔者先君□□此□言之本也。□□□□□□□□□□□□□□□□□□□正之成也。故人□□□□□□□□□□□□□□□□□□□□□□□□□□□□□□□食旧德，贞厉。或从王事，无成。'"子曰："□□□□□□□□□□□□□□□□□□□□食旧德以自□□□□□□□□□□□□□□□□□□□□□□□□□□□□□□□□□□□□，不亦宜乎？故《易》曰：'食旧德，贞厉。或从王事，无成。'"

大意：君王有德于大臣而不应该求其回报，如晋、齐、宋的国君做的那样（可能是指晋文王、齐桓公和宋桓公等诸侯之事）。大臣有德于君王也不应该求其回报，如关龙逢忠心侍奉夏桀，比干全副身心地拥立商纣王，伍子胥知危不退地效忠吴王夫差等。君王有德于大臣而不求其报，此为生道也（臣之忠心之不绝也）；而为臣者有德于君王不求其报者，此为死道也（盖指臣当"死忠"于君之义）。如果有德于人则求其报，即为"食旧德"，旧时积下的德行耗尽，就没有人会满怀感激地帮助你了。"是故圣君求报于人，士饶壮而不能"句的意思应该是，若圣君求报于人，则精壮之士便不会再忠实地效力于你了。

《帛书易·衷》曰："讼，得之疑也。"六三身弱而力争，得之亦可疑也，纵是借旧德之力争而得之，何可久也！与《讼》之六三"食旧德"不可取相比，《复》之六二"休复，吉"则为上善之道也。《象》曰："'休复之吉'，以下仁也。"休者，"人依于木则休"。（《说文》）故复之六二，以柔守中，静处不动，待初九来复。如"食旧德"之事，非我求人以归还旧德，当是曾受德之人主动来报旧德也。对于"食旧德"之义，《程传》曰："食旧德谓处其素分。"金景芳说："保持旧禄不失。"（《周易全解》）也大致是这个意思。显然孔子的理解更加准确和深刻，更能体现讼之争端的内在生成原因及消解的办法，但大多注本只解为"旧禄"之义，则茫然不知所指。

第七卦　地水师

坤上
坎下

师：贞，丈人吉，无咎。

【解】师者，出师以正，丈人为统帅则吉，无有过错。"丈"或通"杖"。《正讹》曰："丈借为扶行之杖。老人持杖，故曰丈人。别作杖，通。"显然，持杖的老人是无法作为三军统帅的，因此，故这里的"丈人"是喻指德高望重的人。郑玄曰："师者，举中之言，丈人能以法度长于人。丈之言长，能御众有正人之德，以法度为人之长，吉而无咎。"（《郑注》）郑玄训"丈"为"长"之义。孙子曰："兵者，国之大事，死生之地，存亡之道，不可不察也。"（《孙子兵法》）用兵之事乃国家生死存亡之大事，可不察乎，可不慎乎，故以"丈人吉"。

《彖》曰：师，众也。贞，正也。能以众正，可以王矣。刚中而应，行险而顺，以此毒天下而民从之，吉又何咎矣？

【解】师卦一阳五阴，是一阳统帅五阴以征伐也，故曰"众也"。郑玄注曰："军二千五百人为师。多以军为名，次以师为名，少以旅为名。"（《郑注》）贞，正也，出师以正，可王天下。九二以刚处中，与六五正应，故曰"刚中而应"。下坎上坤，故曰"行险而顺"。"毒犹役也。"（《王注》）毒，又治也。以师之道，治理天下，民众皆从之，吉而无咎也。

《象》曰：地中有水，师。君子以容民畜众。

【解】地中有水，水积蓄于地中，有师之象。君子观此象，当知容纳其民，畜养其众。君子容畜民众，则得民众之心也。民心齐一，则可利用征伐，以去除为害民众之人。师卦一阳五阴，一阳者，君子也，众阴者，民也。阳容畜众阴也。

初六：师出以律，否臧凶。

【解】初六居师之初，为出师之始也。出师之始，师律为先，故曰"师出以律"。《尔雅·释诂》曰："臧，善也。""否臧"，不善也。师出失律，不善之事，凶也。

《象》曰："师出以律"，失律凶也。

【解】师者，众也，众出无律必乱，凶也。

九二：在师中吉，无咎，王三锡命。

【解】九二以刚处中，为师之主爻，军之统帅也。统帅在师中，吉而无咎也。统帅不在师中，其师必乱。"王三锡命"，王，六五也，六五以阴居尊，与九二正应。君王则充分信任其统帅，并再三嘉奖统帅、犒劳三军，以示其专任与宠信也。《礼记·曲礼》云："三赐不及车马。"一命受爵，再命受服，三命受车马。三赐三命，而尊之得成，故"乃得成命"也。孔子曰："君以谦人为德，则大夫共惠，将军禁战。"[1]君以谦待臣，臣报之以忠，君臣相知，国何失之有？

《象》曰："在师中吉"，承天宠也。"王三锡命"，怀万邦也。

【解】九二与六五正应，六五之君宠信无加，故曰"承天宠也"。六五之信宠九二，表明君臣一心，则万邦怀其柔而来归，故曰"怀万邦也"。郑玄注曰："九二，王三锡命。宠，光耀也。"（《郑注》）

六三：师或舆尸，凶。

【解】六三以柔处阳，以柔乘刚，独断妄动，贸然进攻，大败而归，士兵之尸载满战车，故曰"师或舆尸，凶"。

《象》曰："师或舆尸"，大无功也。

【解】六三不当位而动，丧师败绩，何功之有。

六四：师左次，无咎。

【解】六四以柔居阴，其位得当，为辅臣之位，故有"佐"之义，师以佐君为次序之先，故无咎也。孔子曰："师也者，人之聚也。次也者，君之立也。见事而能左其主，何咎之有？"[2]君王充分信任自己的统帅，故"王三锡命"，但是，作为统帅也当知尊卑次第，守其本分，无僭越之念。"左次"多被训为退避之义。程颐曰："四以柔居阴，非能进而克捷者也。知不能进而退，故'左次'。'左次'，退舍也。"（《周易程氏传》，后文皆简称为《程传》）此解多为后世采纳之，也似颇合卦理，然与孔子之义有相左之处。

《象》曰："左次，无咎"，未失常也。

【解】师以佐君王之安危为首要之事也，知左次则无咎，故"未失常也"。若师不以卫其主为先，何其危也。

六五：田有禽，利执言，无咎。长子帅师，弟子舆尸，贞凶。

【解】田中有禽，禾苗遭践，利于派人捉拿。"言"者，此事非六五亲为，其命于九二往执之。"长子帅师"者，统帅必是德高望重、刚健英武之人，九二是也。"弟子舆尸"者，年轻气盛、有勇无谋之人为帅也，必载尸而归，凶也，六三是也。

《象》曰："长子帅师"，以中行也。"弟子舆尸"，使不当也。

【解】九二以刚处中，进退果断皆宜，故"以中行也"。六三以柔处阳，轻敌妄动，损兵折将，君王（六五）使之不当也。

上六：大君有命，开国承家，小人勿用。

【解】上六处师之极，出师已毕，君王论功行赏，"若其功大，使之开国为诸侯；若其功小，使之承家为卿大夫"（《正义》）。可保家卫国，正直无私者，君子也，小人不可用。

《象》曰："大君有命"，以正功也。"小人勿用"，必乱邦也。

【解】"以正功"者，君王按功劳行赏，赏罚分明也。"必乱邦"

者，小人为师之统帅，掌国之利器，私心为先，故必乱邦也。

注释：

[1] 昭力问曰："《易》有国君之义乎？"子曰："《师》之'王三赐命'与《比》之'王三驱'，与《泰》之'自邑告命'者，三者国君之义也。"昭力曰："或得闻乎？"子曰："昔之君国者，君亲赐其大夫，大夫亲赐既其百官，此之谓三诏。君之自大而亡国者，其臣厉以阴谋。君臣不相知，则远人无劝矣。乱之所生于忘者也。是故君以谦人为德，则大夫共惠，将军禁战；君以武为德，则大夫薄人矣，将军□柢；君以资财为德，则大夫贱人，而将军走利。是故失国之罪必在君之不知大夫也。《易》曰：'王三锡命，无咎。'为人君而能亟赐其命，夫国何失之有？"（《帛书易·昭力》）

大意：昭力问：《易经》中可有为君之道？孔子说：师卦中的"王三锡命"和比卦中的"王三驱"，以及泰卦中的"自邑告命"，这三条都是在讲为君之道。孔子说：古代君王治国，君王亲自赏赐大夫，大夫亲自赏赐百官，这种做法叫"三诏"。君王盲目自大而导致亡国，起因在于他的臣子阴谋作乱，君臣之间互相不够了解信任所致。所以如果君王以谦待人，臣子们也都以谦相处，将军亦不争强好斗；如果君王崇尚武力，那么大夫就会轻视民众，将军则会以武力伤害民众；如果君王贪财好利，那么大夫也会贪婪而草菅人命，而将军则忙于逐利。所以亡国的责任就在于君王，在于君王不了解他的臣子。

[2] 昭力问曰："《易》又卿大夫之义乎？"子曰："《师》之'左次'与'闲舆之卫'，与'豮豕之牙'三者，大夫之所以治其国而安其家者也。"昭力曰："可得闻乎？"子曰："昔之善为大夫者，必敬其百姓。顺德忠信以先之，修其兵甲而卫之，长贤而劝之，不乘朕名以教其人，不美卑隃以安社稷。其将督诛也，吐言以为人次；其将报施也，□一以为人次；其将取利，必先其义以为人次。《易》曰：'师左次，无咎。'师也者，人之聚也。次也者，君之立也。见事而能左其主，何咎之有？……"（《帛书易·昭力》）

大意：昭力问《易经》中是否有卿大夫行事之道。孔子说《师》之"左次""闲舆之卫"与"豮豕之牙"三者都是言卿大夫之道。古之善为大夫者，上敬其君，下敬百姓，不欺上瞒下，凡事皆在人之后。在师卦中，人之聚结为师，而"次"，就是尊卑次第，因此，在国家有难时军队能够优先保护其主，这有什么过错吗？"左"，可有二义，其一，古时以左为卑。《增韵》曰："人道尚右，以右为尊。""师左次"就是师尚左，以示其卑，右则为君也。其二，"左"通"佐"，六四居辅臣之位，故有"佐"之义。"师左次"是指师以佐君为次序之先。两种解读大意相似。

第八卦　水地比

坎上
坤下

比：吉，原筮，元永贞，无咎。不宁方来，后夫凶。

【解】水在地上，地得水而能润万物，有比之象。比者，亲比之义也。《周礼·夏官》中载："形方氏使小国事大国，大国比小国。"《注》曰："比，犹亲也。又和也。"比卦一阳五阴，众阴皆欲亲比于九五，九五亦亲比于众阴也。朱子曰："以一人而抚万邦，而四海以仰一人之象。"（《本义》）比为吉卦，筮者得吉，故有元永贞之义也。"不宁方来"者，言众阴也，众阴皆与九五为应，故"不宁"也，不宁而来亲比于九五则吉也。"后夫凶"者，上六也，唯上六处比之极，乘刚而不中，后至为凶也。

《彖》曰：比，吉也。比，辅也，下顺从也。"原筮，元永贞，无咎"，以刚中也。"不宁方来"，上下应也。"后夫凶"，其道穷也。

【解】亲比之事，吉也。比者，亲辅之义，下四阴之亲辅于九五也。九五以刚处中，亲比天下之民，故求筮者，得比之卦，元而永贞也。元言其大者，永言其长者，贞言其正者，故曰"原筮，元永贞，无咎"。九五与下四阴皆为上下应者，故下四阴皆"不宁方来"也。"其道穷"者，上六也，处比之极，比道穷也，先乘刚而不比，后欲比而来之，时已迟也。

《象》曰：地上有水，比。先王以建万国，亲诸侯。

【解】地上有水，有亲比之象。先王观此象，以比之理亲比诸侯，建立万邦来仪之国。郭雍曰："一阳之卦得位者，师、比而已，得天位者为比，得臣位者为师。天下之吉，莫吉于此。故比直言吉治天下之众，莫急于贞。"（《郭氏传家易说》）

初六：有孚比之，无咎。有孚盈缶，终来，有它吉。
【解】初六以柔居比之下，距九五最远，唯有诚信于中，本无凶亦无吉，故无咎也。然其诚信之盛，乃至盈缶，九五终来亲比也，"有它吉"者，非求必得而得之也。郑玄注曰："初六，有孚盈缶。爻辰在未上，值东井。井之水，人所汲用。缶，缶汲器也。"（《郑注》）

《象》曰：比之初六，"有它吉"也。
【解】初六居下而位卑，唯有诚信于中，以待吉来也。

六二：比之自内，贞吉。
【解】六二与九五正应，为九五之最为亲比之人。然六二柔顺中正，虽上亲比于九五，却自省于内，不失中正也，故曰"贞吉"。

《象》曰："比之自内"，不自失也。
【解】六二柔顺上比于九五，然不失其中正也。

六三：比之匪人。
【解】六三欲上比于上六，然上六处比之极，非可亲比之人，故曰"比之匪人"也。匪，通"非"。《诗·邶风·相舟》："我心匪石，不可转也。"

《象》曰："比之匪人"，不亦伤乎！
【解】比之非人，不得其利，反受其伤。

六四：外比之，贞吉。
【解】六四比之于初六谓之"内比"，然贤君在上，故应上比于九五，谓之"外比"，得比于贤君，贞吉也。

《象》曰：外比于贤，以从上也。

【解】六四之从于九五也。九五以刚居尊，人之贤也。

九五：显比。王用三驱，失前禽，邑人不诫，吉。

【解】九五以刚处尊，为全卦唯一阳爻，为比之主也。九五之君，中正无私，其德为天下人所效比，故曰"显比"。君王围猎，围三缺一，跑在前面的禽兽得以逃脱[1]，进行围猎的邑人并不会因此受到训诫，因为，这正是君王舍逆取顺、宽厚仁义的原则。连邑人就能知君王之义，比之极也，故吉无不利也。[2]邑人，众阴也。郑玄注曰："九五，王用三驱，失前禽。王因天下显，习兵于搜狩焉。驱禽而射之，三则已发，军礼也。失前禽者，谓禽在前来者，不逆而射之，傍去又不射，唯背走者，顺而射之。不中亦已，是皆所以失之，用兵之法亦如之。降者不杀，奔者不禁，皆敌不杀，以仁恩养威之道。"(《郑注》)郑注解为"不逆而射之"，其义略有不同，不过仁德之义同。

《象》曰："显比"之吉，位正中也。舍逆取顺，"失前禽"也。"邑人不诫"，上使中也。

【解】九五之德大显于天下，非止于大夫将军，天下之民莫不知，莫不效之，其位中正也。"失前禽"者，田猎之时，围三缺一，舍弃逆走出围者，取其顺而投网者。"邑人不诫"者，上以中正，使臣下亦以中正，故邑人围三缺一，失其前禽，亦君王之意也，何诫之有？邑人亦知君王仁德之义，可知"显比"之盛也。

上六：比之无首，凶。

【解】比之道，皆下比于上，而上六处比之极，无上可比，故曰"比之无首"也。及其欲下比于九五，已为后也，故有"后夫凶"之义。

《象》曰："比之无首"，无所终也。

【解】"无所终"者，下四阴皆比于九五，故有"终"也，然上六无可亲比者，故"无所终也"。

第八卦　水地比

注释：

[1] 汤出巡狩，东北有火。曰："彼何火也？"有司对曰："渔者也。"汤遂至之，曰："子之祝可？"曰："古者蛛蝥作网，今之人缘序，左者右者，上者下者，冲突乎土哉，皆来乎吾网。"汤曰："不可！我教子祝之，曰：'古者蛛蝥作网，今之人缘序，左者使左，右者使右，上者使上，下者使下，吾取其犯命者。'"诸侯闻之曰："汤之德及禽兽鱼鳖矣。"故共皮币以进者廿（niàn）有余国。《易》卦其义曰："显比，王用三驱，失前禽，邑不戒，吉。"此之谓也。（《帛书易·缪和》）

大意：商汤出外巡狩，看到东北方有火光。问：这是什么火？随从的官吏回答道：渔火。汤就到近前察看，问渔夫说，你来唱一段捕鱼的祝词吧。那渔者祝誓道：古人见蜘蛛织网，今人也学着张网捕鱼，左面的、右面的、上面的、下面的，都进入我的网中。汤说：不可以这样做！我教你祷词吧：古人见蜘蛛织网，今人也学着张网捕鱼，左边的走左，右边的走右，上边的走上，下面的走下，我只取触网无法脱逃者。诸侯听说之后说：汤的仁德已经及于禽兽鱼鳖（可见其宽厚之极也）。主动向商进献皮革、货币者有二十余国。此段亦是讲围捕之法不可赶尽杀绝，要网开一面，表明君王德性仁厚之至，天下闻名，无不顺服。

[2] 昭力问曰："《易》有国君之义乎？"子曰："《师》之'王三锡命'与《比》之"王三驱"，与《泰》之"自邑告命"者，三者国君之义也。"昭力曰："或得闻乎？"子曰："昔之君国者，君亲赐其大夫，大夫亲赐既其百官，此之谓三诏。君之自大而亡国者，其臣厉以阴谋。君臣不相知，则远人无劝矣。乱之所生于忘者也。是故君以谦人为德，则大夫共惠，将军禁战；君以武为德，则大夫薄人矣，将军口柢；君以资财为德，则大夫贱人，而将军走利。是故失国之罪必在君之不知大夫也。"……又问："《比》之'王三驱'何谓也？"子曰："昔者明君［抚］人以宽，教之以义，付之以刑，杀当罪而人服。君乃服小节，以先人曰义。为上且犹有不能，人为下何无过之有？夫失之前，将戒诸后，此之谓教而戒之。《易》曰：《比》之'王用三驱，失前禽，邑人不戒，吉。'若为人君驱省，其人训诫在前，何不吉之义？"（《帛书易·昭力》）

大意：昭力问：《易经》中可有为君之道？孔子说：师卦中的"王三锡命"和比卦中的"王三驱"，以及泰卦中的"自邑告命"，这三条都是在讲为君之道。孔子说：古代君王治国，君王亲自赏赐大夫，大夫亲自赏赐百官，这种做法叫三诏。君王盲目自大而导致亡国，起因在于他的臣子阴谋作乱，君臣之间互相不够了解所致。所以如果君王以谦待人，臣子们也都以谦相处，将军亦不争强好斗；如果君王崇尚武力，那么大夫就会轻视民众，将军则会以武力伤害民众；如果君王贪财好利，那么大夫也会贪婪而草菅人命，而将军则忙于逐利。所以亡国的责任在于君王，在于君王不了解他的臣子。昭力又问"王三驱"之义，孔子说：昔时明君先以宽待民，教之以义，纵其有错而付诸刑罚，他也会心服口服。正如围猎之时，围三缺一，先宽而后紧，让在前面的禽兽得以逃脱，只抓捕（不吸取教训）而自投罗网的。邑人做的正确，故不当训诫之。邑人即知此宽容仁厚之理，有什么不吉利的呢？

第九卦　风天小畜

☴ 巽上
☰ 乾下

小畜：亨。密云不雨，自我西郊。

【解】风在天上，小畜。显然，与大畜相比，小畜所能蓄者相差很多，因风行于天上，所能蓄者不过水气而已。所蓄不足则"密云不雨"，所蓄足则可降而为雨。从爻的角度来说，小畜卦仅有六四一阴爻，又处阴柔之地，一阴蓄五阳显然也困难了一些，因此，仅是小畜而已。"自我西郊"者，盖六四与九二、九三互为兑卦，兑为西，亦为泽，泽者，在天为密云（含有水气的云），此云自西方来，故曰"自我西郊"。

《彖》曰：小畜，柔得位而上下应之，曰"小畜"。健而巽，刚中而志行，乃亨。"密云不雨"，尚往也；"自我西郊"，施未行也。

【解】"柔得位而上下应之"，显然是指六四，六四以柔得位，上下众刚皆相应之，奈何仅有六四一阴爻，所蓄者不多，故曰"小畜"。乾健而巽顺，"刚中而志行"，"尚往也"，下三阳之上行也。"施未行也"，薄阴不能蓄众阳，虽密云自西郊而来，终未能成雨。

《象》曰：风行天上，小畜。君子以懿文德。

【解】"懿，专久而美也。"（《说文》）君子观小畜之象，知财资得之不易，当知节源俭用，且体恤妻子经营家用之难。同时，君子当潜修文德（修德之事，对财资依赖不大），德盛则为出离小畜之途。可见，小畜与大畜相比，有相映成趣之处。小畜卦主为六四，家庭主妇主持家用之道；而大畜的卦主为上九，为富足通达之士兼济天下之道。小畜卦更多体现的是"穷则独善其身",之所以"密云不雨",所蓄不多也,略有盈余,则"既雨既处",首先要保证一家人的饥饱,怎么可以要求再去接济别人呢?大畜卦更多体现的是"达则兼济天下",之所以能"何天之衢"而不为过,因其以让贤人"家食"为辱,而以"道大行也"为荣。

初九:复自道,何其咎?吉。

【解】《说文》曰:"复,往来也。返,还也。还,复也。"复为返回之义,"复自道"者,自道而复也。即初九与六四为唯一阴阳正应者,初九归复六四,如回家一般自然而然,何咎之有呢?当然是吉事。

《象》曰:"复自道",其义吉也。

【解】阳升而阴纳之,其义为吉。

九二:牵复吉。

【解】牵,《说文》中载"引前也"。九二欲复归六四,前有九三九五等阳牵而往之,不待自费心力而能往,故为吉也。《程传》曰:"二五同志,故相牵连而复。"以九二与九五相牵连为解。而《本义》曰:"三阳志同,而九二渐近于阴,以其刚中,故能与初九牵连而复,亦吉道也。"则以九二与初九牵连而复为解。

《象》曰:"牵复"在中,亦不自失也。

【解】"不自失"者,九二处下卦之中,以其得中,中正自知,上往于六四亦非盲从之事也。

九三:舆说辐。夫妻反目。

【解】九三处乾之上,刚暴最盛,欲上行归复,奈何上九亦为阳而不可能纳之。其妻劝止,九三之妻当为六四,或仅是借喻而已。九三不纳妻言,亦不顾车已经轮辐脱离之事,执意欲行,夫妻最终反目。郑玄注曰:"九三,舆说辐。谓舆下缚木,与轴相连。钩心之木是也。"(《郑注》)《折中》案曰:"九三比近六四,故有夫妻之象。过刚不能自制其动，虽有六四比近畜之，不能止也。"

《象》曰："夫妻反目"，不能正室也。
【解】以九三之刚暴，自然不能齐家而正室。或云，九三所欲归复者，上九也，上九如何能成为正室呢？故曰"不能正室"。

六四：有孚，血去惕出，无咎。
【解】"有孚"，六四为卦中唯一阴爻，为卦主。能蓄阳者，唯六四。而九三不信六四之"忠言相劝"，务要上行归复上九，刚暴之九三与妻反目相向，且拳脚相加，故有"血"之事。可知六四忧惧警惕之甚。而幸有九五与六四合力制服九三（当然也可能会有上九的力量），故有"血去惕出"之说。"血去"，去除血污；"惕出"，解除警惕。

《象》曰：有孚惕出，上合志也。
【解】"上合志"者，九五也（也可能包括上九）。本来，六四最与初九合志，奈何初九远而弱，不足以助六四制服刚暴之九三。

九五：有孚挛如，富以其邻。
【解】《说文》曰："挛，系也。凡拘牵连系者皆曰挛。"九五所系者，六四也。九五与六四虽非正应，然因其相邻又阴阳相合，故九五以其富顾及其邻也。"富以其邻"，九五以刚居尊，故为富者，而九五又均其富于六四也。《程传》曰："五以尊位之势，如富者推其财力，与邻比共之也。"

《象》曰："有孚挛如"，不独富也。
【解】"不独富也"，九五不独富也，均其富及六四也。

上九：既雨既处，尚德载，妇贞厉，月几望，君子征凶。
【解】处，止也。"既雨既处"，小畜之卦，蓄小而难雨，至上九，蓄积为极，或可为雨，然其蓄毕竟不丰厚，故此雨即下即停。"尚德载"，德者，得也，小畜之卦尚积小为多，且积且载，慎而不失，非大畜可比。"妇贞厉"，妇者，六四也，此卦之关键全在六四，其以一阴蓄五阳，势单力薄，好在其以柔居阴，尽力行妇道之节财纳物（贞），故有小畜而已；然其"厉"者，一柔弱之阴蓄刚健之五阳，如何不厉（危）？尤以九三之刚暴，其厉最甚（血去惕出）。"月几望"者，十四日"几望"，十五日"望"，可知其畜之渐也。"君子征凶"者，小畜者，家财蓄之不易，深居简出方能开源节流，"君子"却欲远征，其凶可知也。

《象》曰："既雨既处"，德积载也。"君子征凶"，有所疑也。

【解】"德积载也"，小畜之事，积少成多，方能"既雨既处"。"有所疑也"，小畜财薄，却欲远征，自有疑也，财薄而谋大，其凶必也。

第十卦　天泽履

乾上
兑下

履虎尾，不咥（dié）人，亨。

【解】踩在虎尾巴上，却未被虎咬，有亨之象。《说文》中载："履，足所依也。""履"本义为脚上穿的鞋子，引申为踩、践之义。咥，郑玄注："啮也。"本卦五阳一阴，六三为主爻，六三以阴居阳，不中不正，且乘九二之刚，其危可知也。然六三处兑之上，和悦之性，未至于被难。或曰：兑处乾之后，乾纯阳之物，其类虎也，兑蹑其后，有履虎尾之险，而以其柔顺免于险难也。此卦以上下卦论之，上卦乾为君子，下卦兑泽为险，君子行险危之地，自当谨慎小心，可免于险难也。君子处危地而行为合度，动静复礼也。故"履"又引申为"礼"之义。

《彖》曰：履，柔履刚也。说而应乎乾，是以"履虎尾，不咥人，亨"。刚中正，履帝位而不疚，光明也。

【解】"柔履刚"者，言六三履于九二之上也。兑和悦而顺，上应乎乾，故虽危而不厉也，故有"履虎尾，不咥人，亨"之语。"刚中正"者，言九五也，九五以阳刚居帝尊之位，当之而无愧，光明中正也。

《象》曰：上天下泽，履。君子以辩上下、定民志。

【解】天在上泽在下，履之自然之象也。君子观此象，当知上下有序，尊卑有等，父在上，子在下，君在上，民在下。长幼尊卑之序成，则天下定矣。天下定，则民志定矣。志者，意欲者也。民欲之事，亦安于其位，循规合矩，不越列等，君民和乐也。

初九：素履往，无咎。

【解】初九以阳刚处下，可履而往也，然履为危事，骄躁而疾进，或陷于险，故素心而无欲，可得无咎也。素，本义为未上色之布品。

《象》曰：素履之往，独行原也。

【解】盖初九处下，尚能素心而往，其他阳爻，位高而阳盛，未能如此，故曰"独行原也"。原者，愿也。[1]

九二：履道坦坦，幽人贞吉。

【解】九二以阳处阴，居下卦之中，阴阳相济，宽裕安舒，则"履道坦坦"。九二虽内怀上履之志，然谦和中正，有幽静之德，不疾不徐，贞吉可知也。

《象》曰："幽人贞吉"，中不自乱也。

【解】处履之时，以谦谨为上，九二有幽静之德，则"中不自乱也"，"中不自乱"，何危之有。初九以"素"，九二以"幽"，得履之道也。

六三：眇（miǎo）能视，跛能履。履虎尾，咥人凶。武人为于大君。

【解】《说文》曰："眇，一目小也。""跛，行不正也。"六三不中不正，以阴乘阳之上，如目眇之人，其视不明；足跛之人，其行不远。以不足之才，履险危之地，其凶可知也，故曰"履虎尾，咥人凶"。六三为全卦唯一阴爻，又处危地，为群阳所咥，然其犹不知谦，竟欲逞武而凌于大君（九五），自不量力与顽愚弄强不过如此。"武人"者，以武力凌于人也。子曰："暴虎冯河，死而无悔者，吾不与也。"（《论语·述而》）正言此类人也。

《象》曰:"眇能视",不足以有明也。"跛能履",不足以与行也。咥人之凶,位不当也。"武人为于大君",志刚也。

【解】"眇能视",视之不明也;"跛能履",行之不远也。六三遭咥人之凶,皆因其处位不当也。其所以"武人为于大君"者,处阳刚之位,志刚而躁也。

九四:履虎尾,愬愬(shuò),终吉。

【解】愬愬,危惧之状。九四履九五之后,有履虎尾之危也,然其以阳处阴,危惧而慎行,终能吉也。

《象》曰:"愬愬,终吉",志行也。

【解】九四处危惧之地而慎行之,其志终可行也。

九五:夬履,贞厉。

【解】夬者,决也。九五以刚居刚,处中正之君位,当决则决。然处履之道,尚柔而不尚刚也,九五虽以刚明决断,然亦处履之道,亦有危厉之忧也,故诫之曰"贞厉"。王申子曰:"履之卦义,履刚也。履刚之道,尚柔不尚刚也。五虽中正以履帝位,然以刚居刚而承乘应皆刚,是一于尚刚者也。夬履,谓决于行也。一于任刚,决行而不顾,则于中正之道,岂能无咎乎?若贞固守此,危道也,故曰'贞厉'。"(《大易缉说》)

《象》曰:"夬履,贞厉",位正当也。

【解】九五位中正,当位,故其决断得当也。

上九:视履考祥,其旋元吉。

【解】上九处履之终,居高而观下,故有"视履"之言。"考祥"者,观以往之所履,拷问诸事是否合乎善祥。旋,反也。反身自问,平生所履之事,无有疵恶,则为元吉也。《程传》曰:"上处履之终,于其终视其所履行,以考其善恶祸福,若其旋则善且吉也。"

《象》曰:"元吉",在上大有庆也。

【解】上九在上,则履道已成,反身而考视,恶小者亦不曾为之,人生之圆满完成也,故曰"大有庆也"。之所以履之上九最吉,盖唯上九与六三正应,上九虽进履于高位,亦反省自视其言行是否合乎礼法,故终有大成也。

注释:

[1]《中庸》曰:"君子素其位而行,不愿乎其外。素富贵,行乎富贵;素贫贱,行乎贫贱;素夷狄,行乎夷狄;素患难,行乎患难。君子无入而不自得焉。"或许这段表述正合初九之心境。

第十一卦　地天泰

☷ 坤上
☰ 乾下

泰：小往大来，吉亨。

【解】小，阴也。大，阳也。阴自内往外，故曰"小往"；阳自外来于内，故曰"大来"。泰卦者，正月之卦也，十二消息卦之首也[1]。天地交则二气通，阴气上浮于天，阳气下沉于地，大地回春，三阳开泰之谓也，故吉而亨。

《彖》曰："泰，小往大来，吉亨"，则是天地交而万物通也，上下交而其志同也。内阳而外阴，内健而外顺，内君子而外小人。君子道长，小人道消也。

【解】阴气上浮，阳气下降，天地交通，大地回暖，万物得以生长，故曰"天地交而万物通也"。"上下交而其志同"者，天地交通，其志皆为万物之生也。内阳外阴，故内健而外顺。以人喻之，内君子而外小人也。阴往而日弱，阳来而日强，故曰"君子道长，小人道消也"。

《象》曰：天地交，泰。后以财成天地之道，辅相天地之宜，以左右民。

【解】天地交通，有泰之象。君子观此象，则于天地交泰之际，裁定天地之道（如立历法、节气，使人知天地交通之道），参赞天地之化育，助佑民众因时而动。后，后帝，君王自谦之称。"后帝情己，修历五纪。"（清华简《五纪》）郑玄注曰："泰，通也。后以财成，天地之道，财节也。辅相左右，助也。以者取其顺阴阳之节，为出内之政。春崇宽仁，夏以长养，秋教收敛，冬敕盖藏，皆可以成物助民也。"（《郑注》）

初九：拔茅茹，以其汇，征吉。

【解】下三阳一体而共志，皆欲向上，阳长而去阴之势也。如连根拔起茅草之状，"茹"，根牵连之貌。阳汇于下，阴汇于上，阳可连"根"去众阴也。阳去阴，吉事也，故曰"征吉"。

《象》曰："拔茅""征吉"，志在外也。

【解】有"拔茅""征吉"者，因下三阳在内而其志在外也。

九二：包荒，用冯（píng）河，不遐遗，朋亡。得尚于中行。

【解】九二以刚健居中，为泰卦之主。所居安泰中正，宽容而宏大，有无所不能包之德。"包荒"者，包容污秽之物。"用冯河"者，无舟渡水。《尔雅·释训》曰："冯河，徒涉也。"强行渡河者，是顽愚莽撞之人，此类人九二亦能包容之。"不遐遗"，遐，远也。遗，弃也。九二远近皆不遗弃，所包容之广也。"朋亡"者，亡，无也，九二无朋党结私之事，足见其立身中正，无私无偏。"得尚于中行"者，九二之所以能如此宽容广大者，皆因其崇尚中行也。

《象》曰："包荒"，"得尚于中行"，以光大也。

【解】九二之能"包荒"，"得尚于中行"者，以其能光大阳之刚健中正广大之德也。

九三：无平不陂，无往不复。艰贞无咎。勿恤其孚，于食有福。

【解】九三处下卦之上，下阳之上行将由平变陂，阳不可能永往而无返。天地循环之理，居上者必有下降之时，居下者必有上升之时。故居泰而知否，居安而思危。"无平不陂"，没有永远平坦无陂的道路。"无往不复"，没有永往而无返之理。"艰贞无咎"，阳至于九三，由平将陂，前行渐艰。然处艰之时，若能守贞则无咎也。"勿恤其孚，于食有福"，恤，忧也，处泰而不忘忧，守贞其中，福可长也。

《象》曰："无往不复"，天地际也。

【解】九三处乾卦与坤卦之中，故有"天地之际"之论也。九三居乾之上，前行入于众阴之中，故有"无平不陂"之诫。又九三处阴阳交流之地，最能见"无往不复"之情状也。

六四：翩翩，不富以其邻。不戒以孚。

【解】俞琰曰："翩翩，降以相从之貌。"（《周易集说》）六四与上二阴相携而下，故有"翩翩"之状。"不富以其邻"，六四为阴爻，故曰"不富"。"其邻"者，六五与上六也。"不戒以孚"，不待六四劝诫，而六五与上六便自愿从六四以就下。六四虽不富，而上二阴爻皆愿相从而就下者，阴阳相交自然之理也。

《象》曰："翩翩，不富"，皆失实也。"不戒以孚"，中心愿也。

【解】"翩翩"而下，"不富"者，皆是言众阴失其位，阴当居下，居上则必求下也。"不戒以孚"，上二阴不待相劝而从六四就下者，其内心所愿也。

六五：帝乙归妹，以祉元吉。

【解】六五与九二正应，阴阳相合且各处上下卦之中爻，故为元吉。帝乙之妹之归姬昌者，有"下嫁"之嫌。因当其时，天下归于商，而西歧乃商之一臣属之国。而帝乙之妹下嫁而得元吉者，以其妹虽居尊位，却处顺而中，尽得坤德，故可元吉也。郑玄注曰："五爻，辰在卯春，为阳中，万物以生。生育者，嫁娶之贵。仲春之月，嫁娶男女之礼，福禄大吉。"（《郑注》）

《象》曰："以祉元吉"，中以行愿也。

【解】六五居中正位，行其愿而不骄，故得福而元吉也。

上六：城复于隍，勿用师。自邑告命，贞吝。

【解】《子夏传》云："隍是城下池也。"（《正义》）《正义》曰："城之为体，由基土陪扶，乃得为城。今下不陪扶，城则隙坏，以此崩倒，反复于隍，犹君之为体，由臣之辅翼。今上下不交，臣不扶君。君道倾危，故云'城复于隍'。"君道倾覆，如城之倾覆于城池之中，不必用师而自亡也。君道危尽，自邑告命，谁人听也？故曰贞吝也。关于"自邑告命"之义，孔子有深入细致的解读。[2]

《象》曰："城复于隍"，其命乱也。

【解】上六处泰之极，泰道已尽，否道已显。《正义》曰："若教命不乱，臣当辅君，犹土当扶城。由其命错乱，下不奉上，犹上不陪城，使复于隍，故云'其命乱'也。"君当其位（在五爻），"自邑告命"为吉，处上六不当其位，则"自邑告命"而为吝也。

注释：

[1] 十二消息卦又称为十二辟卦，盖汉儒总结先人理论而来，以十二个卦来代表十二个月份，以展示阴阳的消涨。阳去阴长为"消"；阴去阳来为"息"。分别是：复主十一月，临主十二月，泰主正月，大壮主二月，夬主三月，乾主四月，姤主五月，遁主六月，否主七月，观主八月，剥主九月，坤主十月。如临卦有"临：元亨利贞。至于八月有凶"，因临乃十二月之卦，二阳从下升起，生机渐长，而至八月，乃观卦所主之时，下四阴从下侵夺阳爻，阳长阴消之势完全被逆转了，因此曰"有凶"。

[2] 昭力问曰："《易》有国君之义乎？"子曰："《师》之'王三锡命'与《比》之'王三驱'，与《泰》之'自邑告命'者，三者国君之义也。"昭力曰："或得闻乎？"子曰："昔之君国者，君亲赐其大夫，大夫亲赐既其百官，此之谓三祒。君之自大而亡国者，其臣厉以阴谋。君臣不相知，则远人无劝矣。乱之所生于忘者也。是故君以谦人为德，则大夫共惠，将军禁战；君以武为德，则大夫薄人矣，将军口柢；君以资财为德，则大夫贱人，而将军走利。是故失国之罪必在君之不知大夫也。"……又问："《泰》以之'自邑告命'何谓也？"子曰："昔之贤君也，明以察乎人之欲恶，《诗》《书》以成其虑。外内亲贤以为纪纲，夫人弗告则弗识，弗将不达，弗遂不成。《易》曰：'《泰》之自邑告命，吉'，自君告人之谓也。"（《帛书易·昭力》）

大意：昭力问：《易经》中可有为君之道？孔子说：《师》卦中的"王三锡命"和比卦中的"王三驱"，以及《泰》卦中的"自邑告命"，这三条都是在讲为君之道。孔子说：古代君王治国，君王亲自赏赐大夫，大夫亲自赏赐百官，这种做法叫三祒。君王盲目自大而导致亡国，起因在于他的臣子阴谋作乱，君臣之间互相不够了解所致。所以如果君王以谦待人，臣子们也都以谦相处，将军亦不争强好斗；如果君王崇尚武力，那么大夫就会轻视民众，将军则会以武力伤害民众；如果君王贪财好利，那么大夫也会贪婪而草菅人命，而将军则忙于逐利。所以亡国的责任在于君王，在于君王不了解他的臣子。……又问泰卦之"自邑告命"之义，孔子说：古时贤明的君王，对人欲好恶明察秋毫，《诗》和《尚书》便是他们对人性的思虑的成果（抑或是：《诗》和《尚书》都是他们考察人性的参照）。因此，明君会把远小人亲贤人作为用人的纲纪，明君不告命天下，谁是贤人，则国人不知也，贤人不至，则国将不能得其治也。因此，泰卦曰"自邑告命，吉"，这就是君王自邑中（国中）告诉天下人谁为贤者也。故《帛书易·缪和》中有："自邑告命，道达也。"之所以强调君王当从邑中告知民众，就表明君之知臣，君臣相知。若是臣发号施令，告知民众何为贤者，君臣之序乱也，臣越君之上，何治之有也？但是，在《泰》之上六，"自邑告命，贞吝"，却断语并不是吉，这是为何？这表明，若在六五，为君王"自邑告命"，故为吉；而在上六，已非君位，由臣告命天下，反君之道，则为贞吝。故《象》曰"其命乱也"。王弼注此句曰："'自邑告命，贞吝'，否道已成，命不行也。"太过简略，没有揭示出为何"命不行也"的内在原因。《程传》曰："今泰之将终，失泰之道，上下之情不通也。民心离散，不从于上，岂可用也？用之则乱，众既不可用，方自其亲近者告命之，虽使所告命者得正，亦可羞吝。"最为接近孔子之义，然而无法体现出"自邑告命"何时为吉、何时为吝的整体义涵。《本义》于此处没有进行任何解读。

第十二卦　天地否

乾上
坤下

否之匪人，不利君子贞。大往小来。

【解】否者，闭塞之义也。《说文》中载："否，不也。"否卦乾居外，坤居内，阳居上而上行，阴居下而下行，天地不交也。否为七月之卦，阳气往而阴气来。当此天地不交之时，人道亦不畅也，故曰"匪人"也。值此时，小人之道长，君子之道消，故"不利君子贞"也。阳为大，阴为小，阳消而阴长，故曰"大往小来"。

《彖》曰："否之匪人，不利君子贞，大往小来"，则是天地不交，而万物不通也；上下不交，而天下无邦也。内阴而外阳，内柔而外刚，内小人而外君子，小人道长，君子道消也。

【解】否卦与泰卦正相反，上下乖离，则邦国灭亡，故云"天下无邦"也。

《象》曰：天地不交，否。君子以俭德辟难，不可荣以禄。

【解】天地不交，有否闭之象。君子观此象，当知以俭淡为德，以避小人之难也。值此时，自是不可以居高位为荣，以食厚禄为骄也。孔子曰："天下有道则见，无道则隐。邦有道，贫且贱焉，耻也；邦无道，富且贵焉，耻也。"（《论语·泰伯》）此之谓也。

初六：拔茅茹，以其汇，贞，吉亨。

【解】否亦以茅取象，因下三阴类聚牵连之故也。《本义》曰："三阴在下，居否之时，小人连类而进之象。"三阴居下，以不动为宜，故曰守贞而吉亨。《正义》曰："'拔茅茹'者，以居否之初，处顺之始，未可以动，动则入邪，不敢前进。三阴皆然，犹若拔茅牵连其根相茹也。己若不进，余皆从之，故云'拔茅茹'也。"

《象》曰：拔茅贞吉，志在君也。
【解】 去除众阴如拔茅者，其责在上三阳之君子也。胡瑗曰："否之初，是小人道长，君子不可用之时也。时既不可用，则必引类而退，守以正道，不可求进，然后得其吉而获亨也。"（《周易口义》）因此，否之初六以"贞吉"为断语之意，乃是言初之涉否尚浅，若小人失德未远，其志尚存成为君子之心，守贞而为吉也。初六与九四正应，处否之时，虽阴阳相隔，然仍存阴阳转换之期待也。或云：小人虽众，然可连根拔起者，君子也，故去下三阴者，必上三阳也，故曰"志在君也"。

六二：包承，小人吉，大人否，亨。
【解】 包者，六二居三阴之中，故曰"包"。承者，六二上与九五正应，故曰"承"。处否之时，小人居三阴之中，上与九五有相承之意，上下皆如鱼得水，故小人为吉也。显然，此吉不足以为贺也。而当此时，大人（或君子）之道消，故为否也，然大人处否而不渝其志，终可亨也。

《象》曰："大人否，亨"，不乱群也。
【解】 大人否而能亨者，因其处否之时，不乱入小人之群也。反之，小人能吉而亨者，小人群而为党之故也。

六三：包羞。
【解】 六三以阴居阳位，不中不正，却包藏众阴之羞，不羞之羞也。游酢曰："在下体之上，位浸显矣。当否之世而不去，忍耻冒处，故谓之'包羞'。"（《折中》）

《象》曰："包羞"，位不当也。

【解】六三居位不当，还藏污包羞，不以羞为羞，穷斯滥矣。

九四：有命无咎。畴离祉。

【解】《说文》曰："畴，耕治之田也。从田，象耕屈之形。"离，丽也，附丽之义。故一种可能的解读是，九四与初六为正应，四以阳居阴，为济否之才矣，九四之命初六，无咎也，畴为耕下之义，初六得九四之济，而附丽其上得福祉也。另一种可能的解读是，畴取类聚相匹之义。《尚书·舜典》曰："亮采惠畴。"《洪范》曰："洪范九畴。"《战国策》曰："夫物各有畴。"《国语》曰："人与人相匹，家与家相匹。"王逸注《楚辞》曰："二人为匹。四人为畴。"下三阴如茅茹之汇，而上三阳亦以类相聚，三阳聚而丽盛，则自取其福而济否也。"有命"者，或为九五之命于九四也，当否之时，上下乖离，上不能命下，阳不能命阴也，故九四不可能命初六也，唯有九五以其中正而命九四来聚。也有取"畴"为"田界"之义，《文选》曰："均田划畴。"在此可理解为上三阳自洁其身而不与下三阴为伍也，与六二《象》辞"大人否亨，不乱群也"之义呼应。或解"命"为天命者，君子处否之时，安命处顺，君子类聚以济否矣。

《象》曰："有命无咎"，志行也。

【解】九四得九五之命，往聚而济否矣，故曰"志行"也。

九五：休否，大人吉。其亡其亡，系于苞桑。

【解】《说文》曰："休，息止也。从人依木。"休否者，九五以中正而居尊位，可休止天下之否也。故曰"大人吉"也。"其亡其亡，系于苞桑"，居安而思危之诫语也。否值九五之时，已由否转为泰，然尚处否之中，不可不惕也。正是孔子所言"君子安而不忘危，存而不忘亡"之义也。[1]郑玄注曰："九五，系于苞桑。犹纣囚文王于羑里之狱，四臣献珍异之物而终免于难，系于苞桑之谓。"（《郑注》）《郑注》引文王被囚一事，周之大臣献珍宝方使文王脱于牢笼。孔颖达疏："苞，本也。凡物系于桑之苞本则牢固也。若能'其亡其亡'，以自戒慎，则有'系于苞桑'之固，无倾危也。"（《正义》）桑之为物，其根众也，下三阴虽众，而上三阳亦众也，九五处三阳之中，其根深蒂固，虽小人之众亦不能动也。

《象》曰：大人之吉，位正当也。
【解】九五中正而居尊位，号令众阳来聚，可遏小人而休否，故吉也。

上九：倾否，先否后喜。
【解】至上九，否道已尽，三阳已拔去众阴，故曰"倾否"。"先否后喜"者，下三阴之时，为先否也，当上三阳之时，为后喜也。

《象》曰：否终则倾，何可长也？
【解】否道倾尽，如何久长？故泰不可永，否不可久，天地更叠如此也。

注释：
［1］子曰："危者，安其位者也；亡者，保其存者也；乱者，有其治者也。是故君子安而不忘危，存而不忘亡，治而不忘乱，是以身安而国家可保也。《易》曰：'其亡其亡，系于苞桑。'"（《系辞下》）

第十三卦　天火同人

☰ 乾上
☲ 离下

同人于野，亨，利涉大川，利君子贞。

【解】天下有火，火光照亮整个天空。故天与火色同，广大而高远。孔子曰："此言大德之好远也。所行……远，和同者众，以济大事，故曰利涉大川。"[1]大德之人，和同者众多，远近皆同之，可济大事也。然同人之事，以正和同，故曰"利君子贞"。郑玄注曰："乾为天，离为火，卦体有巽。巽为风，天在上，火炎上而从之，是其性同于天也。火得风，然后炎上益炽，是犹人君在上，施政教使天下之人和同而事之，以是为人和同者，君之所为也。故谓之同人。风行无所不遍，遍则会通之德大行，故曰同人于野，亨。"（《郑注》）

《彖》曰：同人，柔得位得中而应乎乾，曰"同人"。《同人》曰："同人于野，亨，利涉大川。"乾行也。文明以健，中正而应，君子正也。唯君子为能通天下之志。

【解】"柔得位得中而应乎乾"者，六二也。同人于野，利涉大川，而亨通者，乾之行健也。离，明也。故"文明以健"也。九五与六二正应，故曰"中正而应，君子正也"。君子刚健而中正，能和同天下之人，通天下之志。

《象》曰：天与火，同人。君子以类族辨物。

【解】天与火，有同人之象。君子观此象，当知人以群分，物以类聚，辨明曲直忠奸，尽量广泛地和同于人。

初九：同人于门，无咎。

【解】和同门口的人，无咎。初九以刚居初，其行不远，心胸亦未广大，故只能和同离门不远的人。孔子曰："小德也好近。"[2] 此言是也。

《象》曰：出门同人，又谁咎也？

【解】出门则与人和同，无吉可言，亦无咎可言。

六二：同人于宗，吝。

【解】只与宗亲或宗党之人和同，吝。六二以柔处中，本与九五正应，而不能同于远人，所同者近，所和者寡，故曰吝也。孔子曰："所同唯其室人而已，其所同者寡，故曰贞吝。"[3]

《象》曰："同人于宗"，吝道也。

【解】同人卦之中，一阴五阳，唯有此一阴爻，因此，六二乃为同人之主。阴主包容，其所同者广，则可一阴同五阳，同人之大也。若其所同者寡，则同人之小也。六二"同人于宗"，故为吝道也。

九三：伏戎于莽，升其高陵，三岁不兴。

【解】九三以刚居阳，其欲下据六二，然六二与九五为正应，六二所志同者九五，故九三上阻九五也。其忧惧九五之来迎六二，故"伏戎于莽"以警戒之。然其虽刚健，却不足以与九五相匹敌，故望而不敢进，故有"升其高陵，三岁不兴"之事。

《象》曰："伏戎于莽"，敌刚也。"三岁不兴"，安行也？

【解】"敌刚"者，九三之敌九五也。九三之"三岁不兴"者，非九五之敌也，三岁之后，五道已成，九三更不可行，故曰"安行也"。

九四：乘其墉，弗克攻，吉。

【解】卦中唯有六二爻一阴爻，故五阳皆欲争之，尤以九三与九四为甚。九三"伏戎于莽"，作势而未敢动。而九四近九五，其欲突袭九五而争六二。故"乘其墉"。墉，城墙也。然九四亦非九五之敌，且其出师无名，六二本与九五正应，非义师也，故攻而弗克。九四以刚居阴，进而不克，则知退也，退则吉。

《象》曰："乘其墉"，义弗克也。其吉，则困而反则也。
【解】九四虽乘九五之墉，然其师不义，攻而不克。然其吉者，遇困而知返。

九五：同人先号咷（táo），而后笑，大师克相遇。
【解】九五本与六二正应，然有九三与九四之阻隔与攻击，故"先号咷"也。号咷，同号啕，大哭也。然九五以刚居尊，率大师终克九三与九四。九五终与六二相遇，故"后笑"也。九五与六二同心同力，其利断金。[4]

《象》曰：同人之先，以中直也。大师相遇，言相克也。
【解】同人之所以成者，以其中正真诚也，九五以刚居中，正是此质。"言相克"者，非谓九五之克六二，乃言九五之克胜九三与九四也。

上九：同人于郊，无悔。
【解】《尔雅·释地》曰："邑外谓之郊，郊外谓之牧，牧外谓之野。"上九处同人之极，下无正应，未有志同者，然其远离于内，亦无内争之忧，故虽无悔可言，亦无吉可言也。

《象》曰："同人于郊"，志未得也。
【解】上九下未有志同者，远亦未得和同者，故曰"志未得也"。"同人于野"者，为大德之人，好远同于人而济大事，上九止于"同人于郊"，虽较"同人于门"和"同人于宗"者远，尚未能至于"同人于野"之境也。

注释：

[1]《帛书易·二三子》曰："《卦》曰：'同人于野，亨。利涉大川。'孔子

曰：'此言大德之好远也。所行□□□□□远，和同者众，以济大事，故曰利涉大川。'"

[2]《帛书易·二三子》曰："《卦》曰：'同人于门，无咎。'孔子曰：'此言其所同唯其门人而已矣，小德也好近。'"

[3]《帛书易·二三子》曰："《卦》曰：'同人于宗，贞吝。'孔子曰：'此言其所同唯其室人而已，其所同者寡，故曰贞吝。'"

[4]《系辞上》曰："'同人先号咷而后笑。'子曰：君子之道，或出或处，或默或语。二人同心，其利断金；同心之言，其臭如兰。"

第十四卦　火天大有

☲ 离上
☰ 乾下

大有：元亨。

【解】日在天上，无所不照，万物得照则生之丰茂，大有之象也。六五为本卦唯一阴爻，处尊而中正，可聚众阳，故曰"元亨"。

《彖》曰：大有，柔得尊位大中，而上下应之，曰"大有"。其德刚健而文明，应乎天而时行，是以"元亨"。

【解】"柔得尊位大中"，六五也。"上下应之"，五阳也。故大有之卦有同人之义，然阴爻居五较之居二更为有力，众阳皆来附于六五，故有大有之象。孔子曰："大有之卦，孙位也。"（《帛书易·衷》）大有之成其卦，全在六五谦逊之德也。刚健者，乾也。文明者，离也。下乾上离，应乎天而文明以行，"元亨"是也。

《象》曰：火在天上，大有。君子以遏恶扬善，顺天休命。

【解】火在天上，大有之象。君子观此象，当抑遏其恶，褒扬其善，顺天之德，各正万物之命也。"遏恶"者，六五也。"扬善"者，众阳也。《说文》曰："人依木则休。"故休命者，万物依天而休其命也（"休"不是停止义，而是顺势而成之义）。值大有之时，万物顺天而各正性命，各成其是。

初九：无交害。匪咎，艰则无咎。

【解】初九以刚居初，上无正应，故无吉可言，亦无害可言，故曰

"无交害"也。初九之往六五，中间在三阳相阻隔，其艰可知也，然处大有之时，六五广纳天下，往则无咎也。

《象》曰：大有初九，无交害也。
【解】初九与九四无交，亦不相害也。

九二：大车以载，有攸往，无咎。
【解】九二以刚处中，与六五正应，为六五最为信赖之阳爻。九二以其刚健中正之质，可当大任，当大有之时，物资众多，九二如大车而可载之多也。九二与六五正应，往之无咎。

《象》曰："大车以载"，积中不败也。
【解】九二载之既多，其任重也，然九二刚健中正，如大车之坚实安稳，载之重而多亦不致倾覆也。王弼曰："任重而不危。"（《王注》）

九三：公用亨于天子，小人弗克。
【解】九三以刚居阳，所处当位，居下卦之上，为公侯之象。《系辞》云："三与五同功而异位，三多凶，五多功，贵贱之等也。"九三刚健有为，亦是成就大有之得力之臣也。大有之九三，却没有"三多凶"之象，盖五为阴柔之君，知人善任，故九三用享于天子，亦不为咎。而若是小人则不可，因小人无刚健有为之能，又无一心向公之忠信，其用享于天子，居心叵测。亨当同享。朱子认为古时亨、享、烹三字其实为一字。

《象》曰："公用亨于天子"，小人害也。
【解】"小人害也"，九三刚健当位，有为而忠诚光明，得五之信，故用亨同于天子可也。而小人则为害也。

九四：匪其彭，无咎。
【解】彭，盛壮之貌。《说文》曰："彭，鼓声也。"《诗·齐风·载驱》曰："汶水汤汤，行人彭彭。"行人盛多之状。《诗·大雅·大明》曰:"牧野洋洋,檀车煌煌,驷騵彭彭。"四匹赤毛白腹的骏马驾辕,气势非常。彭彭,强壮有力貌,言武王戎马之盛也。王弼训"彭"为"旁"义,程颐训为"盛多"义。当取程颐之训。九四率三阳鼓噪欲进,其势非常盛大。然其近君位之尊,当谦惧不骄。九四以刚居阴,戒其盛而无咎也。

《象》曰:"匪其彭,无咎",明辩晢也。
【解】九四之"明辩晢"者,盖九四以居阴之柔德,虽已盛壮,却有明辨是非之能。其率众阳鼓噪欲进,遇六五乃知其即是所求之明君也,故谦而不骄,以从六五也,故无咎。或可解为:九四下与初九"无交害",故无争;与九二之"大车以载"相比,恐难当其任;与九三之"公用亨于天子"相比,恐难有其功;与上九之"自天之祐"相比,恐未及其吉。并且,在一卦之中,唯有六五一阴爻,众阳之所往者,唯六五也,六五以柔居尊之位,居离之中,为文明之主,有能力与胸怀广纳天下贤士,故九四亦不必和众阳相争,唯守其臣道,盛而不骄可也。

六五:厥孚交如,威如,吉。
【解】《尔雅·释言》曰:"厥,其也。""厥孚",六五以柔居尊,与众阳皆应,诚信于中,广纳众阳于外也。"交如",六五与众阳皆阴阳相配,相交皆欢。"威如",六五执柔处尊,广纳众阳,恩威并济,亦深得众阳之拥戴,大吉之象。在《帛书易》中,此爻作"绞如委如,吉"。[1]郑玄注曰:"六五,体离处干之上,犹大臣有圣明之德,代君为政,处其位有其事,而理之也。元亨者,又能长群臣以善使,嘉会礼通,若周公摄政,朝诸侯于明堂是也。"(《郑注》)

《象》曰:"厥孚交如",信以发志也。"威如"之吉,易而无备也。
【解】六五诚信于中,发志于外,众阳来聚也,故曰"信以发志也"。六五之威,非雷霆之威也,以其柔中而有文明之质,众阳皆感其诚而悦来附之,则六五之威自生也。正是"修文德以来之"义,此文德乃修来的,且诚道至简,故曰"易而不备也"。

上九：自天祐之，吉无不利。

【解】上九以刚居极，在一般卦中，并不为吉，物极必反。然处大有之时，不惧其多也。下乾上离，应乎天而文明，何惧其多也？故曰"自天祐之，吉无不利"也。君王顺乎天，履乎信，尚乎贤，大有亦不为多也。[2]

《象》曰：大有上吉，自天祐也。

【解】顺天而为，处上亦为吉也。

注释：

[1]《帛书易·二三子》曰："《卦》曰：'绞如委如，吉。'孔子曰：'绞，白也；委，老也。老白之行□□□，故曰吉。'"注：绞，当通皎，光明之义。委，当通萎，故孔子训为老。因有阙字，推测孔子之义，大概是说，六五之日（太阳）因其势已萎，阳中带柔，反利于万物生成，故为吉。

[2]《系辞上》曰："《易》曰：'自天祐之，吉无不利。'子曰：'祐者，助也。天之所助者，顺也；人之所助者，信也；履信、思乎顺，又以尚贤也。是以自天祐之，吉无不利也。'"

第十五卦　地山谦

坤上
艮下

谦：亨。君子有终。

【解】山居地下，不以高凌人。谦为亨通之道，君子守谦之道终成善事也。[1]郑玄注曰："君子有终。艮为山，坤为地。山体高，今在地下。其于人道，高能下下，谦之象。亨者，嘉会之礼，以谦为主。谦者，自贬损以下人，唯艮之坚固，坤之厚顺，乃能终之。故君子之人有终也。"（《郑注》）

《彖》曰：谦，亨，天道下济而光明，地道卑而上行。天道亏盈而益谦，地道变盈而流谦，鬼神害盈而福谦，人道恶盈而好谦。谦尊而光，卑而不可逾，君子之终也。

【解】谦，亨通之道也。天道济于下则万物得其光明，地道安静卑下上行则万物得其生生。天道损其盈而益于地，地道得天之助而变盈，其谦而不守其盈，流布四方则万物皆得其养也；鬼神亦以盈为害，而以谦为福也；人道亦以盈为恶，以谦为好也。君子尊谦而更光明盛大，行卑而不逾于谦，故君子终得其福也。[2]

《象》曰：地中有山，谦。君子以裒（póu）多益寡，称物平施。

【解】地中有山，有谦之象。君子观此象，则减损有余，而奉不足，如此则使物得其均，物均则可共存，永生之道也。《玉篇》中载："裒，减也。"《尔雅·释诂》曰："称，好也。"《注》曰："物称人意亦为好。又相等也。"

初六：谦谦君子，用涉大川，吉。

【解】谦之又谦的君子，往涉大川，吉。初六以柔处谦之初，为谦之又谦之君子也。柔谦之君子，何往而不利，故吉。[3]

《象》曰："谦谦君子"，卑以自牧也。

【解】君子以谦卑自养其德。牧，《说文》中解："养牛人也。"《玉篇》中解："畜养也。"《扬子·方言》曰："牧，司也，察也。"《韵会》曰："治也。"

六二：鸣谦，贞吉。

【解】六二以柔处中，以谦有闻，吉。"鸣谦"者，一义是六二行谦而声名远播，二义是九三称颂六二之谦。因九三为谦卦之主爻，六二谦承九三之下，得九三之称颂也。

《象》曰："鸣谦，贞吉"，中心得也。

【解】"中心得"者，六二顺柔处中，其谦乃是发自本心之谦。谦于内，而发于外。

九三：劳谦，君子有终，吉。

【解】九三以刚居阳，为全卦之唯一阳爻，故为谦卦之主爻。九三为众阴所宗，故当天下之任，劳而无怨，诚心为民，故君子必有所成，吉。禹之苦其身而无有愠色[4]，周公一饭而三吐哺，皆劳谦之君子也。

《象》曰："劳谦君子"，万民服也。

【解】九三勤勉而无怨，万民无不服也。在他卦，九三以刚居阳，多躁而多凶，然其于谦卦却为吉，谦之德也。

六四：无不利，撝谦。

【解】六四以柔居阴，柔顺而谦，居大臣之位。六五以柔居中，谦下善任。故六四之一切作为，无不利也。

《象》曰："无不利，㧑谦"，不违则也。

【解】六四柔顺居正，以谦为先，凡事皆不违规则。如管仲、孔明皆此贤臣也，其君皆知其贤而托之以国。此等贤臣皆夙夜忧叹，恐托付不效，焉有违则之事也。

六五：不富以其邻，利用侵伐，无不利。

【解】六五以柔居中，虽不富亦能谦下与其邻和睦相处，然仍有不善之邻，谦亦不能感之者，唯有征伐之。胡炳文曰："谦之一字，自禹征有苗，而伯益发之，六五一爻不言谦，而曰'利用侵伐'，何也？盖不富者，六五虚中而能谦也；以其邻者，众莫不服五之谦也。如此而犹有不服者，则征之固宜。"（《周易本义通释》）"不富以其邻"，或解为"以其邻不富"，以言上六也，上六处谦之终，不富亦不谦，故六五唯有征伐之。

《象》曰："利用侵伐"，征不服也。

【解】六五与上六之所以可征邑国者，全赖九三也。九三乃全卦之唯一阳爻，其乃征伐之师。亦可见谦之为谦，并非懦弱而行色厉内荏之事，能而不轻为也。为谦之道，亦非一味忍让，谦而不能化之，当伐则伐之。

上六：鸣谦。利用行师征邑国。

【解】上六居谦之极，谦而居高，故有其名而无其实也。"鸣谦"者，上六与九三正应，上六鸣于九三，上六居高而"鸣谦"，未能诚而卑下，九三之不与也。故上六之"鸣谦"者，有自鸣其谦之义，人之未必应同者也。"征邑国"者，邑国为自己封地之内的小国。上六居谦之极而反，则宜在刚武自治，故利用行师，然其不得九三之助，所能征伐者唯邑国而已。[5]

《象》曰："鸣谦"，志未得也。可用行师，"征邑国"也。

【解】上六"鸣谦"，而志未得。六二亦为"鸣谦"，然"中心得也"。何也？盖六二柔顺处中，其谦出于内，形于外，谦之实也，故为

"中心得也"。而上六居高而刻意为谦，谦之虚也。上六假意之谦，未得九三之应，故"志未得也"。《程传》曰："谦极而居上，欲谦之志未得，故不胜其切至于鸣也。虽不当位，谦既过极，宜以刚武自治其私，故云'利用行师，征邑国'也。"六五征"邻国"，伐其不善者；上六征"邑国"，耀武而扬威也。胡一桂曰："谦一卦，下三爻皆吉而无凶，上三爻皆利而无害，易中吉利，罕有若是纯全者，谦之效固如此"。（《折中》）

注释：

[1]《帛书易·二三子》曰："《卦》曰：'谦，亨，君子有终，吉。'孔子曰：'□□□□上坤而下艮。坤也，艮，精质也。君子之行也，□□□□□□□□吉焉。吉，谦也；凶，骄也。天乳骄而成谦，地徹（撤）骄而实谦，鬼神祸福谦，人恶骄而好谦。□□□□□□□□□□□□□好善不伐也，夫不伐德者，君子也。其盈如□□□□□□□□举而再悦，其有终也亦宜也。'"

[2]《帛书易·缪和》曰："张射问先生曰：'自古至今，天下皆贵盛盈，今《周易》曰：谦，亨。君子有终。敢问君子何亨于此乎？'子曰：'善哉！所问是也。夫先君作执列爵位之尊，明厚赏庆之名，此先君之所以劝其力也，宜也。彼其贵之也，此非圣君之所贵也。夫圣君卑体屈貌以舒逊，以下其人，能至天下之人而有之。非圣君，其孰能以此终？'子曰：'天之道崇高神明而好下，故万物归命焉；地之道静博以尚而安卑，故万物得生焉。圣君之道，尊严睿知而弗以骄人，谦然比德而好后，故天下归心焉。《周易》曰：谦，亨，君子有终。'子曰：'谦者，谦然不足也。亨者，嘉好之会也。夫君人者以德下其人，人以死力报之。其亨也，不亦宜乎？'子曰：'天道毁盈而益谦，地道消盈而流谦，鬼神害盈而福谦，人道恶盈而好谦。谦者，一物而四益者也。盈者，一物而四损者也。故圣君以为丰者，是以盛盈使祭服忽（忽，缺也），屋成加抽，宫成缺隅，谦之为道也，君子贵之。故曰：谦，亨，君子有终。盛盈而能谦下，非君子，其孰当之？'"

大意：这一段记载了一个叫张射的人向孔子问谦卦之义，张射说，从古到今，天下人都是喜欢盈，谦卦却说：亨，君子有终。君子怎么会亨于谦呢？孔子回答说，地道安静卑下，万物才得以生长。君王谦卑处下，才会有人死力报之。盈则损之，谦则益之，因此，只有君子才能恪守谦道，亨通而有终也。

[3]《帛书易·缪和》曰："庄但问于先生曰：'敢问于古今之世闻学谈说之士君子，所以皆牧焉，劳其四肢之力，竭其腹心而虑者，显非安乐而为之也。以但之私心论之，此大老求尊严显贵之名，细者欲富厚安乐之实。是以皆行则必勉，轻奋

其所毂，幸于天下者，殆此之为也。今《易·谦》之初六其辞曰：谦谦君子，用涉大川，吉。将何以此论也？'子曰：'夫务尊显者，其心又不足者也。君子不然，眕焉不自明也，耻也不自尊，□□高世。《谦》之初六，《谦》之《明夷》也。圣人不敢有立也，以有知为无知也，以有能为无能也，以有见为无见也。动焉无取盈也，以使其下，所以治人情。牧，群臣之伪也。谦谦君子者，夫□□□然以不□于天下，故奢多广大，游乐之乡不敢渝其身焉。是以上下欢然归之而弗厌也。用涉大川吉者，夫《明夷》，离下而坤上。坤老，顺也。君子之所以折其身者，明察所以□□□□丑。是以能既致天下之人而有之。且夫坤者，下之为也。故曰用涉大川，吉。故曰：能下人若此，其吉也。不亦宜乎？舜取天下也，当此卦也。'子曰：'聪明睿智守以愚，博闻强识守以浅，尊禄贵官守以卑。若此，故能君人。非舜其孰能当之？'"

大意：这段记载了一个叫庄但的人问孔子谦之初六之义，孔子回答说，谦之初六，正是谦之明夷之义（谦之初六变则为明夷，故以明夷之初爻论谦之初爻）。地火明夷，火居地下，乃贤才被埋没不得其用之象。因此，君子值此时，当潜而不用，不渝其志。且以谦下之德，广涉大川，将以有为也。君子若能谦居人下，如何不吉，如何不合宜呢？舜之所以能取得天下，也正全赖谦卦也。聪明睿智却谦下若愚，博闻强识却自谦浅薄，位至高官得厚禄却依旧谦卑不骄，除了舜还有谁能做到呢？孔子解谦卦这一段亦见于《韩诗外传》卷八。孔子曰："故天道亏盈而益谦，地道变盈而流谦，鬼神害盈而福谦，人道恶盈而好谦。……故德行宽容而守之以恭者荣，土地广大而守之以俭者安，位尊禄重而守之以卑者贵，人众兵强而守之以畏者胜，聪明睿智而守之以愚者哲，博闻强记而守之以浅者不隘。此六者皆谦德也。《易》曰：'谦，亨，君子有终吉。'能以此终吉者，君子之道也。贵为天子，富有四海，而德不谦，以亡其身，桀纣是也，而况众庶乎？夫《易》有一道焉，大足以治天下，中足以安家国，近足以守其身者，其惟谦德乎……"

[4]《帛书易·缪和》曰："缪和问于先生曰：'今《易·谦》之九三曰：劳谦，君子有终，吉。何谓也？'子曰：'此言□□□□也。古之君子□□□□□□□□□□□□以高下，故曰谦。禹之取天下者，当此卦也。禹劳其四肢，苦其思虑，至于手足骈胝，颜色黎黑，无望烦色□□□□□□□□□□□□□□而黑□□□，名号圣君，亦可谓终矣。吉孰大焉。故曰：劳谦，君子有终，吉。不亦宜乎？今有土之大君及至布衣□□□□□□其妻奴纷白黑污□□□□□□□□□□非能焉而又功名于天下者，殆无有矣，故曰劳谦，君子有终，吉。此之谓也。'"

这一段文字虽然阙字较多，但还是可以看出孔子所讲的大义。孔子以大禹为例

第十五卦　地山谦

讲解"劳谦"而有终之义，说大禹为民治水，劳苦其身心而无烦色，终成圣君。

[5]《帛书易·缪和》曰："吴王夫差攻，当夏，太子辰归冰八管。君问左右：冰□□□□□□□□，注冰江中上流，与士饮其下流，江水未加清，而士人大悦。斯罍（léi）为三队，而出击荆人，大败之，袭其郢（yǐng），居其君室，徙其祭器。察之，则从八管之冰始也。《易》卦其义曰：'鸣谦，利用行师征国。'"

大意：吴王夫差率兵攻打楚国，时值夏天，太子辰从后方给夫差送去八管冰消暑。夫差并未独享，而是令人把冰丢入汉江上游，然后和士兵们饮下流之水，江水并未因这八管冰而变得清凉，但是士兵们因其君王谦下与之共享而士气大振。夫差遂把部队分为三队，出击楚国，大败楚军，袭击攻占了其都城郢，将楚国的王宫据为己有，并把楚国的祭器迁至吴国。若反思这次巨大胜利的原因，就是从夫差共享那八管冰开始的。

第十六卦 雷地豫

䷏ 震上
坤下

豫：利建侯行师。

【解】雷动地上，万物生发，有和乐逸豫之象。以和顺而动，动而众悦，故利建侯立国也。雷行地上，万物莫不服，故利用行师，征不服者。豫，《说文》中载"象之大者"。《尔雅·释诂》曰："安也。"《正韵》曰："悦也。"郑玄注曰："坤，顺也。震，动也。顺其性而动者，莫不得其所，故谓之豫。豫喜，豫悦乐之貌也。震又为雷，诸侯之象。坤又为众，师役之象。故利建侯行师。雷出地奋。奋，动也。雷动于地上，而万物豫也。忒差也。"（《郑注》）

《彖》曰：豫，刚应而志行，顺以动，豫。豫顺以动，故天地如之，而况"建侯行师"乎？天地以顺动，故日月不过，而四时不忒，圣人以顺动，则刑罚清而民服。豫之时义大矣哉！

【解】九四为全卦之唯一阳爻，其动则众阴来聚，故"刚应而志行"。下坤上震，故"顺以动"。雷动则地顺，万物皆豫，日月之行，四时之变，皆通畅和悦，无有差错。圣人顺豫之动以行人事，则刑罚皆当，以保障民生运化之条达和悦，万民无不服也。豫之时义何其大矣。

《象》曰：雷出地奋，豫。先王以作乐崇德，殷荐之上帝，以配祖考。

【解】雷出大地振奋，万物生发而丰茂，有豫之象。先王观此象，当作鼓乐以提振民之阳气，以称崇天地生发万物之盛德。并以丰盛的祭品和盛大的鼓乐献祀上帝，且配祀祖考。殷，《说文》曰："作乐之盛称殷。"《诗·郑风·溱洧》曰："殷其盈矣。"《礼记·曾子问》曰："服除而后殷祭。"《疏》曰："殷，大也。大祭谓之殷祭。"荐，放置祭品的席子。祖考，已逝之先祖也。"殷荐之上帝"者，回报上帝之雷出地奋，给豫之恩也；"以配祖考"者，祖考之德使得上帝给豫，慎终追远以续先祖之荫泽也。

初六：鸣豫，凶。

【解】初六以柔处豫之初，上正应于九四，本为吉事。然其恃宠而骄，逸豫之情显露无遗，故有"鸣豫"之凶。《程传》曰："初六以阴柔居下，四，豫之主也，而应之，是不中正之小人，处豫而为上所宠，其志意满极，不胜其豫，至发于声音。轻浅如是，必至于凶也。'鸣'，发于声也。"

《象》曰："初六鸣豫"，志穷凶也。

【解】志穷者，志得意满之故也。盖处豫之中，且上有强援（九四），得豫之至也，却自鸣得意，张扬其优豫，如"负且乘，致寇至"之事，其福可长也。

六二：介于石，不终日，贞吉。

【解】六二的位置颇尴尬，与九四既不正应，又不相比（邻），然优豫之事非求而能得之也，中正以守，反得其吉。故六二柔顺处中，安夫贞正，不苟求逸豫，上交不谄，下交不渎，守志耿介似于石也。"不终日"者，纵得逸豫而不终日泥于其中也。故"贞吉"也。《系辞下》曰："子曰：'知几，其神乎！君子上交不谄，下交不渎，其知几乎？几者，动之微，吉［凶］之先见者也。君子见几而作，不俟终日。《易》曰：介于石，不终日，贞吉。介如石焉，宁用终日？断可识矣。'君子知微知彰，知柔知刚，万夫之望。"或由豫而志行（九四），或介于石而守正，皆见几而作也，君子之权变如此也，非必笃于一而不渝也。介，《说文》中载"画也"。《注》曰："画，界也。""介于石"者，守其志而与他物相渚者，如有石为界也，可知其坚之不可逾越也。

《象》曰："不终日贞吉"，以中正也。

【解】中正以守，泥于逸豫不会终尽一日，可见其耿介贞正也。

六三：盱（xū）豫悔，迟有悔。

【解】盱，《说文》中载"张目也"。《六书故》曰："张目企望者，必犹豫不进也。"六三居非其位，举目上望于九四，恐其不纳也。故犹豫不进。然其若久迟而不进，亦有悔也。孔子认为：犹豫不决，福祸亦至，故当预先准备，行而不疑。[1]

《象》曰：盱豫有悔，位不当也。

【解】六三所处不当，进退失措。郭忠孝曰："处豫之道，戒在不能自立，而优游无断，睢盱上视而悦之，非介于石者也。迟疑而有待，非'不终日'者也。"（《折中》）

九四：由豫，大有得。勿疑，朋盍簪。

【解】九四以刚居阴，为全卦之唯一阳爻，故为豫卦之主。九四为震之初，动而众阴来聚。"由豫"者，众阴皆因之而豫也。"大有得"者，众阴皆来聚也。"勿疑"者，九四为唯一阳爻，为豫之主，往聚之，有何疑也？"朋盍簪"者，众阴如簪之状合聚而来也。《尔雅·释诂》曰："盍，合也。"《释名·释首饰》云："簪，兓也，连冠于发也。"

《象》曰："由豫，大有得"，志大行也。

【解】九四为豫之主，众阴来聚，天下皆豫，故曰"志大行也"。

六五：贞疾，恒不死。

【解】六五以柔处九四之上，乘刚也。然九四为豫之主，六五处尊亦要往附于九四，且无能制权于九四，故曰"贞疾"。六五幸以柔处中，虽有疾而不至于死，故曰"恒不死"也。

《象》曰：六五，"贞疾"，乘刚也。"恒不死"，中未亡也。

【解】六五乘刚而有疾，然守中故不死也。六二与六五，以处中之故，虽有往求豫九四之意，然各守中正，不至于全委于人也。

上六，冥豫成，有渝无咎。

【解】上六以柔处豫之上，且居震之极，故有穷豫极乐之嫌。冥，《说文》中载"幽也"。《玉篇》曰："窈也，夜也，草深也。""冥豫成"，夜以继日以豫乐也。《尔雅·释言》曰："渝，变也。""有渝无咎"，上六若能知变，则可无咎也。

《象》曰："冥豫"在上，何可长也？

【解】耽于逸乐，取亡之道，岂能长久？

注释：

[1]《帛书易·二三子》曰："《卦》曰：'盱豫，悔。'孔子曰：'此言鼓乐而不戒患也。夫忘亡者必亡，忘民者必□□□□□□□□行□□至者，其病亦至，不可避祸福。或辜□□□□□□□□□□□方行，祸福毕至，智者知之，故厩客恐惧，日惧一日，犹有诐行。卒至之患，盱豫而不悔者，未之有也。'"

大意：孔子说：这是说击鼓奏乐欢庆之时也当不忘戒备祸患，没有危亡之危机感则必然灭亡……突然降临的灾祸，在于没有预做准备。《系辞下》曰："重门击柝（tuò），以待暴客，盖取诸豫。"孔子所警之义，亦在其中。

第十七卦　泽雷随

☱ 兑上
☳ 震下

随：元亨利贞，无咎。

【解】雷动于下，泽随之于上，阴随动于阳，柔随动于刚，无所不利，故曰"元亨利贞，无咎"。卦有四德者，共有乾、坤、屯、临、无妄和随等六卦。[1]

《彖》曰：随，刚来而下柔，动而说，随。大亨贞无咎，而天下随时。随时之义大矣哉！

【解】震刚而兑柔，故刚来而柔随之，下动而上悦，为随之象。

《象》曰：泽中有雷，随。君子以向晦入宴息。

【解】泽中有雷，雷动而泽悦，有随之象。君子观此象，应知当动则动，当止则止，随时而动也。随之为卦，皆柔从于刚，阴从于阳。然值阳昧之时，亦当守其暗晦，以待阳复之时。《说文》中载："晦，月尽也。"《释名·释天》曰："晦，灰也。火死为灰，月光尽似之也。"宴，《说文》中载："安也。"《尔雅·释训》曰："宴宴，居息也。"

初九：官有渝，贞吉。出门交有功。

【解】官者，九四或九五也。初九与之皆不正应，且四亦刚爻，非相随之主也。《尔雅·释言》曰："渝，变也。""官有渝"者，或谓四与五各有他志，故曰"有渝"。初九无主可随，则以从正为吉，故曰"贞吉"。初九见善则从，出门则得其功也，初九所交者，六二也，初九交于六二，六二系于初九，故曰"出门交有功"。震为动，初九居震之初，有"出"之象。二三四互为艮，有门之象。故曰"出门"。《帛书易》作"官或（有）谕"，若果如此，此爻之义则可作他解。"官有谕"者，九四或九五之谕于初九也，九四为"有孚在道"的贤臣，九五为"孚于嘉"的明君，二者之谕于初九者，随之为道，唯有忠诚中正而已。内怀忠诚，出门则必得人之随也，故曰"出门交有功"也。二解相比，《帛书易》之"官有谕"似更合理。

《象》曰："官有渝"，从正吉也。"出门交有功"，不失也。

【解】九四与九五之谕于初九，处随之道，唯从于忠诚中正而已也，故曰"从正吉也"。初九内怀中正，出门则有交，故曰"不失也"。

六二：系小子，失丈夫。

【解】"小子"，初九也。"丈夫"，九五也。六二与九五本为正应，然其却系于初九而不知往合于九五也。

《象》曰："系小子"，弗兼与也。

【解】六二以柔居阴，不能自明，随此则失彼，故不能兼得也。

六三：系丈夫，失小子。随有求得，利居贞。

【解】对于六三爻，"丈夫"，九四也。"小子"，初九也。初九为六二所系，故六三舍初而系于四，故曰"系丈夫，失小子"。九四与初九不应，故六三随而能得之，故曰"随有求得"也。六三以柔处阳，恐其摇摆不定，故诫之曰"利居贞"也。

《象》曰："系丈夫"，志舍下也。

【解】"下"谓初九也。既系于九四，则志必舍初九也。

九四：随有获，贞凶。有孚在道以明，何咎？

【解】"随有获"者，六三之系于九四也。然九四为辅臣之位，民多从之，有失臣道，故曰"贞凶"也。九四以刚处阴，体刚而居悦之初，故行为光明磊落，内怀忠信，上通达于其君，何咎之有，故曰"有孚在道以明，何咎？"

《象》曰："随有获"，其义凶也。"有孚在道"，明功也。

【解】四为臣位，获民之从，其义凶也。臣守其忠信之道，明归其功于其君，故无咎。

九五：孚于嘉，吉。

【解】孚，信也。嘉，善也。九五以刚处尊，下与六二正应，六二以柔居中，为民之善者。君王随信天下之民，民皆善而有应，吉无不利也。王应麟曰："信君子者，治之原。随之九五曰'孚于嘉吉'。信小者，乱之机。"

《象》曰："孚于嘉，吉"，位正中也。

【解】九五得位而中正，故能孚于嘉而吉也。

上六：拘系之，乃从维之。王用亨于西山。

【解】上六以柔处随之极，无所系也，唯九五可系。《广韵》曰："拘，执也。"上六之执于九五也，上六恐失系于九五，故执之固也。故曰"拘系之"。上六之系于九五，如影随形，亦步亦趋，故曰"乃从维之"。维，系也。六二之系于初九，六三之系于九四，上六之系于九五，三阴各有所系，众民皆有所随，天下则安也，故曰"王用亨于西山"。"王之亨"当有二义：其一，随道已成，天下大治，则王祭于西山，以谢鬼神与先祖之祐；其二，处随之极，王亦祀于西山，足见其忠信之至也，天下谁不随之？兑处西方，故谓"西山"，即岐山。升卦之六四曰："王用亨于岐山。"亦是此事。其象辞曰："王用亨于岐山，顺事也。"正是上述之第一义也。

《象》曰："拘系之"，上穷也。

【解】"上穷"者，上六处随之极，无有可随，唯有随九五也。上六之"穷"，当是相对于六二与六三而言，二阴尚可在初九与九四之间进行选择，而上六无可选也。

注释：

[1] 郑玄注曰："震动也。兑说也。内动之以德，外说之以言，则天下之人咸慕其行，而随从之，故谓之随也。既见随从，能长之以善，通其嘉礼和之，以义干之，以正则功成，而有福。若无此四德，则有凶咎焉。出门交有功，震为大涂，又为日门，当春分，阴阳之所交也。是臣出君门，与四方贤人交，有成功之象也。昔舜慎徽五典，五典克从，纳于百揆，百揆时序，宾于四门，四门穆穆，是其义也。"（《郑注》）

第十八卦　山风蛊

䷑ 艮上
　　巽下

蛊：元亨，利涉大川。先甲三日，后甲三日。

【解】山下有风，遇山回转而万物散乱。蛊，皿中有虫，不久即死，坏乱之事。《通志·六书略》曰："造蛊之法，以百虫置皿中，俾相啖食，其存者为蛊。"《左传·昭公元年》曰："于文皿虫为蛊。"《周礼·秋官·庶氏》曰："掌除毒蛊。"《左传注》曰："蛊，惑疾，心志惑乱之疾也。"巽为长女，艮为少男，《左传》曰："风落山，女惑男。"有男女惑乱之事。"元亨"，盖蛊乱之事终不可长，乱则必治。"利涉大川"，风行于山谷之中，如虫困于皿中，非涉大川不足以出蛊也。"先甲三日，后甲三日"，甲者，十天才之首也，计时之用。盖蛊之事，十日为其限也，凡事，预则立，不预则废，因此，避蛊之道，当提前三天预防。后甲三日者，当是入蛊未久，应思虑其事之将然，以求脱蛊之道。以十天干言，先甲三日者，为辛日；后甲三日者，为丁日。[1]

《彖》曰：蛊，刚上而柔下，巽而止，蛊。蛊，元亨而天下治也。"利涉大川"，往有事也。"先甲三日，后甲三日"，终则有始，天行也。

【解】蛊非善事，然蛊治则元亨，元亨则天下治。"终则有始，天行也"，天下之事，无有无缘无故而始终者，蛊惑之事亦然，原始要终，便知蛊之何以始何以终，顺之以治，必不为所累，此顺天而行也。

《象》曰：山下有风，蛊。君子以振民育德。

【解】山下有风，有蛊之象。君子观此象，当知提振民众之浩然之气，养育其果敢刚毅之德，以摆脱蛊惑迷乱的风气。

初六：干父之蛊，有子，考无咎，厉终吉。

【解】《类篇》曰："干，能事也。"在蛊卦之中，干字当作干涉、协助之义。《说文》曰："考，老也。"《释名·释表制》曰："父死曰考。"子者，初六处下，有子之象。父者，九二或九三也。父之治蛊，老而有子承之，虽厉而终吉。

《象》曰："干父之蛊"，意承考也。

【解】子之治蛊，承父之意也。盖其父之力不足以治蛊，待其子继而治之。如禹之继其父鲧治水未竟之业。

九二：干母之蛊，不可贞。

【解】母者，六五也。九二与六五正应，故以九二为子，六五为母。六五以柔居尊，其蛊难去，九二以刚居阴，其去母之蛊知刚柔相济。然以妇人之性，优柔寡断，去之恐不可尽也。故曰"不可贞"。如夏征舒去其母夏姬之蛊之难也。

《象》曰："干母之蛊"，得中道也。

【解】母之蛊，最是难去，幸九二处巽卦之中，得中道而行，刚柔并施，方显其功。

九三：干父之蛊，小有悔，无大咎。

【解】父，上九也。九三与上九相应，故以九三为子，上九为父。九三以刚居阳，且处巽卦之极，性躁易动，必直言其父之蛊，二阳相抵，恐有冲撞之事，故"小有悔"。"无大咎"者，九三居心正，自无大咎。

《象》曰："干父之蛊"，终无咎也。

【解】九三居心正，虽干父之蛊有急切处，亦终无咎也。

六四：裕父之蛊，往见吝。

【解】"裕"，六四以柔居阴，包容宽裕之心最盛，故其不但不治其父（上九）之蛊，反包容之。在他卦，六四所为可谓善德，然处蛊之中，却有姑息养奸之责，如此以往，必吝，故"往见吝"也。

《象》曰："裕父之蛊"，往未得也。

【解】六四之包庇其父之蛊，往而何可得吉也？

六五：干父之蛊，用誉。

【解】六五之父，上九也。上九以刚处蛊之末，下与九三无应，故出蛊当易。故六五以柔居中，知用誉之道，称誉其父，鼓励其出离蛊中也。

《象》曰："干父用誉"，承以德也。

【解】助父出蛊，承其父之德以称誉之。因上九"不事王侯，高尚其事"，其风骨本自清越，六五必以道德节操称誉之可成其事。

上九：不事王侯，高尚其事。

【解】上九处蛊之末，下无勾连，出蛊之最易者。"不事王侯，高尚其事"，王侯当指六五，上九处艮之上，如立高山，超越洒脱，不肯下事王侯。

《象》曰："不事王侯"，志可则也。

【解】上九之志清虚高尚，不事王侯，可为他爻出蛊之效则也。看来，出蛊之道，需无欲无求，超脱事外为上。

注释：

[1] 郑玄注曰："先甲三日，后甲三日。甲者，造作新令之日。先之三日而用辛也，欲取改过自新之义。后之三日而用丁也，取其丁宁之义。"（《郑注》）十天干为：甲、乙、丙、丁、戊、己、庚、辛、壬、癸。古代以天干、地支相配以记时，仅以天干记日者，则以十天为一个循环。甲日向前数三日则为辛日，若向后数三日则为丁日。

第十九卦　地泽临

坤上
兑下

临：元亨利贞。至于八月有凶。

【解】临卦与遁卦互为错卦，因此，临卦与遁卦大意正好相反，遁为阳消阴长之卦，临为阳长阴消之卦。在《帛书易》中，临卦作"林卦"，林者，木之盛也。郑玄注"临"为"大"，"阳气自此浸而长大"[1]。或，临当为"凌"，阳凌于阴也。"临，进而陵逼于物也。二阳浸长以逼于阴，故曰临。"（《本义》）又，临作"监临"之义，《说文》曰："临，监临也。"《正义》曰："以阳之浸长，其德壮大，可以监临于下。故曰'临'也。"此三解并不妨碍大意的统一，即临卦皆是言阳长阴消之事。阳长阴消，万物皆亨，故曰"元亨利贞"。"至于八月有凶"者，物盛必衰，阴长阳退，乃成观卦。临，十二月之卦也。观，八月之卦也。此时，临卦阳长阴消之势完全逆转，故曰"有凶"也。

《彖》曰：临，刚浸而长，说而顺，刚中而应，大亨以正，天之道也。至于八月有凶，消不久也。

【解】阳长阴消，刚浸而长，下兑上坤，故曰"说而顺"。九二以刚居中，上应六五，故曰"刚中而应，大亨以正"。至于八月有凶者，乃是阳消之时，故不可久也。

《象》曰：泽上有地，临。君子以教思无穷，容保民无疆。

【解】泽上有地，水之渐长，而凌于岸也。《程传》曰："泽上之地，岸也。与水相际，临近乎水，故为临。天下之物，密近相临者，莫若地与水。故地上有水则为比，泽上有地则为临也。"君子观临之象，则知值君子道长之时，当亲临于民，深思教化之方，不恃威势，和言悦声，不大声以色，以博大无疆之胸怀包容与佑保于民，方能成"君子德风"之效。胡炳文曰："不徒曰'教'，而曰'教思'，其意思如兑泽之深；不徒曰'保民'，而曰'容民'，其度量如坤土之大。"（《周易本义通释》）

初九：咸临，贞吉。
【解】咸者，感也。初九与六四正应，阳感于阴，君子之感小人，故"贞吉"也。

《象》曰："咸临，贞吉"，志行正也。
【解】初九以刚居初，六四以柔居阴，皆当其位也。初九往感六四，以刚化柔，其行正也。王弼曰："四履正位，而已应焉，志行正者也。以刚感顺，志行其正，以斯临物，正而获吉也。"（《王注》）

九二：咸临，吉，无不利。
【解】九二以刚居中，往感六五，亦是吉无不利也。初九与九二往感于阴，皆曰"咸临"，阳浸于阴之义也。阳浸于阴，以诚感之，不恃其威。

《象》曰："咸临，吉，无不利"，未顺命也。
【解】既曰"吉，无不利"，又曰"未顺命也"，最是让人难解。盖六五为君，君命于下，九二顺之为顺命也。然于临卦之中，阴当顺于阳也，故曰"未顺命也"。王弼曰："有应在五，感以临者也。刚胜则柔危，而五体柔，非能同斯志者也。若顺于五，则刚德不长，何由得'吉无不利'乎？全与相违，则失于感应，其得'咸临，吉无不利'，必未顺命也。"（《王注》）

六三：甘临，无攸利。既忧之，无咎。
【解】甘，本甜美之义，此处非其褒义，而是指甘美谄佞之义。王弼曰："甘者，佞邪说媚不正之名也。"(《王注》) 六三以柔居刚，不中不正，又下乘二刚，值君子道长之际，企图以甘美谄佞之态媚惑二刚，无有可能也。若能自忧其危，改过自新，其咎可消也。

《象》曰："甘临"，位不当也。"既忧之"，咎不长也。

【解】六三甘媚之临，因其位不当。既能忧之，弃妄而从阳，咎终不长也。

六四：至临，无咎。

【解】六四以柔居阴，当位且下与初九正应，故六四顺阳长之势，无咎也。王弼曰："处顺应阳，不忌刚长，而乃应之，履得其位，尽其至者也。刚胜则柔危，柔不失正，乃得'无咎'也。"(《王注》) 程颐曰："四居上之下，与下体相比，是切临于下，临之至也。"(《程传》)

《象》曰："至临，无咎"，位当也。

【解】六四之无咎者，皆因其位当也，且处坤卦之初，柔顺之至，不与阳相抗，何咎之有。

六五：知临，大君之宜，吉。

【解】六五以柔居尊位，下与九二正应，虚怀谦德之君不刚愎自用，而是下信贤臣，吉无不利也。"知临"者，六五之君知人善任，不吝临于下。"大君之宜"者，不任己而任人，垂衣裳而天下治主，何岂宜也。

《象》曰："大君之宜"，行中之谓也。

【解】六五有"大君之宜"者，皆因其以柔处坤卦之中，顺行而中正。程颐曰："君臣道合，盖以气类相求。五有中德，故能倚任刚中之贤，得'大君之宜'，成'知临'之功，盖由行其中德也。人君之于贤才，非道同德合，岂能用也。"(《程传》)

上六：敦临，吉，无咎。

【解】上六距二阳最远，且与二阳无应，本是众阴爻中最不利者。然其处坤卦之上，柔顺之极，敦厚之至，故其不疾不徐，静待阳长来临之时，故曰"敦临"也。上六敦笃之德，必吉而无咎。程颐曰："尊而应卑，高而从下，尊贤取善，敦厚之至也。"（《程传》）

《象》曰："敦临"之吉，志在内也。

【解】"志在内"者，上六之志在下二阳也。程颐曰："志在内，应乎初与二也，志顺刚阳而敦笃，其吉可知也。"（《程传》）

注释：

[1] 郑玄注曰："临，大也。阳气自此浸而长大。阳浸长矣，而有四德，齐功于乾，盛之极也。人之情盛则奢淫，将亡。故戒以凶也。临卦，斗建丑而用事，殷之正月也。当文王之时，纣为无道，故于是卦为殷家著兴衰之戒，以见周改殷正之数，云临。自周二月用事，迄其七月至八月而《遁》卦受之，此终而复始，王命然矣。"（《郑注》）

第二十卦　风地观

巽上
坤下

观：盥（guàn）而不荐，有孚颙（yóng）若。

【解】盥，《说文》曰："澡手也。"将祭先净手也。[1]《说文》曰："荐，荐席也。"此处当作动词，即往席上放置酒食等祭品。"盥而不荐"，将祭之前，其净手之诚敬之貌就足以动人，其至诚之心不待献祭品（多为腥熟之物）之时已可知矣。"颙若"，肃敬之貌。[2]

《彖》曰：大观在上，顺而巽，中正以观天下，观。"盥而不荐，有孚颙若"，下观而化也。观天之神道，而四时不忒（tè）。圣人以神道设教，而天下服矣。

【解】观卦二阳在上，下观四阴，故曰"大观在上"。下坤上巽，故曰"顺而巽"。九五以刚居中居正，如君临天下，故曰"中正以观天下"。众民在下仰观君之将祭净手之时即已经为其诚敬所感化也，故曰"下观而化也"。下，下四阴爻也。观天地之生生变化之道，四时之更迭从未有差错，可谓神也。忒，差错。故圣人亦以天地之神道设教，圣人之言行如四时之不忒，诚信之至，故万民服也。[3]

《象》曰：风行地上，观。先王以省方，观民设教。

【解】风行地上，草木皆偃伏。正若"圣人之德风"者，先王观此象，亦当省视万方，体察民俗，据此设立教化之方，以化万民。观之为卦，四阴二阳，下四阴聚而上侵，二阳以力相抵必自取其亡，故当以文化之，以神道教之，则为万民拥护，天下安定。

初六：童观，小人无咎，君子吝。

【解】"童观"者，童子之观也。初六以柔处下，居众阴之中，上与六四无应。如小人居下，无远志与远见。此于小人尚可，故曰"小人无咎"。而于君子，沉溺其中而不自知，则为吝也，故曰"君子吝"。

《象》曰："初六童观"，小人道也。

【解】童观之事，小人之道，君子吝之。

六二：窥观，利女贞。

【解】"窥观"，六二以柔处下卦之中，且与九五正应，故其非童观之蒙昧无知，然其体柔居内，只能于门内向外窥观而已。此观之法，乃妇人之道，故曰"利女贞"。

《象》曰："窥观，女贞"，亦可丑也。

【解】窥观之事，女子尚可，男子不可，此乃苟且偷便之事，虽观之，亦不为美也。窥观者，非大观也。大观者，九五也，大观在上，自无丑可言。

六三：观我生进退。

【解】六三以柔居阳，处坤之上，体柔而顺，故可进可退。进则可观国之光，退者有坤可居。《易》曰："三多凶。"观之三爻不为凶者，盖其处坤之上，处阴之下（六四），进退皆可。"观我生"者，六三无初六童观之蒙昧，亦无九五大观天下之可能，却知观自己所以生者，则可知初六、六二之生，亦可知六四、九五之生。故其知进退也。

《象》曰："观我生进退"，未失道也。

【解】"未失道"者，我生与他生，皆是一道也，故观我生而知他生。

六四：观国之光，利用宾于王。

【解】观一国之未来光明与黯淡者，全在是否有贤人为国之宾，或为王所用也。"利用宾于王"，即王利用宾客，为己所用。六四距九五最近，以柔居阴，为当位之贤臣。"国"，九五也。六四近九五，故有近水楼台之便利，可观国之光也。

《象》曰："观国之光"，尚宾也。
【解】观一国之光者，王必尚贤人为宾也。[4]

九五：观我生，君子无咎。
【解】九五以刚居尊，处上而观下，为观之主也。九五君临天下，百姓日用民情皆入其眼中，当知如何以前民用也。故曰"君子无咎"。反之，临其高位，知民所急而不急民所用，罪莫大矣。

《象》曰："观我生"，观民也。
【解】观我之生，自知民生，其道一也。

上九：观其生，君子无咎。
【解】"观其生"，观他生也。上九处观之极，天下万物，民用人情也莫不尽收眼底，然其不在其位，亦不得谋其政。是故上九非不明也，实不能也，故曰"君子无咎"。

《象》曰："观其生"，志未平也。
【解】以前民用之志，九五得施也，而上九不得施也，故曰"志未平也"。

注释：
[1]《仪礼·士冠礼》中载："夙兴，设洗，直于东荣。"郑玄注："洗，承盥洗者弃水器也。士用铁。"洗、盥盆二者都是一种盛水器。洗，是承盥洗弃水之器。《仪礼·士冠礼》中载："赞者盥于洗西，升立于房中，西面南上。"郑注："古文盥皆作浣。"郑玄《三礼图》中载："盥盘，口径二尺一寸，受二寸，漆赤中。"《圣门礼志》中载："洗，盛水器。凡盥必有洗，以承之，其形如盘。今祭时，罍盛新水，盆盛弃水，洗则用于涤爵，两旁多为螭首，以示其威之能、刚戒沉湎之意，

且以涤旧染之污也。""盆者，盈也。祭时盥手。"

[2] 关于"盥而不荐"的解读争议很多，如《郑注》曰："观盥而不荐，诸侯贡士于天子，乡大夫贡士于其君，必以礼宾之。唯主人盥而献宾，宾盥而酢。主人设荐，俎则弟子也。"《王注》曰："观盥而不观荐。"《程氏易传》曰："当如宗庙之祭，始盥之时，不可如既荐之后，则下民尽其至诚，颙然瞻仰之矣。"后有人指出，盥而为荐，岂有"盥而不荐"或观盥而不可观荐之理？故"盥而不荐"当释为：观其盥不待观其荐即为其诚敬所感化。

[3] 此"神道"并非鬼神之道，而是指天地变化不可知之神妙之道。《正义》曰："'神道'者，微妙无方，理不可知，目不可见，不知所以然而然，谓之'神道'，而四时之节气见矣。"因此，圣人所设之教也并非宗教，《正义》曰："天既不言而行，不为而成，圣人法则天之神道，本身自行善，垂化于人，不假言语教戒，不须威刑恐逼，在下自然观化服从，故云'天下服矣'。"

[4] 《帛书易·缪和》载有："赵简子欲伐卫，使史黑往睹之，期以三十日，六十日后反，简子大怒，以为又外志也，史黑曰：吾君殆乎大过矣！卫使蘧伯玉相，子路为辅，孔子客焉，史子突焉，子贡出入于朝而莫之留也。此五人也一治天下者也，而今天者皆在卫，是□□□也，□□□□又是心者，况举兵而伐之乎？《易》卦其义曰：'观国之光，利用宾于王。'"

大意是说，赵简子准备攻打卫国，派史黑先去打探一下卫国的情形，约期三十天，结果六十天后史黑才回来。赵简子大怒，以为史黑有了外心，史黑说：国君您误会了！卫国用蘧伯玉为相，子路为辅臣，孔子在那里作客，史子（名鱼）也来为官，子贡出入朝堂（也或指出入卫国内外以为其使臣）。这五个人都是能治理天下的人，现在都在卫国……我们怎能随便说去讨伐卫国呢？由此可见，一国之荣衰，全在"尚宾"。孔子、子路、子贡等人原为鲁国贤士，今客居于卫，而得卫重用，则使他国不敢伐之。

第二十一卦　火雷噬嗑

䷔ 离上
　 震下

噬嗑（kè）：亨。利用狱。

【解】此卦初与上皆阳，为颐之象，而中有九四一阳，为口中有物之象。噬，啮也；嗑，合也。口中有物，口合而啮之，通达则为亨也。[1]"利用狱"者，啮而不通，必用火雷非常之法以通达，喻于社会治理，则用刑狱等雷霆之法以惩治凶顽之人，以求社会之昌达。

《彖》曰：颐中有物，曰"噬嗑"。噬嗑而亨。刚柔分动而明，雷电合而章。柔得中而上行，虽不当位，"利用狱"也。

【解】"刚柔分动而明"者，震为刚，离为柔；震为动，离为明。"雷电合而章"者，雷电相合，其威力非常，必可去除刚硬阻碍之物，以达昌明。"柔得中而上行"者，谓六五也。六五虽居尊位，奈何身弱而无力决狱，故上行而借助于上九刚健之力以用狱也。

《象》曰：雷电，噬嗑。先王以明罚敕（chì）法。

【解】下雷上电，有噬嗑之象，雷电相合，无坚不摧。先王观此象，知彰明刑罚，诫民以法度，惩治凶顽难化之人，以保证社会昌明通达。《说文》曰："敕，诫也。"

初九：屦（jù）校灭趾，无咎。

【解】初九居下，罪行微小，有灭趾的惩戒，知止不前，可免灾也，故无咎。屦，《说文》中载"履也"。《释名·释衣服》曰："拘也，所以拘足也。"校，《说文》中载："木囚也。"段玉裁注曰："木囚者，以木羁之也。"灭，《说文》曰："尽也。"没过之义。屦校乃限制双脚行走的刑具，一说是切除脚趾的刑具。[2]

《象》曰："屦校灭趾"，不行也。

【解】《系辞》曰："小惩而大诫，此小人之福也。"过之始而得小惩，以止其恶，故"不行"也。

六二：噬肤灭鼻，无咎。

【解】六二以阴乘刚，所行不当，故刑罚之。而六二以柔处中，刑之得当，只是噬其肤至于没于鼻，故"无咎"也。

《象》曰："噬肤灭鼻"，乘刚也。

【解】六二之祸，在于其乘初九之上，故曰"乘刚"也。胡炳文曰："噬而言'肤''腊''肺''肉'者，取颐中有物之象也。各爻虽取所噬之难易而言，然因各爻自有此象，故其所噬者因而为之象耳。六二柔而中正，故所治如'噬肤'之易入。初刚未服，不能无伤，然始虽有伤，终可服也。"（《周易本义通释》）

六三：噬腊肉，遇毒，小吝，无咎。

【解】六三以柔居刚，乃柔中带刚之物，故以肉为喻为腊肉。且六三处位不正，其味有毒。坚韧而有毒，反伤于口也。"小吝，无咎"者，盖六三其下不乘刚，上不侵刚，故虽顽冥难化，却为害不甚也。王弼注曰："处下体之极，而履非其位，以斯食物，其物必坚。岂唯坚乎？将遇其毒。'噬'以喻刑人，'腊'以喻不服，'毒'以喻怨生。然承于四而不乘刚，虽失其正，刑不侵顺，故虽'遇毒，小吝无咎'。"（《王注》）

《象》曰："遇毒"，位不当也。

【解】六三不中不正，故位不当。

九四：噬干胏（zǐ），得金矢。利艰贞吉。

【解】胏，《说文》中载"食所遗也"。《玉篇》曰："脯有骨也。"《博雅》曰："脯也。"由此可知，胏乃带骨的肉脯。"噬干胏"显然并非易事，而在干硬的肉脯当中居然还有一支金属箭头（金矢），可谓是难上加难。此因九四为中间四爻中的唯一阳爻，正是颐中横梗之物，坚韧而难噬。"利艰贞吉"者，盖九四为噬嗑中最难克服之物，克服此物之后则平易起来，故在艰难中坚守，终得吉祥。因九四以刚居柔，能遇艰而不燥。或云，"得金矢"者，为得一帮助"噬干胏"的刚直之物。

《象》曰："利艰贞吉"，未光也。

【解】"未光"者，九四为噬嗑中最艰难之时，何光之有？然渡过此艰难时刻，光明坦途将至也。

六五：噬干肉，得黄金，贞厉，无咎。

【解】六五以阴处阳，以柔乘刚，故有"噬干肉"之象。朱子曰："'噬干肉'，难于肤而易于腊胏也。"（《本义》）即六五之噬的艰难程度高于六二，而低于六三和九四。"得黄金"者，刚硬之物也，当指九四（或指上九）。六五虽居位不当，然处尊居中，柔以下人，得贤明有力之辅臣（九四）相助，噬干肉则易也。"贞厉，无咎"者，六五使之当也。

《象》曰："贞厉，无咎"，得当也。

【解】六五处尊而柔中，故其所使（于阳）得当。故虽有艰难危厉，终无咎也。胡炳文曰："'噬肤''噬腊肉''噬干胏'，一节难于一节。六五'噬干肉'则易矣，五君位也。以柔居刚，柔而得中，用狱之道也。何难之有？"（《周易本义通释》）

上九：何校灭耳，凶。

【解】何，荷也。上九以刚居刚，处噬嗑之极，不用非常手段无法惩戒之，故以枷械负荷其首，没过其耳，凶险之极。初九涉恶不深，尚可用"屦校灭趾"之法，而至于上九，积恶太深，必用大惩以明法度也。[3]

《象》曰："何校灭耳"，聪不明也。

【解】"聪不明"者，一义为负荷枷械而没过其耳，听不明也；一义为上九之恶非一日积得，平日不能反省己身，终成灭耳之祸也。

注释：

[1] 因噬嗑为口动之象，市场交易，亦是聚散开阖之事，故亦可以市场为象。《系辞下》曰："日中为市，致天下之民，聚天下之货，交易而退，各得其所，盖取诸噬嗑。"

[2]《帛书易·衷》曰：子曰："□禁□也。子曰：……既穷而……'晋如秋如'，所以辟怒……'不事王侯'，□□之谓也。不求则不足以难……《易》曰：……则危，亲伤□□。《易》曰：'何校则凶，屦校则吉'，此之谓也。"子曰："五行□□□□□□□□□用，不可学者也，唯其人而已矣。然其利□□□□□□□□□□□□□。"

本段阙字太多，不易把握大意，但是从"不求则不足以难"句可知，孔子是在说不过多地贪求就能减少陷入险难的可能。故而，大致可知初九乃贪求不深而有"灭趾"之警示，知止而免于凶险也；而上九则因贪求太甚则陷入"屦校灭趾"之凶险也。

[3] 子曰："小人不耻不仁，不畏不义，不见利不劝，不威不惩。小惩而大诫，此小人之福也。《易》曰'履校灭趾，无咎'，此之谓也。善不积，不足以成名；恶不积，不足以灭身。小人以小善为无益而弗为也，以小恶为无伤而弗去也，故恶积而不可掩，罪大而不可解。《易》曰：'何校灭耳，凶。'"（《系辞传》）

第二十二卦　山火贲

　　艮上
　　离下

　　贲（bì）：亨。小利有攸往。

　　【解】《说文》曰："贲，饰也，从贝卉声。"贲为文饰之事。贲卦，离下艮上，火在山下，其象为火明而使山体生辉。亨者，山光明亮，其亨可知。小利有攸往者，山非自己发光，借离火之光而已，故仅有小利。[1]

　　《彖》曰：贲亨，柔来而文刚，故亨。分刚上而文柔，故小利有攸往。刚柔交错，天文也。文明以止，人文也。观乎天文，以察时变；观乎人文，以化成天下。

　　【解】柔，离也；刚，艮也。"柔来而文刚"，离上行使艮显柔也；"文刚"者，离以文为显明，明而饰艮，故曰"文刚"。"分刚上而文柔"，上刚下柔，柔上行而文刚，故"小利有攸往"。"刚柔交错，天文也"，艮离交错，天地自然之象。"文明以止，人文也"，人之见离之文而明于艮，知文明之事而行事，以止者，文明乃外饰得辉之事，非内实而外辉，故借文明而得辉，亦当知文明之尺度，故曰止。"观乎天文，以察时变"，见天地之象，而知时节之变化。"观乎人文，以化成天下"，观乎天文，知人之当行当止，推知天下，则天下化成。

　　《象》曰：山下有火，贲。君子以明庶政，无敢折狱。

　　【解】山下有火，山借火光而遍体光辉。君子观此象，知贲之事，当以光明遍照其政事，天下人皆可见之，无有私藏。文明为外饰之事，折狱当以情实为判，不可以外饰而代内情，故君子折狱当慎之又慎，此亦是"文明以止"之义，文明之用，有其限度。

初九，贲其趾，舍车而徒。

【解】初九以刚居下，蠢蠢欲动，因其位卑下，弃车而徒步行走。"贲其趾"者，虽有文饰，也当以乘之为羞。程颐曰："君子在无位之地，无所施于天下，惟自贲饰其所行而已。趾取在下而所以行也。君子修饰之道，正其所行，守节处义。其行不苟，义或不当，则舍车舆而宁徒行，众人之所羞，而君子以为贲也。"（《程传》）

《象》曰："舍车而徒"，义弗乘也。

【解】义弗乘也：初之位卑下，乘车不相宜也。

六二，贲其须。

【解】六二处九三之下，如人之须也。六二以柔居中，九三以阳刚而当位，皆无正应。故六二随附九三而动，故以须为喻。何楷曰："须阴血之形，而柔所以文刚者。然阴柔不能自动，必附丽于阳，如须虽有美，必附丽于颐也。大抵刚为质，柔为文。文不附质，焉得为文？故二必'贲其须'以从三，五必'贲于丘园'以从上。"（《折中》）

《象》曰："贲其须"，与上兴也。

【解】阴不可自动，承阳（九三）而动也。须不可自动，随颐而动，故曰"与上兴也"。

九三，贲如濡如，永贞吉。

【解】九三以刚居刚，必饰于己，故有"贲如"之言。九三上下皆阴，有坎之象，故其饰有"濡如"之状，"濡如"者，光润丰泽也。九三可自为文饰之事，乃是卦中唯一可自饰又可饰他者，与六二、六四相得益彰，故有"永贞吉"。

《象》曰："永贞之吉"，终莫之陵也。

【解】九三文饰皆是自为而不他求，何来凌侮之事？

六四，贲如皤如，白马翰如，匪寇婚媾。

【解】贲如：文饰之状。皤如：不饰之状。六四以阴居阴，心无定主。见远处白马飞驰而来，不知是其意中之人（九一），还是粗鲁之寇（九三），女为悦己者容，或饰或素，内心疑惧，此六四之疑也。"匪寇婚媾"者，所来意中人也。郑玄注曰："六四，巽爻也。有应于初九，欲自饰以适初，既进退未定，故皤如也。白马翰如。谓九三位在辰，得巽气为白马。翰，犹干也。见六四，适初未定，欲干而有之。翰，白也。"（《郑注》）

《象》曰：六四，当位疑也。"匪寇婚媾"，终无尤也。

【解】六四以阴居阴，故为当位，阴之为盛，其疑必也。

六五，贲于丘园，束帛戋戋（jiān），吝，终吉。

【解】六五尊位，处艮之中，君王所居之所。本当以束帛饰之，奈何六五以柔居阴，又下无正应，故其丘园饰帛戋戋。戋戋者，细小也。《说文》曰："戋者，贼也。"又"贼者，毁也"。故戋戋在此处当是指把束帛裁割为细小之物而饰丘园，此为吝之状。《系辞上》曰："悔吝者，言乎小疵也。"君居之所，本当盛饰，今为戋戋之饰，是其疵也。但是，六五居于中位，安适中正，未以为意，故将终喜。

《象》曰："六五之吉"，有喜也。

【解】《本义》曰："六五柔中为贲之主，敦本尚实，得贲之道，故有'丘园'之象。然阴性吝啬，故有'束帛戋戋'之象。'束帛'，薄物；'戋戋'，浅小之意。人而如此，虽可羞吝，然礼奢宁俭，故得'终吉'。"

上九，白贲，无咎。

【解】处饰之极，反归素朴。盖文明以止之至也，文明乃外饰之事，故贲之至极处，不饰而已，本色即为佳饰。故有"白贲"。无咎者，上九贲之终极意义，无饰故无有小利，亦无咎可言。

《象》曰："白贲，无咎"，上得志也。

【解】"上得志也"，得贲之志。王申子曰："上以阳刚之贤成卦之主，居艮止之极，当贲道之终，止文之流于终，终则返而质矣。"（《大易缉说》）《孔子家语·好生》载有："孔子常自筮，得贲焉，愀然有不平之状。子张进曰：'师闻，卜者得贲者，吉也，而夫子之色有不平，何也？'孔子曰：'以其离耶！在《周易》，山下有火谓之贲，非正色之卦也。夫质也，白宜正白，黑宜正黑，今得贲，非吾吉也。吾闻丹漆不文，白玉不雕，何也？质有余，不受饰故也。'"贲为山下有火，山借火光而得其饰，孔子谓其非正色，因此不喜。以丹漆、白玉之质，不饰而美，君子向往之质亦如此，故谓"白贲"为得志也。

注释：

[1] 郑玄注曰："贲，变也。文饰之貌。贲，文饰也。离为日，日，天文也。艮为石，石，地文也。天文在下，地文在上，天地之文交，相饰成贲者也。犹人君以刚柔仁义之道，饰成其德也。刚柔杂，仁义合，然后嘉会礼通，故亨也。卦互体坎艮，艮止于上，坎险于下，夹震在中，故不利大行。小有所之，则可矣。"（《郑注》）

第二十三卦 山地剥

䷖ 艮上
坤下

剥：不利有攸往。

【解】剥，剥落也。阴长阳消，阳刚剥落殆尽。处剥之时，小人道长，君子道消，"不利有攸往"，以免小人之害也。以上下二体言之，山附于地上，高必剥落，颓削之象。郑玄注曰："阴气侵阳，上至于五，万物零落，故谓之剥也。五阴一阳，小人极盛，君子不可有所之，故不利有攸往也。"（《郑注》）

《彖》曰：剥，剥也。柔变刚也。"不利有攸往"，小人长也。顺而止之，观象也。君子尚消息盈虚，天行也。

【解】"柔变刚"者，柔长而刚变也。"顺而止之"者，内坤外艮，顺时而止。处剥之时，逆之而受其剥，故顺而止之，以观剥之象，则知何为也。天地之消长运化，自然之道也。故君子观天地消长，不以长而喜，不以剥而忧。此时之剥正蕴藏着彼时之长的生机，此天之运行之道。

《象》曰：山附于地，剥。上以厚下安宅。

【解】山附于虚松之地上，山渐为地侵蚀而颓落，故为剥之象。故人观此象，当在厚实的地基上安宅，居之无忧也。剥卦与谦卦不同，谦卦为山在地下，山体大多埋于地中，坚实安稳。剥卦有蚀颓之象，则因山高居于地上，其下不坚实所致。

初六：剥床以足，蔑贞凶。

【解】床，非睡卧之具，而是类似榻之类的坐具，自唐以后，床方专指卧具。"蔑"者，细小之状。"剥床以足"，虽细微，然凶险之始也，当防微杜渐。或训蔑为灭，《本义》训曰："蔑，灭也。""蔑贞"者，正自始而灭，其凶可知。

《象》曰："剥床以足"，以灭下也。

【解】"剥床以足"，剥灭自下而起。

六二：剥床以辨，蔑贞凶。

【解】《说文》曰："辨，判也。"辨当为床分上下者，即床干或床板。剥至床干，其凶更进一步。孔子曰："剥床以辨，女散阳而盛也。"(《帛书易·衷》)所谓"女散阳"即阴散剥于阳。郑玄曰："六二，剥床以辨。足上称辨，谓近膝之下，屈则相近，申则相远，故谓之辨。辨，分也。蔑，轻慢。"(《郑注》)俞琰曰："既灭初之足于下，又灭二之辨于中，则进而上矣。得此占者，若犹固执而不知变，则其'凶'必也。"(《周易集说》)

《象》曰："剥床以辨"，未有与也。

【解】六二与六五相应而不相与，六二未得六五之助。《说文》曰："与，党与也。"

六三：剥之，无咎。

【解】六三与上九正应，其志不同于其他各阴爻，配合上九，一心从善，故其剥无咎。与复卦之"中行独复"之义相类。程颐曰："众阴剥阳之时，而三独居刚应刚，与上下之阴异矣。志从于正，在剥之时为无咎者也。"(《程传》)

《象》曰："剥之，无咎"，失上下也。

【解】荀爽曰："众皆剥阳，三独应上，无剥害意，是以无咎。"(《集解》)"失上下"者，众阴剥阳，而三不从，则失众阴之信任也。

六四：剥床以肤，凶。

【解】肤，或谓床之表面，或谓人之皮肤。皆言切近人身。程颐曰："始剥于床足，渐至于'肤'。'肤'，身之外也。将其身矣，其'凶'可知。阴长已盛，阳剥已甚，贞道以消，故更不言蔑贞，直言'凶'也。"（《程传》）初六、六二言"蔑贞凶"，凶尚小也，六四直言"凶"，可知凶险之著也。

《象》曰："剥床以肤"，切近灾也。

【解】《程传》曰："五为君位，剥已及四，在人则剥其肤矣。剥及其肤，身垂于亡矣，'切近'于灾祸也。"

六五：贯鱼以宫人宠，无不利。

【解】六五以柔居尊，以其居尊位而能号令各阴爻，以鱼贯之状而往得上九之宠，于六五而无不利也。下五爻为阴物，故以鱼为喻，五阴一字排开，故有"贯鱼"之象。上卦为艮，为门阙，故有"宫"之象。处剥之时，上九是剩下的唯一阳爻，六五爻以柔处中，深明大义，统一众人之力，极力配合上九，上下一心，止剥之势，终可转危为安。这也是"无不利"的原因。张载曰："阴阳之际，近必相比。六五能上附于阳，反制群阴，不使进逼，方得处剥之善。下无剥之之忧，上得阳功之庇，故曰'无不利'。"（《横渠易说》）

《象》曰："以宫人宠"，终无尤也。

【解】六五带领众柔以宫人宠于上九，无忧也。但是，以六五君位，却率众屈尊而侍奉上九，虽无忧，亦有何喜也！熊良辅曰："卦本为阴剥阳而阳凶，爻则以剥阳而见凶，故五则以顺上为'无不利'，三则以应上为'无咎'，而上则有'硕果'得'舆'之象焉。"（《折中》）

上九：硕果不食，君子得舆，小人剥庐。

【解】众刚剥去，仅剩上九，如仅存之硕果。虽存此一硕果，其气将尽，食之无味，故曰"不食"也。[1]硕果虽不得食，然其孕新生。剥之极，君子无有存身之所（为小人所剥），但是因其合乎正道而得众民之心，反得舆也。而小人尽使其剥损之能事，由下而上，至整个房屋（庐）剥落殆尽，庐剥反致小人亦无容身之地。艮为蓏蓏，故有"果"之象，外卦为艮，兑反象，兑为口，为食，反象即"不食"。上九变则全卦变为坤，坤为大舆，外卦艮为手，故有"得舆"之象。艮为门阙，艮为手，故有"剥庐"之象。胡炳文曰："始而'剥床'，欲上失所安，今而'剥庐'，自失所安矣。自古小人欲害君子，亦岂小人之利哉？"（《周易本义通释》）

《象》曰："君子得舆"，民所载也。"小人剥庐"，终不可用也。

【解】终不可用也：小人自私而短视，只知剥损却终不得民心而无可用。乔中和曰："硕果不食，核也。仁也，生生之根也。自古无不朽之株，有相传之果，此剥之所以复也。"（《折中》）果实虽已无味，然核在其中，复生之根本。剥极必反，天地生生之理也。

注释：

[1] 来知德曰："周公'硕果不食'，譬喻极亲切。果长不至硕，则尚有气，长养至于硕果，气候已完，将朽烂了，外面气尽，中间就生起核之仁来，可见气未曾绝。"（《周易集注》）

第二十四卦　地雷复

☷ 坤上
☳ 震下

复：亨。出入无疾。朋来无咎。反复其道，七日来复，利有攸往。

【解】地下震动，一阳来复，万物复苏，阳长而阴消。"出入无疾"者，阳气出入于众阴之中，何往而不利。由坤转复，阳气复生，渐至盛大，何疾之有？"朋来无咎"者，一阳来复，其势尚弱，不足以生发万物，待其诸阳皆复而成其大功，故一阳之"朋"为诸阳也，其来为助，为吉，但当前尚未来到，故无咎。"反复其道"者，反者，返也。复者，归也。反复其道者，阳气来归也。"七日来复"者，十月为坤卦主事，十一月则复卦主事。由坤转复，其间为七日，因坤之六爻为六日，复来成震为一日，共七日。

《象》曰："复，亨"。刚反，动而以顺行。是以"出入无疾，朋来无咎"。"反复其道，七日来复"，天行也。"利有攸往"，刚长也。复，其见天地之心乎。

【解】"刚反"者，《说卦》曰"立天之道曰阴与阳，立地之道曰柔与刚"。爻为地道，故以刚柔论。刚反者，在天为阳，在地为刚，刚气来归也。"动而以顺行"者，震为动，坤为顺。下动而上顺，其势必然。"天行"者，阴消而阳长，七日来复，此是天地之损益规律，非人事之规定，故曰"天行也"。"其见天地之心"者，阳消而阴长，阴消而阳长，天地损益消长，似有天地之心存在。天地本无心，以生生为心。

《象》曰：雷在地中，复。先王以至日闭关，商旅不行，后不省方。

【解】"先王以至日闭关"者，一年中一阳来复的节点就是在冬至日，故先王在此日关闭关口，不使商旅人等流动行走，自己也不省察各方，即要求全体国民静养以得此来复之一阳。在道家修炼中，"闭关"不只是在行动上要求闭门不出，还有"塞其兑，闭其门"之类对身体"闭关"的要求。在一天中一阳来复的节点是子时，故修炼也当在此时"闭关"静坐，以待阳来。[1]

初九，不远复，无祗悔，元吉。

【解】失之不远，则不至于悔。由《象》可知，复卦之关键则在"至日闭关"，一阳来复之时，动不如静，动则失阳，静则得阳。与老子"静为躁君"之义同。故初九乃复卦之主爻，正是来复之一阳，对于初九而言，如此珍贵之一阳，守之则自得，何必外求？执柯而伐柯，自远于道。好在初九行之不远，迷途知返，故不至于悔，而终能元吉。

《象》曰："不远之复"，以修身也。

【解】以修身者，反求诸己而已。一阳初来，其力尚弱，其势尚微，故当自坚其身，以为将来之备也。盖此一阳不知自守而外彰，立时耗尽，后继乏力。此己立而立人，己达而达人之道。

六二，休复，吉。

【解】休，《说文》曰"休，息止也，从人依木"。六二最近初九，有"近水楼台"之便，故其守静而待初九之阳来。六二以柔居阴，又居中，故最知复之道。六二为"吉"，初九为"元吉"，"元者，善之长也"，初九为阳复之始，故为"元"，六二以休止而得初之力，故只有"吉"而无"元"也。

《象》曰："休复之吉"，以下仁也。

【解】仁者，亲也。六二之吉，因其知与初九相亲也。朱子曰："学莫便于近乎仁，既得仁者而亲之，资其善以自益，则力不劳而学美矣，故曰'休复，吉'。"（《朱子语类》）

六三，频复，厉，无咎。

【解】六三以柔处阳位，又处震卦之极，故频动而不固，其危厉可知。无咎者，众阴独亲一阳，其频动乃自然之理；又，值复之时，一阳来复，生生不穷，虽频复而频失，亦无咎可言。

《象》曰："频复之厉"，义无咎也。

【解】《本义》曰："以阴居阳，不中不正，又处动极，复而不固，屡失屡复之象，屡失故危，复则'无咎'，故其占又如此。"

六四，中行独复。

【解】六四行于五阴之中，而其独与初九正应，故能独复而相合于初九。似为嘉应，然并无吉凶之辞，可知，复之道，以静为美，即便六四比六三与初九为正应，六四舍己而独复于初九也不为吉。

《象》曰："中行独复"，以从道也。

【解】以从道也：阴从阳，阴长而阴消，故为从道。

六五，敦复，无悔。

【解】处坤之中，故为敦。敦者，厚也。六五居初九为远，又非正应，故六五能敦笃自守。无悔者，六五虽以柔居中居尊，然不得下复之助，故无吉可言，而其知敦守而不躁动，故无悔。

《象》曰："敦复，无悔"，中以自考也。

【解】考，拷也。中以自考即反躬自省也。反求诸己，何悔之有？郑玄注曰："六五，中以自考，考，成也。"（《郑注》）若训"考"为"成"，则是诫六五守中以自成，不该有他望也。

上六，迷复，凶，有灾眚。用行师，终有大败，以其国君凶，至于十年不克征。

【解】上六以阴居复之终，距初九最远，故迷而不知复，其凶可知。六五知时中之道，故为君子。而上六无忌惮，小人之属也。灾，外难也；眚，内患也。小人无忌惮，内忧外患均来也。其迷而不复，还不反修己德，竟不自量力，还用行师，征伐而迁怒于人，焉有不败之理？以国君论，其凶更甚。十年不克征者，十，数之极也。十年尚不能胜，可知征伐之不可取也，亦见上六昏庸妄为之甚也。《帛书易·缪和》曰："不克征，义不达也。"

《象》曰："迷复之凶"，反君道也。
【解】上六迷复而妄作，悖于为君之道也。

注释：
　[1] 可见，"至日闭关"的思想与老子"归根曰静"的主张是完全契合的，而至思孟学派重心性之说，主张始动之念为善则念念为善，于一善端扩而充之，则无所不善。宋儒也依此说，把"动"立为道德的本体，程颐曰："先儒皆以静为见天地之心，盖不知动之端乃天地之心也。非知道者，孰能识之?"(《程传》) 与《象》辞"至日闭关"的主静之义不符。

第二十五卦 天雷无妄

乾上
震下

无妄：元亨利贞。其匪正有眚，不利有攸往。

【解】雷行天下，万物震动而生。帝出乎震，雷行于万物无微不至、无有偏私，故万物各得生生，各正性命，此天之道也。是故无妄者，至诚也。至诚者必元亨利贞，非正者则必有眚，非正而往，何利之有？[1]

《彖》曰：无妄，刚自外来而为主于内，动而健，刚中而应，大亨以正，天之命也。"其匪正有眚，不利有攸往"，无妄之往，何之矣？天命不祐，行矣哉！

【解】刚自外来者，言乾也；为主为内，言震也。震动而乾健，九五以刚居中，六二以柔居下相应。正则亨通，非正则不利，此天之命也。非正者，其行则妄；无妄之往，亦是妄也。故往则有悖于天理，天命不祐，亦将何往？

《象》曰：天下雷行，物与无妄。先王以茂对时，育万物。

【解】雷行天下，万物各得其宜，无有差妄。先王体天之道，顺合天时，赞万物之化育，则万物莫不丰茂。

初九，无妄，往吉。

【解】初九以刚主于内，诚于内而无妄，其所往不至于妄，故吉。而过则为妄。

《象》曰："无妄之往"，得志也。

【解】得志者，初九得无妄之道，动而不妄。

六二，不耕获，不菑畲（zī yú），则利有攸往。

【解】未有不耕而获者，不垦而得良田者。顺天理而为，无贪求妄念，则利有攸往。"不耕获"即"不耕不获"，"不菑畲"即"不菑不畲"。《本义》曰："柔顺中正，因时顺理，而无私意期望之心，故有'不耕获，不菑畲'之象。言其无所为于前，无所冀于后也。占者如是，则利有所往也。"耕为始作，获为终成。菑为新开之田，畲为三年之熟田。郑玄注曰："六二，不菑畲。一岁曰菑，二岁曰新田。三岁曰畲。"（《郑注》）或解为：耕与菑为开新之事，当由阳刚之九五之君所为之事，而六二以柔居下，为臣为民，则当安守其田，不妄求开新田之事。如此则利有攸往，反之则为妄也。

《象》曰："不耕获"，未富也。

【解】未富者，六二安守其田，终有小获，虽未富，亦无灾也。而富者，当为九五之君也。

六三，无妄之灾。或系之牛，行人之得，邑人之灾。

【解】六三以阴居阳，无妄动之事，却得无妄之灾。系于田野之牛为行人牵去[2]，而邑人却遭受怀疑甚至拘捕盘问。《本义》曰："卦之六爻，皆无妄者也。六三处不得正，故遇其占者，无故而有灾。如行人牵牛以去，而居者反遭诘捕之扰也。"

《象》曰：行人得牛，邑人灾也。

【解】行人顺手牵牛，邑人无故而获灾也。

九四，可贞，无咎。

【解】九四以刚居阴位，下无正应，虽刚而无妄，故有可贞之语。刚而无私，守此贞固，故无咎。

《象》曰："可贞，无咎"，固有之也。

【解】九四所处本不为正，故无吉可言，然其能守贞，故得无咎。

九五，无妄之疾，勿药有喜。

【解】九五以中正居尊位，下以中正顺应之，可谓无妄之至者。疾者，外来之患也，非其自招。非自招之疾，故不必用药，守正可也，终有喜。

《象》曰："无妄之药"，不可试也。

【解】"无妄之药"，不可试者，疾自外来，守正而疾自去，必试以药，反增其祸。如文王之拘于羑里，其子伯邑考往朝歌救之，反遭纣王之戮，此即为无妄之药也。

上九，无妄，行有眚，无攸利。

【解】上九以刚居无妄之极，处极之地，宜不行也。行则有眚，无有利也。

《象》曰："无妄之行"，穷之灾也。

【解】处无妄之极，自不当行，行则有妄。此无妄之穷尽处，不可不慎也。《程传》曰："无妄既极，而复加进，乃为妄矣，是穷极而为灾害也。"赵玉泉曰："无妄之行，宜无灾矣。但处时之穷，则有其德而无其时，故有灾也。"（《折中》）

注释：

[1]《帛书易·衷》曰："无妄之卦，有罪而死，无功而赏，所以啬。"大意是说赏罚分明，不差毫厘，不轻罚亦不滥赏，天道无妄而用啬也。此亦正合老子"治人事天莫若啬"之义。

[2]《帛书易·昭力》曰："无妄之卦，邑途之义也。不耕而获，戎夫之义也。良月几望，处女之义也。"

此处讲"邑途之义"当是就六三而言，旅途中人，不求无妄之得，以免灾也。"不耕而获，戎夫之义"，当是就六二而言，六二"不耕获，不菑畲"，平常农夫之所为也，安分耕种，其收获勉强自足。而戎夫者，兵戈在手，可强夺财物，贪图不不耕而获之事。

第二十六卦　山天大畜

☷ 艮上
☰ 乾下

大畜：利贞。不家食，吉。利涉大川。

【解】万物莫大于天者，而天在山下，则知山之高大。山高云密，所畜丰多，宜遍施于万物，以济天下之用。君子值大畜之时，道德财富俱为丰裕充足。当恪守正道，施财于众贤，使贤者不在家勉为生计，而得其资游于四方进而经营天下，如此则吉莫大也。"不家食"者，在自家吃食也。"利涉大川"者，大畜之君子，不宜啬守其财，而当丰养贤才，兼济天下，故"利涉大川"。

《彖》曰：大畜，刚健笃实，辉光日新其德。刚上而尚贤，能止健，大正也。"不家食，吉"，养贤也。"利涉大川"，应乎天也。

【解】"刚健"谓乾也。乾，体刚性健，故言"刚健"也。"笃实"，谓艮也。艮体静止，故称"笃实"也。"辉光日新其德"，君子观大畜之象，亦刚健笃实而日日增新其德，其才德愈加丰厚也。"刚上而尚贤"，谓上九也。上九为本卦之主爻，处上位而通达，施其财于众贤，虽同为刚却相应和，"尚贤"之谓也。"不家食，吉"，养贤也，以贤者不居家自食、固守陋室为吉，贤者，下三阳也。"应乎天也"，高健之山，得天之生养而日丰，复遍施于万物而运化不止，此天道也。君子亦如此，自是应于天道也。

《象》曰：天在山中，大畜。君子以多识前言往行，以畜其德。

【解】"天在山中，大畜"，天地之象也。"君子以多识前言往行，以畜其德",人事之象也。天在山中,为天地之畜之至大之象。君子观此象,当知多察识往圣前贤之言行,日畜其德,终成大畜之功,而化成天下。此有张载之"为往圣人继绝学,为万世开太平"之蕴也。

初九:有厉,利已。

【解】初九处乾之始,其欲上行,然虽于六四正应,六四处艮之初,则止初九之往,故于初九则是"有厉",则不止而不往,故"利已"。已者,停止之义。此处须注意的是,在他卦中,以阴阳正应为美,然于大畜卦中却以阳阳相应为美。程颐曰:"在他卦,则四与初为正应,相援者也。在大畜,则相应乃为相止畜。上与三皆阳,则为合志。盖阳皆上进之物,故有同志之象,则无相止之义。"(《程传》)因在大畜卦中,上九为大畜之主,广畜天下之贤才而助之,使其"不家食"为吉也。故为以阳畜阳,而以阴畜阳反不为美也,阴畜阳为陷为绊,则为使贤士"家食"之象也。

《象》曰:"有厉,利已",不犯灾也。

【解】"不犯灾也",告诫初九之意之确也,不可妄动也。

九二:舆说輹。

【解】舆者,车也。輹者,《说文》中载"车下缚也"。即垫在车箱和车轴之间的木块,起到减震和固定的作用。说,通脱,舆脱輹,车不能行。本来,九二与六五亦是正应,六五当欣然接纳九二,却为何其不能前往呢?盖在大畜之中,财德畜之极者,唯有上九,上九处艮之上,如处山巅,财富与道德俱已笃实丰厚之极。而上九并不恃财而骄,知止而德盛。是故唯有上九能畜众阳,是为畜主,且为君子之交(以阳会阳),光明磊落,无有私心之苟合(在此卦当指阴阳之合)。因此,在大畜卦中,初九和六四,九二和六五,本为正应,却均不相合,于常理相悖,此乃由大畜卦之卦理所决定的。

《象》曰:"舆说輹",中无尤也。

【解】"舆脱輹",车不能行,本不为佳。但是,于九二却是可喜之事，亦可免于"犯灾"。而九二之所以免灾而无忧，因其处下卦之中，中行而知止也。

九三：良马逐，利艰贞。曰闲舆卫，利有攸往。

【解】九三处乾之上，刚健之极，与上九志趣相投，故九三上行以会上九，逐良马往会，何其速也。郑玄注曰："良马逐。逐，两马走也。"（《郑注》）意谓两马所驾之车。然前有二阴相隔，途径亦有险阻，故守贞以渡艰险。舆卫者，车之驭手或警卫。"曰"或为"日"之误，备言九三往见上九之心切，亲驾车而往，驭手整日闲而无用。据《帛书易》，孔子释"闲舆卫，利有攸往"之义为上正卫国以德，虽有车卫而不用[1]，可知国治之盛也。

《象》曰："利有攸往"，上合志也。

【解】"上合志也"，一语点破在大畜卦中为何是阳阳相合的原因，君子之交也。且在一卦之中，上九虽与三阳皆合，而唯与九三最为相合，故有良马逐之千里命驾之疾切也。

六四：童牛之牿，元吉。

【解】"童牛"者，初九也。初九健而欲进，来投六四，然其所投非人（当投上九）。六四处艮之初，以柔止刚，抑锐于初，不使其"犯灾"，故为"元吉"。郑玄注曰："六四，童牛之牿，元吉。巽为木，互体震。震为牛之足，足在艮，体之中。艮为手持木，以就足，是施牿。"（《郑注》）

《象》曰：六四"元吉"，有喜也。

【解】"有喜"者，盖六四止初九"犯灾"，保全一贤人，待其遇上九而经济天下，则其喜也。

六五：豶（fén）豕（shǐ）之牙，吉。

【解】豶：阉过的公猪。此处当用作动词，指把暴躁的公猪给阉割了，它虽有牙也温顺很多，不足以伤人；或者，把暴躁的公猪的牙给去除，它也不能伤人了。在卦中，带牙的公猪喻指九二，九二相比于初九之"童牛"，显然更加刚暴，所用不当，不仅无益于世，反会为害一方。故六五能以柔克刚，去其刚暴之势，却为吉事。但是，参照《帛书易》中孔子所解，孔子释"豮豕之牙"之义为，公猪之牙长成藏而不用，则吉。豮为藏匿、掩饰之义。并无阉割公猪和去除其长牙之义，而是说藏而不用，以备不虞。这也合乎孔子"君子藏器在身"和"有文事者，必有武备"的主张，大畜之义，虽有尖锐之器亦能藏之。大国虽修甲兵，却要怀柔以来远人。[2]

《象》曰：六五之"吉"，有庆也。
【解】利器虽成，藏而不用，吉而有庆也。六五以柔居中，所畜为大。

上九：何天之衢，亨。
【解】《说文》曰："四达之谓衢。"处畜极之时，更何所畜？衢之极处，如天之广阔，何路不通？在一般情况下，卦之上爻，都将开始转向与卦理相反的一面。因此，处大畜之上爻，当是由盈转虚，那么，为何大畜之上九却是亨无不利呢？盖大畜所示之理，大畜非为私藏，所畜之财皆散施于贤明之士，以兼济天下，故虽多却不为害也。老子曰："为而弗恃，功成而弗居。夫唯弗居，是以不去。"（《老子》第二章）此之谓也。《大学》曰："德者，本也；财者，末也……是故财聚则民散；财散则民聚。"此之谓也。

《象》曰："何天之衢"，道大行也。
【解】"道大行也"，君子畜德至上九之时，贤士富聚，道大行于天下也。

注释：
[1]《帛书易·昭力》曰："问'阑舆'之义。子曰：'上正卫国以德，次正卫国以力，下正卫国以兵。卫国以德者，必和其君臣之节，不以耳之所闻，败目之所见，故权臣不作。同父子之欲，以固其亲；赏百姓之勤，以禁讳教；察人所疾，不作苛心。是故大国属力焉，而小国归德焉。城郭弗修，五兵弗实，而天下皆服焉。

《易》曰：阑舆之卫，利有攸往。若舆且可以阑然卫之，况以德乎？可不吉之有？'"

大意：孔子把保卫国家的方式分为三等：上正以德，次正以力，下正以兵。卫国以德者，则君臣和睦而有节，不会为谣言所左右，因此也就不会有权臣作乱之事。君王若能和同百姓父子之欲，则民众愈加亲近团结；君王若能赏罚分明，禁恶扬善，民众则教养日淳；君王急民众之所急，不苛责于民，民必愈体恤其君。如此一来，即便不修城郭，不治甲兵，天下也都会来归服的。若国治如此，有车卫也闲置而无所用之，故曰"阑舆之卫"。

[2]《帛书易·昭力》载有：又问："豮豕之牙，何谓也？"子曰："古之伎强者也，伎强以侍难也。上正卫兵而弗用，次正用兵而弗先也，下正锐兵而后威。凡兵而弗用者，调爱其百姓而敬其士臣，强争其时而让其成利。文人为令，武夫用国。修兵不解，卒伍必固。权谋不让，怨弗先昌。是故其士骄而不倾，其人调而不野。大国礼之，小国事之，危国献焉，力国助焉，远国依焉，近国固焉。上正垂衣常以来远人，次正囊弓矢以伏天下。《易》曰：'豮豕之牙，吉。'夫豕之牙成而不用者也，又笑而后见。言国修兵不当而威之谓也。此大夫之用也，卿大夫之事也。"

大意：孔子亦强调卫国以德，修兵而不用，天下归服，故不以强力霸道为美。以此解释"豮豕之牙，吉"之义。

第二十七卦　山雷颐

䷚ 艮上
　 震下

颐，贞吉。观颐，自求口实。

【解】上下各一阳爻，中四阴爻，外实内虚，上止下动，有口之象，口为饮食之官，故颐为饮食颐养之事。《说文》中载："颐，顊也。"顊即颔也。《释名·释形体》曰："颐，养也。动于下，止于上，上下咀物以养人也。"颐字以口为字根，其义明也。"贞吉"者，养正则吉，君子取食有道，或所给养者为正，方为吉也。郑玄曰："颐，口车辅之名也……因辅嚼物以养人，故谓之'颐'。颐，养也，能行养则其干事，故吉矣。"（《集解》）"观颐"者，观人之颐，知颐养之道也。"自求口实"者，观人之颐，不若自求口中得其实之养也。

《彖》曰：颐"贞吉"，养正则吉也。"观颐"，观其所养也。"自求口实"，观其自养也。天地养万物，圣人养贤以及万民，颐之时大矣哉！

【解】"养正则吉"者，雷动于下，艮止于上，各得其正，则吉也。"观颐"，观人之所养；"自求口实"，求其自养。陆铨曰："'观颐'，即考其善与不善；'自求口实'，即于己取之而已矣。"（《折中》）天地之大颐者，天地养万物也；人生之颐者，圣人养贤士而兼济天下之民也。圣人者，上九也；贤者，当谓初九也；万民者，众阴爻也。

《象》曰：山下有雷，颐。君子以慎言语，节饮食。

【解】山下有雷，万物生发，万物各得其养也，此颐之天地之象也。上止下动而为颐，故君子观颐之象，当知口之为官，以取食为主，故言语当止则止，慎言为宜，口实之得，天地所予也，多言而于食养无加也。颐养之道，非一时之事，故取之有节，食之有度，节饮食而可长久也。多取而贪占，非养正之道。

初九：舍尔灵龟，观我朵颐，凶。

【解】灵龟者，宝物也。自有宝物而舍之，观人之大快朵颐者，何吉之有也？颐卦整个就是一个大的离卦，外刚内柔，有龟之象。王弼注曰："舍其灵龟之明兆，羡我朵颐而躁求，离其致养之至道，窥我宠禄而竞进，凶莫甚焉。"（《王注》）初九在下，为下卦之主爻，本可自养；灵龟者，食少而养久，不妄求于外者也。然初九性燥，上应于六四，动而不当，以实求虚，故凶。《集解》案曰："朵颐垂下，动之貌也。"

《象》曰："观我朵颐"，亦不足贵也。

【解】舍本逐末，弃内求外，何足贵哉？郑汝谐曰："颐之上体皆吉，而下体皆凶；上体止也，下体动也。在上而止，养人者也；在下而动，求养人者也。动而求于人者，必累于口体之养，故虽以初之刚阳，未免于动其欲而观朵颐也。"（《东谷易翼传》）

六二：颠颐，拂经于丘颐。征凶。

【解】六二以阴居柔，不足以自养，必求于阳。下求初九则为颠，故曰"颠颐"；上求于上九，上艮为丘，故曰"丘颐"。上九非其正应，亦求非其人，往则为凶，故曰"征凶"。可见，六二不论求养于下或求上，皆违其常，进退皆不当。拂，弗也，违也。《韵会》曰："弗，违也。"经，常也。拂经，违于常也。

《象》曰：六二，"征凶"，行失类也。

【解】一般"二多誉"，犹以六二居下卦之中，多为吉，此处为何为凶？盖于颐之中，阴不能自养，必求于阳，然求于上下皆不得其养，故曰"行失类也"。项安世曰："二五得位得中，而不能自养，反由颐于无位之爻，与常经相悖，故皆曰'拂经'。"（《折中》）

六三：拂颐，贞凶。十年勿用，无攸利。

【解】六三以柔居刚，不中不正，又处动极，违于颐之正道，占之凶也。"十年勿用"者，十为数之满也，可知久而不可用也，所往无利也。王弼注曰："履夫不正，以养于上，纲上而谄者，也，拂'养正'之义。"（《王注》）

《象》曰："十年勿用"，道大悖也。

【解】六三虽上正应于上九，然六三求养于人，不中不正，多欲而妄动，谄媚柔邪，无所不用其极，所求者必过于常理，背离于颐养之道。违道而行，终不可用也。

六四：颠颐，吉。虎视眈眈，其欲逐逐，无咎。

【解】六四以柔居阴，柔顺而正，初九阳刚居下，阴阳正应，故六四下求养于初九之贤士，故为"颠颐"也。而六二之"颠颐"为凶，六四之"颠颐"却为吉，何也？盖六二处震之中，动而不止（下求于初九，上求于上九），其心不专。而六四处坤之中（六三、六四和六五成坤），其性柔顺，且与初九正应，用心专一。故"虎视眈眈"者，正言六四下求初九之专也。眈眈，目视专注之貌。颐为离卦之象，故六四初九有观之义。"其欲逐逐"者，六四之求于初九相继不断之义。逐逐，连续不绝也。王弼曰："体属上体，居得其位，而应于初，以上养下，得颐之义，故曰'颠颐吉'也。下交不可以渎，故'虎视眈眈'，威而不猛，不恶而严。养德施贤，何可有利？故'其欲逐逐'，尚敦实也。修此二者，然后乃得全其吉而'无咎'。观其自养则履正，察其所养则养阳，颐爻之贵，斯为盛矣。"（《王注》）依王弼义，则是六四施养于初九，以阴养阳，此为另一义。

《象》曰："颠颐"之吉，上施光也。

【解】"上施光"者，盖言六四专心求下。吴澄曰："自养于内者莫如龟，求养于外者莫如虎，故颐之初九六四，取二物为象。四之于初其下贤求益之心，必如虎之视下求食而后可。其视下也，专一而不他；其欲食也，继续而不歇。如是，则于人不贰，于己不自足，乃得居上求下之道。"(《折中》)或言，六四虽取养于下，却又"取之于民，用之于民"而施于下。《本义》曰："柔居上而得正，所应又正，而赖其养以施于下，故虽颠而吉。"

六五：拂经，居贞吉。不可涉大川。

【解】六五以阴柔之质居尊位，不能自养，求养于上九也，有违于常，故曰"拂经"。"居贞吉"者，五为君位，本当颐养天下，却要赖人以养，唯有静居少动。"不可涉大川"，不涉大川，亦是居而不动之义。动而涉大川，必多给济，自给尚且不足，何以济人哉？

《象》曰："居贞"之吉，顺以从上也。

【解】居正而不妄动，顺从上九而得给养，六五之吉也。

上九：由颐，厉吉。利涉大川。

【解】"由颐"者，下四阴爻皆由上九颐养也。全卦只有初九与上九两个阳爻，初九居下力弱而可自养，上九居颐之极，则为颐之主，故众阴皆赖其养也。然上九处不当位，为养之主，不可不慎，故以危厉诫之。与六五之"不可涉大川"相比，上九为颐养之主，物足而力强，正当广涉大川，以施天下之民以养也。王弼注曰："贵而无位，是以厉也；高而有民，是以吉也。为养之主，物莫之违，故利涉大川也。"(《王注》)

《象》曰："由颐，厉吉"，大有庆也。

【解】"大有庆"者，万民皆赖上九之养，故上九宜广施天下，众皆庆也。王宗传曰："豫之九四，天下由之以豫，故曰'大有豫'；颐之上九，天下由之以颐，故曰'大有庆'也。"(《童溪易传》)项世安则认为上九之"由颐"者，乃上九之由于六五也，其曰："六五上九二爻，皆当以《小象》解之，六五之'居贞'，非自守也，贞于从上也。故曰'居贞之吉，顺以从上也'。上九之'厉吉'，非能自吉也，得六五之委任而吉也，故曰'由颐厉吉，大有庆也'。"(《周易玩辞》)

第二十八卦　泽风大过

兑上
巽下

大过：栋桡。利有攸往，亨。

【解】大过者，一义为泽在木上，灭木之象，故为过也；二义为中四爻为阳，初与六爻为阴，有阳太过之义。《正义》曰："四阳在中，二阴在外，以阳之过越之甚也。"中四爻为栋，初与六爻为桡。栋为直，桡为曲。栋之两端太弱，难堪重任，而有弯曲倾倒之危。《说文》中载："栋，极也。"郑注《仪礼·乡射礼》时曰："是制五架之屋也，正中曰栋，次曰楣。"即栋为房屋最高处之主梁。《释文》中载："桡，曲折也。""利有攸往"者，虽处大过，阳盛而阴衰，君子道长小人道消，故"利有攸往"。

《彖》曰："大过"，大者过也。"栋桡"，本末弱也。刚过而中，巽而说行。利有攸往，乃亨。"大过"之时大矣哉！

【解】"大者过也"，阳为大，阴为小，四阳二阴，阳过强盛也。"本末"者，初爻与上六爻。"刚过而中"者，中间四爻阳刚太过，但二五爻得中，故虽过不失中。整个大过卦就是一个大的坎卦，故有坎陷之象也。"巽而说行"者，上兑下巽，故出大过之困境，唯依二五刚中之道而行，则可亨通。

《象》曰：泽灭木，大过。君子以独立不惧，遁世无闷。

【解】独立不惧者，二五爻也。遁世无闷者，处大过之中，自修其身而不改其志。《正义》曰："'君子以独立不惧，遁世无闷'者，明君子于衰难之时，卓尔独立，不有畏惧，隐遁于世而无忧闷，欲有遁难之心，其操不改。凡人遇此则不能，然唯君子独能如此，是其过越之义。"

初六，藉用白茅，无咎。

【解】祭祀之时，用白茅藉地，以放置祭品。初六以柔处下，敬惧行事而无咎。[1]

《象》曰："藉用白茅"，柔在下也。

【解】以柔处下，居大过之初，敬惧而可免灾，张狂自为过也。

九二，枯杨生稊（tí），老夫得其女妻，无不利。

【解】杨者，阳气易感之物，阳过则枯，但因其阳过而未至其极，故复又生稊（新芽，一作根）。老夫得其女妻，九二得初六，因有生育之功，故无不利。郑玄注曰："九二，枯杨生荑。枯谓无。姑山榆荑木更生音夷。谓山榆之实，以丈夫年过娶二十之女，老妇年过嫁于三十之男，皆得其子。"（《郑注》）

《象》曰："老夫女妻"，过以相与也。

【解】"过以相与"，老夫少妻之合，过于常理。盖也只是在大过之时，不得已之法，此"无不利"亦非大吉利。

九三，栋桡，凶。

【解】九三以阳居刚，不能守其中正，如栋梁向上桡曲，故有倾覆其室之凶。

《象》曰："栋桡"之"凶"，不可以有辅也。

【解】九三刚强太过，刚愎自用，一意孤行，何能有辅？上六本与九三正应，但九三太刚而上六太弱，上六无力辅九三，九三亦不服从上六之辅。

九四，栋隆，吉。有它，吝。

【解】九四以阳居阴，刚不过甚，故当其隆起方中正挺直，而可为房屋之主栋。因此，九四乃大过卦之主爻。有它，吝，四爻本以阳居柔，刚柔相济，若九四再与初六相应，则必为初六所牵，故为吝也。

《象》曰："栋隆之吉"，不桡乎下也。

【解】九四刚柔相济，中正挺直，以不向下弯曲为吉也。《系辞下》曰："古之葬者，厚衣之以薪，葬之中野，不封不树，丧期无数，后世圣人易之以棺椁，盖取诸大过。"以棺椁下葬盖取九四之"不桡乎下"之用。

九五，枯杨生华，老妇得其士夫，无咎无誉。

【解】九五与上六之合，如"枯杨生华"，荣发乍现。老妇老夫之合，虽相合而不久，故"无咎无誉"也。何楷曰："'生稊'则生机方长，'生华'则泄且竭矣。二所与者初，初，本也。又巽之主爻，为木、为长、为高；木已过而复芽，又长且高，故有往亨之理。五所与者上，上末也，又兑之主爻，为毁折，为附决，皆非木之所宜。木已过而生华，又毁且折，理无久生已。"（《折中》）

《象》曰："枯杨生华"，何可久也。"老妇士夫"，亦可丑也。

【解】"枯杨生华"，若回光返照之事，何可久也？老夫老妇之合，故为丑也。

上六，过涉灭顶，凶。无咎。

【解】上六已阴柔至极，如涉水灭顶，其凶可知。"无咎"者，善补过也。故上六若有一线生机，当知过而善补也。

《象》曰："过涉之凶"，不可咎也。

【解】"不可咎"者，若不作善补过之义解，则不可咎也，盖指上六处大过之极，自取其咎，故无可咎言也。大过，四阳二阴，小过，四阴二阳，阴阳失衡，皆为过也。易，阳大阴小，故阳过为大，阴过为小。

注释：

[1]《帛书易·系辞》曰："'初六，籍用白茅，无咎。'子曰：'句足者地而可矣。籍之用茅，何咎之有？慎之至也。夫白茅之为述也薄，用也而可重也，慎此述也以往，其毋所失之。'"注：句，同苟，苟且，权且。足者地：当为"错诸地"，放置于地上。述：一曰术，方法；一曰遵循。

大意：孔子说：把祭器放在地上即可，何况还铺一层茅草，这怎么会有过错呢？这恰恰表明献祭之人敬慎之至也。用白茅献祭的方法，形式上并不奢华，但是用起来的意义却很重大，若人皆以此法献祭，得天之佑，便不会有什么过失。通行本《系辞上》曰："苟错诸地可矣；藉之用茅，何咎之有？慎之至也。夫茅之为物薄，而用可重也。慎斯术以往，其无所失矣。"

第二十九卦　坎为水

坎上
坎下

习坎：有孚，维心亨。行有尚。

【解】习，重也。"习坎"，坎之重重，其险可知。"有孚，维心亨"，阳在中，故为有孚，其心维于诚中，方可亨通。"行有尚"，在险中，动才可出险，故尚诚于中而行于外。

《彖》曰："习坎"，重险也。水流而不盈。行险而不失其信。维心亨，乃以刚中也。"行有尚"，往有功也。天险，不可升也。地险，山川丘陵也。王公设险以守其国。险之时用大矣哉！

【解】"水流而不盈"，处坎中，水流入坎中而不止，坎陷不易出也。"行险而不失其信"，虽处险中，因阳刚居中，故虽处险中亦不失其信，出险方有可能。"往有功"，以诚中而动则可出险也。"天险，不可升也"，天险人之不可升，亦不可用也。"地险，山川丘陵"者，人可用也。故用之设险而能守其国。地险本不为人所喜，但是，用以据险守国，却又为善事，此坎之时用也。

《象》曰：水洊（jiàn）至，习坎。君子以常德行，习教事。

【解】洊：水之连绵不绝之状，习坎之谓也。"君子以常德行，习教事"者，君子观水之状，而知教民亦当如水之连绵不绝之势而化之。"常德行"者，君子之教化民众，不应妄求毕功于一役，民之教化，当如水之连绵不绝，滴水穿石而后成。

初六，习坎，入于坎窞（dàn），凶。
【解】窞，深坑也。初六处坎之下，如入坎窞之中，其凶可知也。

《象》曰："习坎入坎"，失道，凶也。
【解】初六以柔处下，其力最弱，却入坎窞之中，如何不凶。

九二，坎有险，求小得。
【解】九二履失其位，上无应援，故"有险"也。然虽处险中，而九二有刚中进取之德，故求而有小得。

《象》曰："求小得"，未出中也。
【解】求而有小得，未能大得者，尚未能出险，何言大得？

六三，来之坎坎，险且枕，入于坎窞，勿用。
【解】"来之坎坎"者，六三以阴居柔，不中不正，进退皆险，其险可知。"险且枕"者，枕谓支倚之处，如椅如枕，初阴二阳，其状如椅，处其上，其危其险可知。处此之时，何用之有？

《象》曰："来之坎坎"，终无功也。
【解】终无功者，自保尚且为难，何言有功。

六四，樽酒簋贰用缶，纳约自牖，终无咎。
【解】"樽酒簋贰用缶"者，一樽酒二簋食，以缶盛之，用以进结九五，其薄可知也（或谓用以祭祀，非厚祭也）。然六四礼薄而质朴，诚心纳约九五，不吉亦无咎。自牖者，欲见光明，自开窗户。故进结之道，重在自心至诚，外质其次也。

《象》曰："樽酒簋贰"，刚柔际也。
【解】"刚柔际也"，谓六四与九五相接。刚柔相接，阴阳相合，其志相近，联合而欲出险也，故九五必不在意六四进结之礼而在意其进结之心也。

九五，坎不盈，衹既平，无咎。

【解】"坎不盈"，九五虽处尊位，亦未能出险，故不盈。衹，抵也。郑玄注曰："九五，衹既平。衹，当为坻，小邱也。"（《郑注》）郑玄注为"坻"，当指坎中之高地，衹既平者，已出险矣。然而，即便九五抵于盈平而出险，只是无咎而已。因九五君位，当兼济天下，仅能自保，何功之有？

《象》曰："坎不盈"，中未大也。

【解】九五虽中正，却未能光大而治平天下。

上六，系用徽纆（mò），置于丛棘，三岁不得，凶。

【解】上六以阴柔居险之极，如系于井索之末，如处丛棘之中，坎陷之深也。徽纆，井绳也。[1]

《象》曰：上六失道，凶三岁也。

【解】上六处险之极，又失中正之道，虽三岁亦不得脱，其凶可知也。

注释：

[1] 郑玄注曰："上六，系，拘也。爻辰在己，巳为虵，虵之蟠屈似徽纆也。三五互体，艮又与震同体，艮为门阙，于木为多节，震之所为，有丛拘之类。门阙之内有丛木，多节之木，是天子外朝，左右九棘之象也。外朝者，所以询事之处也。左嘉石平，罢民焉。右肺石达，穷民焉。罢民，邪恶之民也。上六，乘阳有邪恶之罪，故缚约徽墨，置于丛棘，而后公卿以下议之，其害人者置之圜土，而施职事焉。以明刑耻之能复者。上罪三年而赦，中罪二年而赦，下罪一年而赦。不得者，不自思以得正道，终不自改而出圜土者杀。故凶。"（《郑注》）

第三十卦　离为火

☲ 离上
☲ 离下

离：利贞，亨。畜牝牛，吉。

【解】"离"者，丽也。《说文》曰："离，黄仓庚也，鸣则蚕生。"《玉篇》曰："离，明也。"《玉篇》曰："亦作鹂。""黄仓庚"者，即黄鹂也，春日黄鹂鸣叫则蚕生。故离又有春光明媚之义。离之为卦，阴内而阳外，故以柔为正后则亨。二与五爻皆处上下卦之中，是以柔为正也。"畜牝牛"者，牝牛外强而内顺，正合乎离卦之性，离内阴而外阳，故利畜阴不利畜阳也。胡炳文曰："坎之明在内，以刚健而行之于外。离之明在外，当柔顺以养之于中。"（《周易本义通释》）

《彖》曰：离，丽也。日月丽乎天，百谷草木丽乎土。重明以丽乎正，乃化成天下。柔丽乎中正，故亨。是以"畜牝牛，吉"也。

【解】天地之间，丽之大者莫大于日月，故曰"日月丽乎天"。日月在天，则百谷草木皆沐其光辉，从土地中生发而茁壮成长，百谷草木生长之盛故曰丽。《释名·释天》曰："离，丽也，物皆附丽阳气以茂也。"正此义也。两离相叠，故曰"重明"。上下皆以柔而丽正，可化育天下之物。"柔丽乎中正"者，言乎二与五爻，各守中正之位，阴内而阳丽乎外，得其宜则亨通也。"畜牝牛，吉"，物以类聚，人以群分。离，阴卦也，以宜畜柔顺之物，故"畜牝牛"为吉。

《象》曰：明两作，离。大人以继明照于四方。

【解】"明两作"，两离相叠，明之不绝之象也。大人观此象，则知承继日月明照之德，普施四方，化育万民。

初九：履错然，敬之无咎。
【解】初九居离之初，其性炎上，刚燥急进，故有"履错然"之状（"履错然"，步履错乱急切之义）。然若知敬惧，则可无咎也。刚燥而能自警者，盖居离卦之中，自明自省故也。王弼曰："'错然者'，警慎之貌也。"（《王注》）又是一说。

《象》曰："履错"之敬，以辟咎也。
【解】始履错而能敬，则可以避咎也。

六二：黄离，元吉。
【解】六二以柔处中，得丽（离）之盛，故"元吉"也。黄者，五行之中色也。离者，光明也。"黄离"者，光明中正也。内蕴生机，万物之所喜，其吉可知。刘牧曰："离为火之象，焰猛而易烬，九四是也。过盛则有衰竭之凶，九三是也。惟二得中，离之'元吉'也。"（《折中》）郭雍曰："离之六爻，二五为美。五得中而非正，柔丽乎中正者，惟六二尽之。经曰：君子黄中通理，正位居体，美在其中。则黄为中之色而德之至美者也，美德在中，故能畅于四肢发于事业，极美之至。是以元吉也。六二之美虽未及乎天下，而黄中之理有必至焉。故言元吉。其义之美与坤六五相类而其道则中庸之教也。"（《郭氏传家易说》）

《象》曰："黄离，元吉"，得中道也。
【解】以柔处下卦之中，得离之中道也。离以畜阴为美，六二正得其位。文明中正，美之盛也。

九三：日昃之离，不鼓缶而歌，则大耋之嗟，凶。
【解】"日昃"者，日之将落也。值日之将落之时，当鼓缶而歌，乐生而达观，以免将来有老耄之嗟叹。不通达盛衰生死之变，则凶矣。程颐曰："人之终尽，达者则知其常理，乐天而已。于常皆乐，如鼓缶而歌。不达者则恐恒有将尽之悲，乃'大耋之嗟'，为其'凶'也。此处死生之道也。"(《程传》)梁寅之义不同,其曰:"三居下离之终,乃'日昃'之时也。夫持满定倾,非中正之君子不能。三处日之夕,而过刚不中,其志荒矣,故'不鼓缶而歌,则大耋之嗟'。其歌也,乐之失常也。其嗟也,哀乐之失常也。哀乐失常,能无'凶'乎?君子值此之时,则思患之心,与乐天之诚,并行而不悖,是固不暇于歌矣,而亦何至于嗟乎?"(《折中》)二者相较,取程颐义为上。

《象》曰:"日昃之离",何可久也?
【解】日昃之时,时之不久也。

九四:突如其来如,焚如,死如,弃如。
【解】两离相叠,至外卦有明复继明之象。九四本为继明之始,然其以刚居不中不正之地,其性急切,故有"突如其来"之突然与冒失。其炎势盛,故有"焚如"之象。九四炎上,本当为六五所纳,然其进太速,纳之不及,故有"死如"之势。九四上无所纳,下无所乘,无所容之,故有"弃如"之事也。[1]王弼曰:"处于明道始变之际,昏而始晓,没而始出,故曰'突如其来如'。其明始进,其炎始盛,故曰'焚如'。逼近至尊,履非其位,欲进其盛,以炎其上,命必不终,故曰'死如'。违离之义,无应无承,无所不容,故曰'弃如'也。"(《王注》)

《象》曰:"突如其来如",无所容也。
【解】九四突如其来,上无所纳,下无所乘,无所容也,其险可知。

六五:出涕沱若,戚嗟若,吉。
【解】六五以柔居刚,所处不当。以柔乘刚,不能制下,九四燥而上炎,将来害己,却柔而无助,故有"涕沱"之嗟。"涕,泣也。"(《说文》)"沱,江别流也。"(《说文》)涕沱,言泣垂之貌。《释名·释兵》曰:"戚,感也。斧以斩断,见者感惧也。""戚"本义是斧钺类的兵器,引申为忧惧之义。程颐曰:"六五居尊位而守中,有文明之德,可谓善矣。然以柔居上,在下无助,独附丽于刚强之间,危惧之势也。"

(《程传》) 然六五终为王公之位，文明之主，刚终为其所克，故为"吉"也。刘定之曰："离者阳躁之卦，惟柔足以和之，高明柔克也。二五同归于吉，以柔而然也。"(《折中》)

《象》曰：六五之"吉"，离王公也。

【解】六五忧惧如此，却终能获"吉"者，因其为离之王公之位也。王公之位，文明之主，九四虽刚燥，却终为六五之柔所克，故吉也。结合上九爻辞可知，六五以其王公之位，其下与六二正应，却不得其助，而与上九为邻，则可使上九助己克制九四。蔡渊曰："坎、离之用在中，二五皆卦之中也。坎五当位而二不当位，故五胜。离二当位而五不当位，故二为胜。"(《折中)》

上九：王用出征，有嘉折首，获匪其丑，无咎。

【解】上九处离之极，离道已成，两日明照，故物各当有所附丽。若有未能附丽者，则是文明难化之人，故曰为匪。文明难化，则须威刑以去之，上九以刚居极，其力能胜，故有"王用出征"之语。王者，六五也。"王用出征"，六五使上九出征。上九出征，折其匪首，除其非类，终使天下皆明丽无垢，何咎之有也。

《象》曰："王用出征"，以正邦也。

【解】文明难化之人，须用刚猛之法，以正邦国。如谦卦之上六之"利用行师，征邑国"，谦顺不可化之人，当用刚猛之法制服之，以正天下。

注释：

[1] 郑玄注曰："九四突如其来如。震为长子，爻失正又互体兑。兑为附决。子居明法之家，而无正，何以自继其君父之志也。突如，震之失正，不知其所如。又为巽，巽为进退不知所从，不孝之罪，五刑莫大焉。得用，议贵之辟刑之，莫如所犯之罪。焚如，杀其亲之刑。死如，杀人之刑也。弃如，流宥之刑。"(《郑注》)

下经

第三十一卦 泽山咸

兑上
艮下

咸：亨，利贞，取女吉。

【解】山上有泽，山与泽二气交感，万物化生。咸为亨通之道，利于贞正，知止之理，娶女方吉。[1]

《彖》曰：咸，感也。柔上而刚下，二气感应以相与，止而悦，男下女，是以亨利贞，取女吉也。天地感而万物化生，圣人感人心而天下和平。观其所感，而天地万物之情可见矣。

【解】"咸"者，感也。[2]咸卦之下卦为艮为刚，上卦为兑为柔，故"柔上而刚下"。阴阳二气相感，适止而悦，"男下女"者，少男为艮为止，不随欲而动，则亨通而利贞，知乎此理娶女方吉。男女之感，本乎天地。天地相感而万物化生，故男女相感而有生生之事。进一步推及人世，圣人可感召人心而使天下和平。观感之道，则知天地万物之生生不息之情状，乃彼此相感矣。

《象》曰：山上有泽，咸。君子以虚受人。

【解】山上有泽，泽以润被山林，则万物化生。君子观得此象，亦当知以虚而不以实（强力之类）授人，方能感化人心。吕大临曰："泽居下而山居高，然山能出云而致雨者，山内虚而泽气通也。故君子居物之上，物情交感者，亦'以虚受'也。"（《折中》）

初六，咸其拇。

【解】拇，脚之大趾也。所感在趾也。《本义》曰："拇，足大指也。咸以人身取象，感于最下，'咸拇'之象也。感之尚浅，欲进未能，故不言吉凶。此卦虽主于感，然六爻皆宜静而不宜动也。"初六居下，为艮之初，虽上与九四正应，二者相感却微，当止而不轻动也。

《象》曰：咸其拇，志在外也。

【解】大脚趾蠢蠢欲动，其志在外。盖六居咸之初，身虽未动，心已动。"志在外"者，九四也。

六二，咸其腓，凶，居吉。

【解】腓，胫骨后之肉。感在腓，其势欲行。但妄动则凶，安居为吉。《程传》曰："二以阴在下，与五为应，故设咸腓之戒。'腓'，足肚。行则先动，足乃举之，非如腓之自动也。二若不守道待上之求，而如腓之动，则躁妄自失，所以'凶'也。安其居而不动，以待上之求，则进退之道而吉也。"六二以阴居中，与九五正应，二者相感更甚，故六二欲往之，然少男少女相感，随欲而行则凶，知止而渐往则吉。

《象》曰：虽凶，居吉，顺不害也。

【解】妄动为凶，安居为吉。"顺不害"者，盖诫少男当知顺止欲之理而不为害也。六二居艮之中爻，其本性为止也。若以自然之理，山必以虚静而受泽，此山之性也。

九三，咸其股，执其随，往吝。

【解】股，大腿也。其感在股，其势欲出。若执意随人而去，往必吝也。九三与上六正应，故九三所随者，上六也。然九三为艮卦之主，虽刚亦当止也，不止而任欲而妄行，其往必吝也。

《象》曰：咸其股，亦不处也；志在随人，所执下也。

【解】感在股，亦难安居，故曰"亦不处也"。九三志在随于上六，故必欲抬腿而动，故曰"志在随人"。九三以刚居刚，必欲任性而行，然股虽欲动，却决于腓与足，故曰"所执下也"。

九四：贞吉，悔亡。憧憧往来，朋从尔思。

【解】若知持正而后吉之理，则悔事渐消。憧，意不定也。"憧憧往来"，意志不定之状。己意不定，也致自己之朋皆盲从而妄动。朋，言前三爻也。[3]

《象》曰：贞吉悔亡，未感害也；憧憧往来，未光大也。

【解】不知"贞吉悔亡"之理，因其未感妄动之害；其所以"憧憧往来"者，知止之理未光大也。《帛书易·缪和》曰："易曰：憧憧往来，仁不达也。"所谓"仁不达"者，即少男少女交往相感而知止之道未达也。

九五，咸其脢，无悔。

【解】脢，背肉也。感在背，其意上行，非"所执下也"，不再任性妄为，故无悔也。《本义》曰："'脢'，背肉。在心上而相背，不能感物，而无私系。"王宗传曰："脢，背肉也，与心相背者也。上六在上，五能背其心之所向而不以其近己也。比而说之，则无亲狎小人之悔而中正之道得矣。"（《童溪易传》）

《象》曰：咸其脢，志末也。

【解】"志末"者，志已如强弩之末，不再力求于外，不再力求随人。老子曰："弱其志，强其骨。"九五弱其志，不以少男少女相感相感为先，心气内敛，少男知止之道成矣。另一说则为，"志末"者，九五之志于上六也。李鼎祚曰："末，犹上也。五比于上，故'咸其脢，志末'者，谓五志感于上也。"（《集解》）何楷曰："谓五志在于上相感也。《系辞》曰：'其初难知，其上易知，本末也。'《大过·象传》'本末弱'，末上六可知矣。"（《本义》）

上六，咸其辅颊舌。

【解】感在辅颊舌。辅，《说文》中载"人颊车也"。马融云：

"辅，上颔也。"王弼注曰："辅、颊、舌者，所以为语之具也。"上六以柔居咸之极，居兑之上，感之极则必为言之。然言虽为心之声，却诚伪难知也，故本爻未言吉凶。刘沅曰："上六以阴居兑说之终，以言感人，未为全非，但所感者浅耳，故不言吉凶，俟古者自审。"（《周易学说》引）

《象》曰：咸其辅颊舌，滕口说也。

【解】滕通"腾"，《释文》中载："达也。"感在辅颊舌，人必张口而言之。在王弼等人看来，上六张口而言之已是感之薄者。王弼曰："'憧憧往来'，犹未光大，况在滕口，薄可知也。"（《王注》）程颐曰："惟至诚为能感人，乃柔说腾扬于口舌言说，岂能感于人乎？"（《程传》）朱子曰："上六以阴居说之终，处感之极，感人以言，而无其实。"（《折中》）

注释：

[1] 郑玄注曰："咸，感也。艮为山，兑为泽。山气下，泽气上，二气通而相应，以生万物，故曰咸也。其于人也，嘉会礼通，和顺于义，干事能正，三十之男有此三德，以下二十之女，正而相亲，说娶之则吉也。"（《郑注》）

[2] 胡炳文曰："咸，感也。不曰感而曰咸，咸，皆也，无心之感也。无心于感者，无所不通也。感则必通，则利在于贞，凡言感之道如此。"（《周易本义通释》）

[3]《易》曰："憧憧往来，朋从尔思。"子曰："天下何思何虑？天下同归而殊涂，一致而百虑。天下何思何虑？"日往则月来，月往则日来，日月相推而明生焉；寒往则暑来，暑往则寒来，寒暑相推而岁成焉；往者屈也，来者信也，屈信相感而利生焉。尺蠖之屈，以求信也；龙蛇之蛰，以存身也。精义入神，以致用也；利用安身，以崇德也。过此以往，未之或知也；穷神知化，德之盛也。（《系辞下》）可见，孔子对"憧憧往来，朋从尔思"进行和顺与转化，指出此语本是阴阳相感相惑之义，此乃日月往来、寒暑相推、万物屈伸变化的根本原因，从而告诫人们（尤其少男少女）不可只知用而不知存、只知相惑而不知相止。

第三十二卦　雷风恒

震上
巽下

恒：亨。无咎。利贞。利有攸往。

【解】雷风相遇，生物久长，故亨通。"无咎"，盖谓九二；"利贞"，盖谓六五。恒其德则其德长，而能成其大，故曰"利贞"。"利有攸往"，盖谓上六。[1]郑玄注曰："恒，久也。巽为风，震为雷，雷风相须，而养物犹长。女承长男，夫妇同心而成家，久长之道也。夫妇以嘉会礼通，故无咎。其能和顺干事，所行而善矣。"（《郑注》）震为长男，巽为长女，长男配长女，久长之婚配也。

《彖》曰：恒，久也。刚上而柔下。雷风相与，巽而动，刚柔皆应，恒。"恒，亨。无咎，利贞"，久于其道也。天地之道恒久而不已也。"利有攸往"，终则有始也。日月得天而能久照，四时变化而能久成。圣人久于其道而天下化成。观其所恒，而天地万物之情可见矣。

【解】恒，长久之义。上震下巽，故刚上而柔下。雷与风相遇，长阳与长阴之遇，且初六与九四，九二与六五，九三与上六，皆是正应，互相激荡不已，"雷资风而益远，风假雷而增威"，故为恒久之道也。雷风激荡，万物生生不已，故恒为天地恒久之道。"终则有始"，盖谓上六。上六处恒之末，震之极，恒振而无功，故终则有始，"利有攸往"也。日月得天则得其位，故能久照。四时虽变化，因其变化有常而能久成。圣人得其位久于教化之道，天下必能化成。天地万物看似变幻无常，其实是各守恒动之道，观晓万物变化之恒道，万物之情状洞然无遗也。[2]

《象》曰：雷风，恒。君子以立不易方。

【解】雷风相遇，有恒之道。君子观此象，当知其所处之位，建立恒常之道，不可轻易改变之。恒动则无功，恒常则可大事也。

初六，浚恒，贞凶，无攸利。

【解】浚，深挖，疏通之义。《说文》中载："抒也。"初六以柔处恒之下，上与九四正应，本当往合于九四，然初六却志于深浚于下，无意上行，凶也，无有利可言。盖凡事皆成于渐，然于起始，即苛求其深入太甚，不利于行，非恒之道也。然孔子之意似与此相反，孔子曰："浚治……犹恐人之不贤也。"看来，孔子认为初六之凶，恰在于其反思其德不深刻之故。[3]

《象》曰："浚恒"之"凶"，始求深也。

【解】浚恒之凶，于始求深而其德未成，却欲往也。

九二，悔亡。

【解】九二以刚居阴，非其位故不恒，当有悔，然其虽不当位却居中，久于守中，悔必消亡也。

《象》曰：九二"悔亡"，能久中也。

【解】九二之消悔者，能久于守中也。

九三，不恒其德，或承之羞，贞吝。

【解】九三以刚居阳，处巽卦之上，震卦之下，躁而易动，必不能久居其位，故"不恒其德"也。德无常者，则可能给自己带来羞辱，此为吝也。孔子曰："此言小人知善而弗为，进而无止……"[4]可见，九三乃一个典型的小人，知善而不为，贪得无厌，损人利己。

《象》曰："不恒其德"，无所容也。

【解】不恒其德之人，无其容身之地。或曰，九三与上六正应，上六当容九三也。然上六以柔处震之极，其不恒其位亦为甚也，自顾不暇，如何还容得九三？[5]

九四，田无禽。

【解】田猎而未获禽。九四以刚居阴，非其位也，非其位亦久处，虽劳亦无获也。

《象》曰：久非其位，安得禽也。

【解】九四居非其位，徒劳而无功也。

六五，恒其德，贞，妇人吉，夫子凶。

【解】六五以柔居尊，与九二正应，故其以恒应九二为贞则吉。然于妇人可，于夫子却不可。妇人本柔顺之属，不论其在何位，守其贞顺即可得吉。而夫子者，阳刚之属，且处五爻尊位，而舍尊就下，以君就臣，权宜之事尚可，而以恒久之计，何其凶也。二与五皆不得其位，故九二久守中，而六五以其恒从于九二而吉，皆不是恒之上法，妇人于六五就下尚可，夫子则不可。[6]

《象》曰：妇人贞吉，从一而终也。夫子制义，从妇凶也。

【解】妇人柔顺，从一而终能得吉。夫子阳刚之物，当自立制，为天下规范，却仿效妇人而就下，凶也。

上六，振恒，凶。

【解】上六处震之极，居恒之上，恒动不止，物终为其摇落，何其凶也。郑玄注曰："上六，振恒。振，摇落也。"（《郑注》）

《象》曰：振恒在上，大无功也。

【解】振动不止，何恒之有？故大无功也。

注释：

[1]《帛书易·二三子》中载有："孔子曰：恒亨者，恒其德，其德囗长，故曰利贞。其占曰：丰，大囗囗囗囗囗囗囗囗囗。"

[2]"恒"字的演化过程，本字为"亙"，甲骨文为"𠄎"，表明月运行在天地之间。后金文写作"𢛢"，加了一心字旁，即成"恒"字，意即人之心能知日月于天地之间运行不已之道，能知天地生生之常，也即知人何以能生生之常。秦始皇统一文字之后，金文、大篆等文字形式转换为小篆，在小篆中，"恒"字写作"𢛢"，中间之"月"被写成了"舟"字，因此，《说文》曰："恒，常也。从心，从舟，在二之间上下。心以舟施，恒也。古文恒从月。《诗》曰：如月之恒。"《故训汇纂》曰："恒，心之常也。"即人之心可如乘舟一般荡行于天地之间，故人可知天地之常而得人生生之常。段玉裁注"心以舟施"曰："谓往复遥远，而心以舟运旋，历久不变，恒之意也，宙下曰，舟车所极复也。"

[3]《帛书易·缪和》曰："子曰：'《恒》之初六曰：浚恒，贞凶，无攸利。'子曰：'浚，治□□□□□□犹恐人之不贤也，故其在《易》卦曰：浚恒，贞凶，无攸利。'"

[4]《帛书易·二三子》载有："《卦》曰：'不恒其德，或承之忧，贞吝。'孔子曰：'此言小人知善而弗为，进而无止，损几则□。故曰不恒其德。卦曰：负且乘，至寇至，贞吝。'孔子曰：'此言□也。饬行以后民者谓大蹇，其人倡至谓。择矣，能无吝乎？卦曰：大□，俷（崩）来。'"又《帛书易·缪和》曰："子曰：'《恒》之九三曰不恒其德，或承之羞，贞吝。'子曰：'不恒其德，言其德行之无恒也。德行无道则亲疏无辨，亲疏无辨则必将羞辱时至，如何不吝？'故曰'不恒其德，或承之羞，贞吝'。"

[5]《论语·子路》曰："子曰：'南人有言曰：人而无恒，不可以作巫医。善夫！不恒其德，或承之羞。'子曰：'不占而已矣。'"

大意：无恒德之人，连巫医都不能做。无恒德之人，求问卜亦不必为之占，德不恒者，必凶而已。

[6]《帛书易·缪和》曰："子曰：《恒》之六五曰'恒其德，贞，妇人吉，夫子凶'。妇德一，人之为不可以有它。有它矣，凶必产焉。故曰'恒其德，贞，妇人吉'。其男德不刚，恒安者之有弱德，必立而好比于人，贤、不肖人得其宜□，则吉；自恒也，则凶。故曰：'恒其德，贞，妇人吉，夫子凶。'"

大意：孔子说，妇德专一为贵，若有他心则必会产生凶险。而若男子立德不刚，长久安心于顺从他人则德志渐弱，必以自立为美。因此，《恒》之六五爻说"恒其德，贞，妇人吉，夫子凶"。

第三十三卦　天山遁

☰ 乾上
☶ 艮下

遁：亨，小利贞。

【解】阴之渐长，阳之渐退，故曰遁。君子道消，小人道长，值此时，君子当遁则遁，故曰"亨"。阴柔方长，未至全盛，可小利不可大利也，故曰"小利贞"。郑玄注曰："遁，逃去之名也。艮为门阙，干有健德，互体有巽。巽为进退，君子出门，行有进退，逃去之象。二五得位而有应，是用正道，得礼见召，聘始仕他国，当尚谦。谦，小其和顺之道。居小官，干小事，其进以渐则远妒忌之害。昔陈敬仲奔齐辞卿是也。"（《郑注》）九五与六二得位而正应，故君尚能任贤。然处遁之时，居小官干小事尚可，得高位任大事不可求也。

《彖》曰："遁亨"，遁而亨也。刚当位而应，与时行也。"小利贞"，浸而长也。遁之时义大矣哉！

【解】值阴长阳消之时，阳遁可得亨也。九五刚而当位，下与六二正应，故九五知进知退，可时中而行。阴浸而长，尚未至极盛，此时阳观其势，遁避而免祸，故"小利贞"也。待阴更长，则为否为观为剥，何利之有。此时，虽是阳四阴二，然阴居下二爻，已得生长之地，其势已成，故阳审时度势，先行避让，因时而动，免受其害，遁之时义何其大矣！

《象》曰：天下有山，遁。君子以远小人，不恶而严。

【解】天下有山，山虽高却不能陵于上，天上浮而远去，故有遁之象也。遁之为卦，小人之道长，君子之道消也。故当此时，君子当知远离小人而免灾。然远小人之道，当端严其色，使小人不敢轻狎也，不可恶言厉色待之，以免激怒之而招祸也。程颐曰："远小人之道，若以恶声厉色，适足以致其怨忿，唯在乎矜庄威严，使知敬畏，则自然远矣。"（《程传》）

初六：遁尾，厉，勿用有攸往。

【解】遁之为卦，阴长而阳消，以二阴论，六二为首，初六为尾。陆绩曰："阴气已至于二，而初在其后，故曰'遁尾'也。"（《折中》）已处二阴之中，自是危厉，当静处以待难消，若贸然前往反将遇灾也。因阴由下向上生长，初向上前进，必将遇上阴之首（六二）。程颐曰："初以柔处微，既已后矣，不可往也，往则危矣。微者易于晦藏，往既有危，不若不往之无灾也。"（《程传》）

《象》曰："遁尾"之厉，不往何灾也？

【解】初六处阴长之尾，往则危厉更甚，不往则不招灾。

六二：执之用黄牛之革，莫之胜说。

【解】六二以阴居中，为遁之主。上与九五正应，然并非善事，六二将执九五不使其遁也。六二以黄牛之革执九五，九五恐不易脱离也。黄，中色。牛，顺物。革，坚固之物。

《象》曰：执用黄牛，固志也。

【解】阴执阳，唯恐不固，故不惜用黄牛之革执之。"固志"者，阴侵阳之志何其固也。

九三：系遁，有疾厉。畜臣妾，吉。

【解】九三最近于二阴，故其将遁而有二阴系于后，故曰"系遁"。遁而有系累，故"有疾厉"也。程颐曰："遁贵速而远，有所系累，则安能带且远矣？害于遁矣，故为'有疾'也。遁而不速，是以'危'也。"（《程传》）九三不能速遁，则可相机行事，不以二阴为敌，而畜二阴为臣妾，可转危为吉也。

《象》曰："系遁"之厉，有疾惫也。"畜臣妾，吉"，不可大事也。
【解】欲远遁而有系累，疾苦疲惫之甚也。"畜臣妾"者，无奈之举也，只有小吉而已，何可大事也？若杨四郎兵败遁而未遂，终为辽国所俘，后不得已娶敌国公主以自保。

九四：好遁，君子吉，小人否。
【解】九四与初六正应，二者交好。然君子当遁则遁，不为私好所牵绊，小人却溺于私好而不决，终将祸及其身。朱震曰："'好'者，情之所好也。九四系于初六，不正之阴，而相应情好也。君子刚决，以义断之，当可遁之时，舍所好动而去，与应绝矣。动则正，正故吉。"（《汉上易传》）

《象》曰：君子"好遁"，"小人否"也。
【解】朱子曰："下应初，而乾体刚健，有所好而能绝之以遁之也。惟自克之君子能之，而小人不能。故占者君子则吉，而小人否也。"（《本义》）

九五：嘉遁，贞吉。
【解】九五所处中正，虽与六二正应，然不为其所系，时止则止，当行则行，嘉美之至也，故曰"嘉遁"。中正安舒，故曰"贞吉"。

《象》曰："嘉遁，贞吉"，以正志也。
【解】九五刚健中正，处大事取舍得当，其所"正志"者，远遁而不泥于私（六二）也。

上九：肥遁，无不利。
【解】肥者，宽裕自得之貌也。《子夏传》曰："肥，饶裕也。"（《正义》）上九以刚居卦之极，其性果决，又下无系应，距二阴最远，其遁最是从容宽绰，故曰"肥遁"。从容而遁，远祸避难，无不利也。

王弼曰:"最处外极,无应于内,超然绝志,心无疑顾,忧患不能累,矰缴不能及,是以'肥遁无不利'也。"(《王注》)

《象》曰:"肥遁,无不利",无所疑也。

【解】上九之遁,最无迟疑之处。姜宝曰:"四之'好',不如五之'嘉',五之'嘉',不如上之'肥'。上与二阴无应无系,故'肥'。'肥'者,疾急之反也。"(《折中》)

第三十四卦　雷天大壮

☷ 震上
☰ 乾下

大壮：利贞。

【解】雷行于天，其壮可知，大壮之道，利于贞正。

《彖》曰：大壮，大者壮也。刚以动，故壮。"大壮利贞"，大者正也。正大，而天地之情可见矣。

【解】大者壮者：阳长而盛大，故为大壮。刚以动：刚者，谓乾也；动者，谓震也。刚以动，壮而盛大。大者正也：万物正而方能成其大，大者必正也。正大而天地之情可见矣：天地以正大而成就万物。

《象》曰：雷在天上，大壮。君子以非礼弗履。

【解】刚以动，故壮。故君子必正而能成其大，君子自当以礼律己，愈成君子之盛名。又，君子处大壮之时，如雷在天上，万众瞩目，为天下之示范，故所行必依礼。王弼曰："壮而违礼，凶则失壮也。"（《王注》）君子以道德之盛而有君子之名，违礼则失其道德之至高之地，理不直气不壮也。

初九，壮于趾，征凶，有孚。

【解】初九以刚处壮之始，必欲进动，其处不中不正之地，进则必有凶。

《象》曰："壮于趾"，其孚穷也。

【解】"孚"者，信也。初九与九四无应，不得九四之信，故"其孚穷也"。

九二，贞吉。

【解】九二虽以阳刚处大壮之时，然因其以柔居中，得以刚柔相济，不过于壮，故贞正而有吉也。

《象》曰：九二"贞吉"，以中也。

【解】九二之贞吉，因其居中也。

九三，小人用壮，君子用罔，贞厉。羝羊触藩，羸其角。

【解】九三以刚居阳，又处乾卦之终，壮之极也，故小人必用其刚猛，如"羝羊触藩，羸其角"，而进退不得。君子处此时当用"罔"，止其刚猛，或可免祸。《说文》曰："罔，网也，或从亡。"《系辞下》曰："作结绳而为罔罟，以佃以渔。"《王注》曰："君子用之以为罗己者也。"羊者，阳也。其为纯阳之物，故大壮取之为象，而"羝羊"者，阳中之阳也，强力而好斗可知也。贞厉者：守贞防厉，惕厉戒惧，不失常节。

《象》曰："小人用壮"，君子罔也。

【解】《本义》曰："过刚不中，当壮之时，是'小人用壮'而君子则'用罔'也。'罔'，无也。视有如无，君子之过于勇者也，如此则虽正亦危矣。"朱子训"罔"为"无"，从"亡"之义。君子虽壮而不用，不似小人恃强而斗狠也。

九四，贞吉，悔亡。藩决不羸，壮于大舆之輹。

【解】贞吉：贞正而有吉也。九四虽其刚盛大，却因其以刚居柔，刚猛之势有所中和。故于此时，若能守正，或可吉也。悔亡：悔之消亡也。九四之刚有柔济，悔之渐消亡也。藩决不羸：藩篱决开，不复羸绕其角。壮于大舆之輹：大舆者，四阳齐聚，为舆必大。"大舆"者，远行之具也。车之败，常在折辐。故欲远行，必要先加固其辐（辐，四阳为辐，二阴为毂）。如齐之田单，自临淄出逃时，去其车之轴突，加固辐与毂，得以摆脱追兵。九四之妙，不只在于"藩决不羸"，还在他知壮于大舆之輹，刚中带柔，粗中有细，或是阳居阴位之故。若为九三，必一味猛冲，藩决而车损，行不远矣。

《象》曰："藩决不羸"，尚往也。

【解】九四虽有柔相济，但其本性为阳，且居众阳之上，当藩决之时，自当进往也。《王注》曰："下刚而进，将有忧虞。而以阳处阴，行不违谦，不失其壮，故得'贞吉'而'悔亡'也。"本卦阳爻居阳位皆凶厉，而居阴位则为贞吉，正是此理。

六五，丧羊于易，无悔。

【解】六五本尊位，当以刚居之，以成九五之尊，于大壮之时，或可折服众阳，今以柔居之，将为众阳所欺也，其势如殷之先祖王亥丧羊于有易国之事。易，地名，古有易国也。[1]无悔者，或因其以柔居中，丧羊以顺，不与众阳为忤，且有九二相应，虽有所失而无所悔也。

《象》曰："丧羊于易"，位不当也。

【解】位不当也：六五以柔居刚，不足以服众也。

上六，羝羊触藩，不能退，不能遂，无攸利，艰则吉。

【解】羝羊触藩：上六虽以柔处阴，但处大壮之极，尚有余勇可贾，故必进之，而亦有触藩而羸其角之事。不能退，不能遂：其处不当，进退两难。艰则吉：坚持而能得吉。

《象》曰："不能退，不能遂"，不详也。"艰则吉"，咎不长也。

【解】咎不长也：上六之情形看似与九三相近，但是，上六不如九三之刚猛无忌，故其陷困不致太过，比九三易于摆脱，故咎不可长也。

注释：

[1] 王国维在对出土的甲骨文上的卜辞进行研究之后，发现了商的先祖王亥和王恒的事迹。在王国维考核出的材料中，有三条最能再现他们的事迹："王亥托于有易，河伯仆牛。有易杀王亥，取仆牛。"(《山海经·大荒东经》)"殷王子亥宾于有易，而淫焉，有易之君绵臣杀而放之。是故殷主甲微假师于河伯之师伐有易，遂杀其君绵臣也。"(郭璞《山海经注》引《真本竹书纪年》)"该秉季德，厥父是臧；胡终弊于有扈，牧夫牛羊？干协时舞，何以怀之？平胁曼肤，何以肥之？有扈牧竖，云何而逢？击床先出，其命何从？恒秉季德，焉得夫朴牛？何往营班禄，不但还来？"(《楚辞·天问》)王国维认为《天问》中的"该"即"亥"，"有扈"乃"有易"之误，因为后人多见有扈，少见有易，又同是夏时事，所以改写。从中我们大致可以还原商的先祖王亥在有易国"丧羊"和"丧牛"的故事，王亥和王恒在有易国畜有牛羊，有易国当是先夺其羊，而后夺其牛（仆牛，经过驯化的牛），并杀了王亥，后王亥之子微（上甲）从河伯处借兵又杀了有易国之君绵臣，为父亲报了仇。详细论证可参考朱红《"丧羊于易"考释》，《中州学刊》2017 年第 2 期。

第三十五卦　火地晋

䷢ 离上
　　坤下

晋：康侯用锡马蕃庶，昼日三接。

【解】有德之圣君坚持正道，行事必尊天敬众，使天地和顺，百姓乐居，一天之内三次接见三公三卿以商讨治国之事。"康侯"，康，美也，《释名·释道》中载"五达曰康。康，昌也，昌盛也，车步併列并用之，言充盛也"。意为有德之君，可使国家昌盛之君。"锡马"，不用剩下的草料再去喂马。锡者，盖指用锡等金属制作的喂马槽，每次喂马时，锡之金属光泽宛然可见（槽内的剩料都被清理干净了），故曰"锡马"。亦或"锡"为"惜"的同音假借字。风调雨顺，万物丰茂，百姓乐居。故曰"番庶"。孔子解之甚详。[1]王弼等解之曰："臣既柔进，天子美之，赐以车马，蕃多而众庶，故曰'康侯用锡马蕃庶'也。""昼日三接"者，言非惟蒙赐蕃多，又被亲宠频数，一昼之间，三度接见也。"（《王注》）皆误也。

《象》曰：晋，进也。明出地上，顺而丽乎大明，柔进而上行。是以"康侯用锡马蕃庶，昼日三接"也。

【解】《说文》中载："晋，进也。日出万物进。从日，从臸。"晋，进也。日出地上，万物和顺，下坤上离，故"顺而丽乎大明，柔进而上行"。当日出地上，万物皆晋之时，圣王当立身于正，使天地和顺，百姓乐居，每日三次接见三公三卿，勤勉治国，故曰"康侯用锡马蕃庶，昼日三接"也。

《象》曰："明出地上"，晋。君子以自昭明德。

【解】"明出地上"，有晋之象。君子观此象，当自昭明其德，立身中正，以赞天地之化育，使天下之民皆安居乐业也。《大学》之"明明德"者，亦"自昭明德"之义也。郑玄注曰："明出地上，晋。地虽生万物，日出于上，其功乃着。故君子法之，而以明自照其德。"（《郑注》）

初六：晋如摧如，贞吉。罔孚，裕，无咎。

【解】初六以柔居晋初，故有"晋如"之象。然与初六正应者九四，居非其位，贪得无厌（有"鼫鼠"之喻），故意抑其前进，故有"摧如"之象。然初六柔居阴，得其所位，守正以缓进，故曰"贞吉"。"罔孚"者，九四之不应于初六也。"裕"，雍容宽裕，不急于求上。

《象》曰："晋如摧如"，独行正也。"裕，无咎"，未受命也。

【解】九四抑制初六上行，故初六唯有自守正而行也。"未受命"者，初六不得九四之纳也。

六二：晋如愁如，贞吉。受兹介福于其王母。

【解】六二亦欲上行，然与六五非正应，故有"愁如"之象。然六二处中而顺，终得吉也，故曰"贞吉"。"受兹介福于其王母"，六二中正以守，久而弥彰，终得六五之助。王母，六五也。《尔雅·释诂》曰："介，善也。"《诗·豳风》曰："大也。"

《象》曰："受兹介福"，以中正也。

【解】六二终得介福者，以其中正以守也。

六三：众允，悔亡。

【解】六三不中不正，则有悔之象也。众允者，下二者也，处坤之中，三阴爻皆顺而上行。六三处坤之极，距明（离）最近，众阴皆勉允其上行，上行则悔必消也。

《象》曰："众允"之，志上行也。

【解】六三上应于上九，其志必上行也。

九四：晋如鼫（shí）鼠，贞厉。

【解】九四居非其位，下据三阴，上承六五，乃一个欺上瞒下，贪得无厌的小人。处晋之时，竟成一硕鼠，其厉可知。鼫，《说文》中载"五技鼠也。能飞不能过屋，能缘不能穷木，能游不能渡谷，能穴不能掩身，能走不能先人"。《尔雅·释兽》曰："鼫鼠。"《注》曰："形大如鼠，头似兔，尾有毛，青黄色，好在田中食粟豆。关西呼为鼩鼠。"《埤雅》曰："鼫鼠，兔首，似鼠而大，能人立，交前两足而舞，害稼者，一名雀鼠。本草一名硕鼠。"郑玄引《诗》云："硕鼠硕鼠，无食我黍。"（《郑注》）谓大鼠也。

《象》曰："鼫鼠，贞厉"，位不当也。

【解】九四以刚居阴，窃得高位，贪而畏人，上欺其君，下拒群贤，危厉之甚也。

六五：悔亡。失得勿恤，往吉，无不利。

【解】六五以柔居尊，未能制九四之贪，故有悔也。然六五不恤其过往之得失，上行往上九，则吉无不利也。

《象》曰"失得勿恤"，往有庆也。

【解】"往有庆"者，六五之往上九也。

上九：晋其角，维用伐邑。厉吉无咎，贞吝。

【解】上九以刚处晋之极，有角之象。在离之上，过明之中。故上九有躁进之象，故"维用伐邑"，制不服也。然伐为刚猛之事，乃厉而有吉也。康侯用"锡马番庶"，一日三接，乃文治，此晋之道也。而上九尚武功，知刚不知柔，知进不知退，故"贞吝"。

《象》曰："维用伐邑"，道未光也。

【解】晋道顺而丽乎大明，柔进而上行，上九晋其角而伐邑，非晋道，故"道未光也"。

注释：

[1] 根据《帛书易·二三子》曰："《易》曰：'康侯用锡马番庶，昼日三接。'孔子曰：'此言圣王之安世者也。圣人之正，牛三弗服，马恒弗驾，不优乘牝马□□□□□□□□□□粟时至，刍稿不重，故曰锡马。圣人之立正也，必尊天而敬众，理顺五行，天地无灾，民众不伤，甘露时雨骤降，飘风苦雨不至，民也相觞以寿，故曰番庶。圣王各有三公三卿，昼日三接者，接此三公三卿者也。'"

此段大意：孔子说，"康侯用锡马番庶，昼日三接"是讲圣王如何治国安邦的道理。圣人行事立于正道，比如不用三岁以下的小牛耕地，不用老马驾车，不优先乘坐母马……喂马从不用剩料，这就叫"锡马"。圣人坚持正道，行事必尊天敬众，天地和顺，万物丰茂，仓实丰足，百姓乐居，这就叫"番庶"。圣王有三公三卿相辅，他要一日之内接待三次，以商议治国之事，以条达天地之化育，增益百姓之福祉。可知"康侯用锡马蕃庶，昼日三接"句当解为：有德之圣君坚持正道，行事必尊天敬众，使天地和顺，百姓乐居，一天之内三次接见三公三卿以商讨治国之事。

此句王弼注曰："臣既柔进，天子美之，赐以车马，蕃多而众庶，故曰'康侯用锡马蕃庶'也。'昼日三接'者，言非惟蒙赐蕃多，又被亲宠频数，一昼之间，三度接见也。"(《王注》)显然与孔子之解不尽相符，且未突出晋卦主旨与大义。《程传》曰："上之大明，而能同德以顺服，治安之侯也。故受其宠数，锡之马众多也。车马，重赐也；蕃庶，众多也。不唯锡礼之厚，又见亲礼，昼日之中，至于三接，言宠遇之至也。"《本义》曰："言多受大赐，而显被亲礼也。"这些注解的共同之处，都把"锡"译为"赐"，然此义并不见于孔子。一种猜测，因有"刍稿不重"之语，故此，孔子谓"锡马"是不用剩料喂马之义。锡的特性不易氧化，在周朝就已广泛地使用，故"锡马"是指用锡制的马槽喂马，每次喂马必把马槽中的剩料清理干净，使之光亮如新，表明爱惜牲畜之甚也，对牲畜尚且如此，何况对民众呢。当然，还有一种可能，就是"锡"通为"惜"字，即珍惜牛马等牲畜，大意相同。而"蕃庶"也不是后世所解赏赐众多之义，而是指圣王珍惜人力和牲畜之力，故民富国足。并且，"昼日三接"也并非单纯讲侯王对臣下的恩宠与嘉奖，一天之中多次接见为的是君臣紧密地商讨治国之事，如此一来，整个国家才能蒸蒸日上，此为晋卦之义，而非限于君王对臣下的恩宠与晋升，这无疑严重降低了晋卦的本身的价值意义。至于有现代学者解为君侯所赐之马一天之内多次交配，繁衍众多，显然偏离更远（详细论证可参考王绪琴《晋卦卦辞考释与新解》，《中国儒学》第19辑，中国社会科学出版社2023年版）。

第三十六卦　地火明夷

坤上
离下

明夷：利艰贞。

【解】明在地下，为明夷之象。明伤而不可见，其道艰也，于艰难中不可随波逐流，而当守其中正，出离明夷之道也。夷，伤也。《周礼·秋官》曰："薙氏掌杀草，夏日至而夷之。"夷为刈草之义。《老子》曰："视之不见名曰夷。"明伤而不可见之状曰夷。

《彖》曰：明入地中，明夷。内文明而外柔顺，以蒙大难，文王以之。"利艰贞"，晦其明也。内难而能正其志，箕子以之。

【解】明入地中，明不可见，为明夷之象。文明不见，如人之蒙大难，然内怀文明，外事以柔顺，文王以此出离艰难也。之所以"利艰贞"者，明晦也。蒙难之时而能正其志，终将复得其明，箕子以此而出离明夷也。明夷言之于人事，暗主在上，明臣在下。郑玄注曰："夷，伤也。日出地上，其明乃光，至其入也，明则伤矣，故谓之明夷。日之明伤，犹圣人君子有明德，而遭乱世，抑在下位，则宜自艰无干事政，以避小人之害也。文王似之，箕子似之。"（《郑注》）

《象》曰："明入地中，明夷"。君子以莅众，用晦而明。

【解】明入地中，有明夷之象。君子观此象，知藏明用晦，清静而化民，终得其明也。

初九：明夷于飞，垂其翼。君子于行，三日不食。有攸往，主人有言。

【解】初九以刚居初，可飞而不敢高飞，故垂其翼而敛飞也，此言初九距上最远，见难早避。程朱皆以"飞而垂翼，见伤之象"，然项安世则认为："垂其翼，不言夷，未伤也。"也或有理。又俞琰曰："居明夷之初，不敢高飞，遂垂敛其翼以向下，此见几之明，不待难作而蚤避者也。夫知几而早去，此君子独见，主人固不识也，岂得无言？"（《周易集说》）"君子于行，三日不食"者，君子疾走而行，几日不食而急于避难也。"有攸往，主人有言"者，其行不合于常而人疑之，故有人闲言之。王弼曰："殊类过甚，以斯适人，人心疑之。"（《王注》）

《象》曰："君子于行"，义不食也。

【解】避难之时，仓皇于行，无暇于食。《正义》曰："义不食也"者，君子逃难唯速，故义不求食也。

六二：明夷，夷于左股，用拯马壮，吉。

【解】"夷于左股"，左侧大腿受伤，其行不便也。"用拯马壮，吉"，六二以柔居离之中，自明于中，故左股被伤，则用健壮之马代步速行，以避难也，故为吉也。"马壮"者，或九三也，六二居九三之下，借九三之力以出难也。

《象》曰：六二之吉，顺以则也。

【解】六二以柔处中，知顺势而为，不坐以待毙。

九三：明夷于南狩，得其大首，不可疾贞。

【解】九三以刚居阳，处离之上，为除夷之最得力者，故其南狩，便可猎得其大首。"大首"者，上六也。上六处暗之极，为暗恶之首。"不可疾贞"者，盖蒙于暗昧之久，虽诛其主，然其民蒙蔽已久，不能即明，须徐徐化之。

《象》曰:"南狩"之志,乃大得也。

【解】上六处三阴之上,为暗昧之首,九三狩而获之,故曰"大得也"。

六四:入于左腹,获明夷之心,于出门庭。

【解】六四居坤之下,故有"腹"之象,"左腹"者,左为卑,右为贵,盖言其顺。"入其左腹"者,初九或九三也。处明夷之中,能入于幽暗之地者,必阳爻也。"获明夷之心"者,出夷之道,必要深入暗夷之中,知其夷之所在,方可辨证施治。"于出门庭"者,阳爻入得其内,出得其外。盖因六四之位,以柔处顺,居大臣之位,于大臣处探明君王之意也,进退皆宜。"腹",谓臣也,"心",谓君也。一国之疾,全在君王一身,知君王之夷者,方知出夷之方。

《象》曰:"入于左腹",获心意也。

【解】"入于左腹",入大臣之地也,"获心意也",获知君王之意也。我们从《帛书易·缪和》中记载来看,"入于左腹,获明夷之心",可泛指深入对方的腹地,方可知道事情的真相。[1]

六五:箕子之明夷,利贞。

【解】六五居三阴之中,为最暗夷之地,有似箕子之蒙难于纣王也。然箕子虽处险难之中,亦不失其志,安守中正。

《象》曰:箕子之贞,明不可息也。

【解】"明不可息"者,处暗之中,明不可熄,终将由晦至明。

上六:不明晦,初登于天,后入于地。

【解】上六柔处明夷之极,晦之甚也,故曰"不明晦"。"初登于天,后入于地"者,言九三(也或是整个离卦)开始时是阳居在上,则光照四方,然后来阳(离)入地下,则晦而不明也。

《象》曰:"初登于天",照四国也。"后入于地",失则也。

【解】 阳本在上,则可"照四国也"。然不知惜明之道,明入地下,晦而无光,故曰"失则也"。

注释:

[1] 荆庄王欲伐陈,使沈尹树往观之。沈尹树反,至令,曰:"其城郭修,其仓实,其士好学,其妇人组疾。"君曰:"如是则陈不可伐也。城郭修,则其守固也;仓廪实,则人食足也;其士好学,必死上也;其妇组疾,必财足也。如是则陈不可伐也。"沈尹树曰:"彼若若君之言则可也,彼与君之言之异。城郭修,则人力竭矣,其仓廪实,则有馁之人也;其士好学,则有外志也;其妇组疾,则士禄不足食也。故曰:陈可伐也。"遂举兵伐陈,克之。《易》卦其义曰:"入于左腹,获明夷之心,于出门庭。"(《帛书易·缪和》)

大意:楚庄王想攻伐陈国,派沈尹树去考察一下陈国的情况。沈尹树回来报告说:陈国的城郭修过了,仓库里粮食很充足,士人也很好学,女人们在快速地织布。楚庄王听了后说:这样的话,陈国不能打了。城郭修过了,表明它的防守更牢固;仓库里粮食充足,人民就不会挨饿;它的士人好学,必定能死力保卫君王;它的妇女在快速织布,国家的财力就会富足。所以陈不可讨伐了。沈尹树说:陈国的情形如您所说就好了,但是它的真实情况却正好相反。城郭修,则其民力疲竭;仓库足,则是征收过度的表现;它的士人好学,是有外出求生之志;妇女都在辛劳地织布,表明士大夫得到的俸禄不足以供应生计。所以说:陈国可以讨伐。于是楚国出兵讨伐,就灭了陈国。此段记录表明了不深入内部进行调查,就无法获得事情的真相,会被表面的假象蒙蔽。

第三十七卦　风火家人

巽上
离下

家人：利女贞。

【解】家人卦乃明一家之内，夫妇之角色分工和定位之事，尤言妇道之当如何为之。

《彖》曰：家人，女正位乎内，男正位乎外。男女正，天地之大义也。家人有严君焉，父母之谓也。父父、子子、兄兄、弟弟、夫夫、妇妇而家道正，正家而天下定矣！

【解】女正位乎内，男正位乎外，方立起一家之纲纬。盖家事为内，国事为外，故先女而后男。女，六二也，男，九五也，各居上下卦之中，故曰正位。家中男女各归其位，此天地之大义，乃乾坤定位也。"家人有严君"者，夫守夫道，妇守妇道，各守其道则可为家人效之。夫妇之道正，则父子兄弟等道皆正，万家皆正则天下定也。

《象》曰：风自火出，家人。君子以言有物而行有恒。

【解】离内巽处，火生则风出，风出则火炽，内外相成，家人之义也。君子观此象，当言之有物且行之有恒。君子之言行，唯诚而已。君子之言行，吉凶之枢机也，众人皆效仿之，一人正则众人正，家正则天下定。

初九：闲有家，悔亡。

【解】闲，《说文》中载"阑也。从门，中有木"。《广韵》曰：

"防也，御也，法也。"初九以阳居下，为家人之初。故于家道之始处便要确立家法规范等，如此则悔恨无从生也。亡，无也。此正乾之"闲邪存其诚"之意。程颐曰："初，家道之始也。'闲'，谓防闲法度也。治其有家之始，能以法度为之防闲，则至于悔矣。"（《程传》）

《象》曰："闲有家"，志未变也。

【解】治家之道，于初即防范懒散之风。初九以刚居初，在家赋闲之象，然其性刚，齐家之志未变也。

六二：无攸遂，在中馈，贞吉。

【解】《周礼·天官》中载："膳夫凡王之馈。"六二居下卦之中，象征家中主妇，主妇居家中供给全家膳食，无所不及。遂，《广韵》中载"达也"。

《象》曰：六二之"吉"，顺以巽也。

【解】六二之吉，乃其以柔居中，顺九五之正而成。巽，上卦也，九五虽为家中刚健孔武之男主人，然其处巽卦之中，故其亦充分信任其妻，家中诸事尽由其妻主掌。

九三：家人嗃嗃（hè），悔厉，吉。妇子嘻嘻，终吝。

【解】《说文》中载："嗃嗃，严酷貌。"《玉篇》曰："嗃嗃，严大之声也。"《广韵》中载："严厉貌。"嗃，声之高也。嗃嗃，为大声呵斥之义。九三以刚居阳，处内外卦之间，进退易失其据。故其或厉声呵斥家人或是任由家人女人和孩子过分嬉闹，皆不合乎中道。

《象》曰："家人嗃嗃"，未失也。"妇子嘻嘻"，失家节也。

【解】九三之过严或过宽，乃相对而言。严厉者，初虽悔厉，然终吉。而过于放纵者，则终失家节。

六四：富家，大吉。

【解】六四以柔居阴，处巽之下，知柔知顺，富家之道也，故大吉。家人卦二阴四阳，因此，两个阴爻的作用就很关键，家之贫富，全在二阴爻是否能够柔顺以纳众阳。

《象》曰："富家，大吉"，顺在位也。
【解】六四处巽之下，以柔居阴，故为顺在位也。

九五：王假有家，勿恤，吉。
【解】申繻曰："取于物为假。"（《左传·桓公六年》）《毛传》中载："假，嘉也。"《扬子·法言》曰："假言周于天地，赞于神明。"《注》中载："假作遐。"《郑注》曰："假，登也。"《王注》中载："假，至也。""假"的字义颇多，因此在这里究竟是哪一种意思，难以判断。相对而言，取"嘉"和"至"之义可能较大。《说文》曰："恤，忧也。"此句之义可能是：王至其家，其家相亲相爱与富足优豫，不需王忧虑之，吉。或：王嘉贺其家之治，勿用忧虑之，吉。

《象》曰："王假有家"，交相爱也。
【解】"交相爱也"，首先，是指九五与六二，二者正应，夫妻相敬相爱。进而，指整个家庭相亲相爱。

上九：有孚，威如，终吉。
【解】"有孚，威如"，孚，信也。上九处家人之极，前五爻以相爱与包容等美德为处家之道。然爱甚则寡恩、寡威，寡恩、寡威则家道不可长也。上九处极为变，故以信与威加之，以固家道也。如此，则终吉。

《象》曰："威如"之吉，反身之谓也。
【解】处家之道，威则家道可长。然威反身责己为先，其身正则人敬。上九与九三之威显然是不同的，九三厉声呵斥家人未必能得家人之敬。王弼曰："家道可终，唯信与威，身得威敬，人亦如之。反之于身，则知施于人也。"（《王注》）

第三十八卦　火泽睽

☲ 离上
☱ 兑下

睽：小事吉。

【解】处睽之时，何可望大事，然睽之中，亦有小事可成也，故曰"小事吉"。郑玄注曰："二五相应，君阴臣阳，君而应臣，故小事吉，睽。"(《郑注》)六五为阴，九二为阳，君臣阴阳互反，而有君应臣之象，故只有"小事吉"也。

《彖》曰：睽，火动而上，泽动而下。二女同居，其志不同行。说而丽乎明，柔进而上行，得中而应乎刚，是以"小事吉"。天地睽而其事同也，男女睽而其志通也，万物睽而其事类也。睽之时用大矣哉！

【解】火动于上，泽动于下，二者不相与，有睽之义。以人取象，离为中女，兑为少女，二女居于一处，其志不一，最易睽而生事也。"说而丽乎明"，说为泽，明为离，二者虽水火难容，然于相睽之中，生机亦在其中。"柔进而上行"，盖言六三也。"得中而应乎刚"，盖言六五也。"小事吉"，处睽之中，泽与离睽，但二与五合，三与上合，睽中有小吉。《系辞下》曰："弦木为弧，剡木为矢，弧矢之利，以威天下，盖取诸睽。"张弓射箭即睽之理，然弓箭之利，正为威天下以自卫之大用也。

《象》曰：上火下泽，睽。君子以同而异。

【解】"上火下泽"，有睽之象。君子观此象，当知求同存异。

初九：悔亡。丧马，勿逐自复。见恶人，无咎。

【解】初九以刚居初，处睽之下，动而有悔也。其"亡"者，盖居睽之初，其知安静以俟之，宽容以处之，其悔则消。"丧马勿逐自复"，马匹丢失，逐之则更远离之，勿逐则自回归。"见恶人无咎"，见恶人，激之则愈睽，宽以待之则可免咎也。

《象》曰："见恶人"，以辟咎也。

【解】见恶人，不以睽相待，以避咎也。

九二：遇主于巷，无咎。

【解】九二与六五正应，其往而遇之于巷，无咎。主，谓六五也。巷，曲折狭窄之地。盖言九二与六五，其中相隔六三与九四，相遇曲折艰难也。

《象》曰："遇主于巷"，未失道也。

【解】九二以刚居阴，虽失其位，终遇其主，故"未失道也"。

六三：见舆曳，其牛掣。其人天且劓，无初有终。

【解】曳，拖也。掣，牵也。车轮往回拉，牛牵扯不让向前。还如何能往前行？曳者，九二也。掣者，九四也。九二曳于后，九四掣于前。六三以柔居阳，其欲行与上九相会，奈何夹于二刚之间，阻碍其前行。并且，被割去其鼻，其艰难与凶险可知。"其人天且劓"，"天"有解为黥面，"劓"，割鼻之刑。"无初有终"，六三之初，惨遭二阳阻隔与伤害，然六三与上九正应，终能相合，故曰"有终"。

《象》曰："见舆曳"，位不当也。"无初有终"，遇刚也。

【解】"位不当"者，六三以柔居阳，下乘刚，上承刚。"无初"者，遇二刚相阻。"有终"者，终遇上九也。

九四：睽孤，遇元夫。交孚，厉，无咎。

【解】"睽孤"者，九四处二阴之中，故为孤也。"遇元夫"，遇初九也，元，初也。"交孚"，九四与初九本同刚而无应，然处睽之时，同病相怜，互相依靠也。二刚相处，必以诚信而可也，故曰"交孚"。九四所处非地，故"厉"，遇初九同志相依，故"无咎"也。

《象》曰："交孚""无咎"，志行也。

【解】"交孚""无咎"者，九四与初九志同而共行。

六五：悔亡。厥宗噬肤，往何咎？

【解】六五以柔居尊，为众爻所睽，则悔。其悔而亡者，六五得九二正应之助，可消悔也。"厥，其也。"(《尔雅·释言》) 六五之同宗（或译为宗主）者，九二也。"噬肤"，二爻至上爻，有噬嗑之象（上火下雷），"肤"，盖言六三。六三阻于九二之前，故九二噬之以解其碍。九二如此倾力清除相会的障碍，六五之往会九二又有何咎？也有解之为，处睽之中，六五与九二之合不易，二者必相合之深方可济难也。故"噬肤"者，乃九二噬入六五之肤以保勿失。

《象》曰"厥宗噬肤"，往有庆也。

【解】六五虽所处非当，然下有贤能之九二，往必有庆也。

上九：睽孤。见豕（shǐ）负涂，载鬼一车，先张之弧，后说之弧。匪寇婚媾，往，遇雨则吉。[1]

【解】上九本与六三正应，然六三为二刚所牵不得相会，故上九孤也。"见豕负涂"，豕，猪也。涂，泥也。背同负泥之猪，其形秽也。"载鬼一车"，以无为有也，疑心之重。上九处睽之极，孤立无援，疑神疑鬼。"先张之弧"，弧，弓也。上九见负涂之豕、满车之鬼，张弓欲射之。"后说之弧"，说，悦也。后知所见非实，故张而未射。先疑而后悦也。"匪寇婚媾"，寇，九四也。上九始疑来者为寇，后知乃六三。"遇雨则吉"，三四五爻互为坎卦，上九之往会六三，中途遇雨，雨中之难行也，然终相会，故吉。

第三十八卦　火泽睽

《象》曰："遇雨"之吉，群疑亡也。

【解】"群疑亡也"者，上往与三合，向之见豕、见鬼，张弧之疑一一消亡也。

注释：

[1]《帛书易·缪和》曰："越王勾践即已克吴，环周而欲均荆方城之外。荆王闻之，恐而欲予。左史倚相曰：'天下吴为强，以越践（一说为"残"）吴，其锐者必尽，其余不足用也。是知晋之不能践尊□，齐之不能逾驺鲁而与我争吴也，是恐而来观我也。'君曰：'若何则可？'左史倚相曰：'请为长毂五百乘，以往分于吴地。'君曰：'若。'遂为长毂五百乘以往分于吴地。曰：'吴人有起兵而不服者，请为君服之。'日旦，越王曰：'天下吴为强，吾既践吴，其余不足以辱大国。'士人请辞。又曰：'人力所不至，舟车所不达，请为君取之！'王谓大夫重曰：'荆不退兵，可击否？'重曰：'不可！天下吴为强，以我残吴，吾锐者既尽，其余不足用也，而吴众又未可趋也，请与之分于吴地。'遂为之封于南巢至于北蕲，南北一百里，名之曰倚相之封。《易》卦其义曰：'睽孤，见县豕负涂，载鬼一车，先张之弧，后说之弧。'此之谓也。"

大意：孔子用这个故事来说明睽卦上九爻辞的含义。故事大意为：越王勾践攻克吴国后，不但吞吴之地，还想吞并吴楚国之间的土地。楚王听说后感到很惧怕，想割地以息事宁人。楚国的大臣左史倚相说：天下诸国中吴国是个强国，越国击败吴国，它的精锐必定消耗殆尽，剩下的力量已经足以伐楚了。楚君问：那怎么办呢？左史倚相说：请求给我五百辆长毂兵车（毂：车之轴。盖长毂兵车威力更强）分驶于吴地。楚君答应：可以。于是就派了五百辆长毂兵车分驶于吴地。并派使者对越王说：若吴人还有人不服于越而起兵反抗者，我们愿意帮助贵国制服之（即楚国找了一个出兵的漂亮借口，名义是帮助越国，实际是为了威慑越国）。第二天天亮了，越王对群臣说：天下诸国中吴国是个强国，我既已经灭掉了吴国，余下的力量不足以再与其他大国争锋。楚国又派使者来说：人力之不足，舟车达不到的地方，我们为君王去取来！越王和大夫重（当是文种）说：楚国不肯退兵，可否攻击它。文种回答道：不可以！天下诸国吴国是个强国，我们击败吴国，我们的精锐消耗将尽，剩下的力量已经不堪大用了。而吴国残余的力量还很多，不如和楚国均分吴国的土地。后来越国和楚国商定在南巢与北蕲之间一百里的地方进行划分，这次分封被称为"倚相之封"。这就是易卦中"睽孤，见县豕负涂，载鬼一车，先张之振，后说之壶"的道理。从故事中可以看出，楚臣左史倚相成功地运用了疑兵之计，使越国不仅不敢吞楚之地，还与楚均分吴地。以此说明睽卦上九之义。

第三十九卦 水山蹇

坎上
艮下

蹇（jiǎn）：利西南，不利东北。利见大人。贞吉。

【解】蹇，"跛也"。（《说文》）足跛则行路难。西南，地也，其势平坦；东北，山也，其势险峻。故利于向西南而行，不利向东北而行。处蹇难之时，利有大人出现，以济难也。九五刚健中正，有大人之象。守正而知止，又大人现，则贞吉也。

《彖》曰：蹇，难也，险在前也。见险而能止，知矣哉！蹇"利西南"，往得中也。"不利东北"，其道穷也。"利见大人"，往有功也。当位"贞吉"，以正邦也。《蹇》之时用大矣哉！

【解】足跛则行路本难，险（坎）又在前，可谓难上加难。然若能见险而能止（艮），则为智矣！处蹇之时，知就易而避险。故往西南平坦易行，则"往得中也"。"得中"者，盖足跛为阴，阴居西南，阳居东北，往西南而得中道也。往东北则险阻，更益其难，其道弥穷，故曰"其道穷"也。大人为能除难之人，往见之则可济难，故曰"往有功也"。"当位'贞吉'"者，谓二、三、四、五爻皆当位，所以得正而吉，居难守正，正邦之道也。反之，居难而不避于难，丧邦之道也。

《象》曰：山上有水，蹇。君子以反身修德。

【解】山上有水，有蹇之象。山本险阻，水积于山上，其势更难。故君子观此象，当知反诸自身，修德以正，以避免陷入蹇之境。若已陷入其中，则更须反身而正，以待难除。正所谓"君子达则兼济天下，穷则独善其身也"。

初六：往蹇，来誉。

【解】初六以柔居下，其力本弱，其蹇可知，故往则愈难，故曰"往蹇"也。然初六居艮之初，知止而不进，往则为进，不进则谓之"来"，见几前识之美，故谓之"誉"也。

《象》曰："往蹇，来誉"，宜待也。

【解】待者，静而止之，以待来时。初六虽弱而居下，却有自知之明。

六二：王臣蹇蹇，匪躬之故。

【解】六二，臣也；九五，君也。六二与九五正应，然皆处难中，九五无力往济于六二。但是，六二以王臣忠心之故，志在匡扶王室，以拯君王之难。故六二虽处艮之中，本知当止进而自保，却处蹇而行蹇，故曰"蹇蹇"。"匪躬之故"者，即六二不以自己身陷险难而为托辞不往救于君也。杨万里曰："诸爻圣人皆不许其往，惟六二、九五，无不许其往之辞者，二为王者之大臣，五履大君之正位，复不往以济，而谁当任乎？"（《诚斋易传》）而在《帛书易》中则为"王臣蹇蹇，非今之故"，孔子曰："'非今之故'者，非言独今也，古以狀也。"[1]即"非今之故"为诫语，君子知难而预先准备之，何难之有？而人多遇难而蹇，此情狀非今日如此，古时亦然。

《象》曰："王臣蹇蹇"，终无尤也。

【解】六二之才虽不足以济九五之难，然其尽忠不为己，君臣一心，终将克险，忧之必解。

九三：往蹇，来反。

【解】九三以刚居正，进则入于坎陷之中，故曰"往蹇"。然九三处艮之上，知难而返，则为安也，故曰"来反"。

《象》曰："往蹇，来反"，内喜之也。

【解】九三为艮卦之主，下二阴爻之所恃也。故九三来反则为二阴所喜也，故曰"内喜"。九三进则入险，来则得位，故亦以止进为美。

六四：往蹇，来连。

【解】六四以柔居阴，往则益陷险之深，故曰"往蹇"。六四止进而返，连络于九三乃至下二阴爻，以共济难，故曰"来连"。另一说为，六四所连者乃九五，以共济难。荀爽曰："来还承五，则与至尊相连，故曰'来连'也。"（《折中》）

《象》曰："往蹇，来连"，当位实也。

【解】六四以柔居阴为当位，当位之实则为诚，六四力虽不逮，却知以诚联络他爻以共济难，故曰"当位实也"。程颐曰："以阴居阴，为得其实，以诚实与下，故能连合而下之。"（《程传》）另一说则为，阴为虚，阳为实。故此处"当位实也"，是指六四当位而承九五之实。荀爽曰："处正承阳，故曰'当位实也'。"（《折中》）姜宝曰："以阴比于阳，阳为实，故云。《传》（注：指《程传》）以为诚实之实，未然。"（《折中》）

九五：大蹇，朋来。

【解】九五居坎之中，蹇之最难之地，又为君位，故为天下之大蹇也。然九五以刚居正，必得天下志同者相救，故曰"朋来"。在卦中，尤以六二为其朋也，不以身难而救君难，为王臣之志忠者也。《折中》案曰："二五独无'往''来'之文，盖君臣相与济蹇者，其责不得辞，而于义无所避。"

《象》曰："大蹇，朋来"，以中节也。

【解】九五以刚守正，不失其中，故曰"中节"也。中节以守，必有朋来济蹇也。

上六：往蹇来硕，吉。利见大人。

【解】上六以柔居蹇之终，往而险之极也。不往而来，从五而求三，得两阳刚之助，必可济难而吉也，故曰"来硕，吉"。"硕"者，谓二阳也。"利见大人"者，谓九五也。九五虽处最难之地，却又为济难之主，借其阳刚之力终可济难也。

《象》曰："往蹇来硕"，志在内也。"利见大人"，以从贵也。

【解】"志在内"者，上六往无可往，必反求于内，内者谓二阳也；"以从贵"者，谓九五也。

注释：

[1]《帛书易·二三子》曰："《易》曰：'王臣蹇蹇，非今之故。'孔子曰：'王臣蹇蹇者，言其难也。夫唯知其难也，故重言之，以戒今也。君子知难而备之，则不难矣；见几而务之，则有功矣。故备难者易，务几者成。存其入，不言吉凶焉。非今之故者，非言独今也，古以状也。'"

大意：孔子说，"王臣蹇蹇"是说其事之艰难，然若知其难而预先备之，事则不难也。因此，"非今之故"之语乃告诫当今之人，当知难而备难，以免有蹇之事。正是"人无远虑，必有近忧"。然而，不只是当今的人不会如此做，古时人也是如此（即人的短视与惰性古今亦然）。

第四十卦 雷水解

震上
坎下

解：利西南。无所往，其来复，吉。有攸往，夙吉。

【解】"利西南"，西南为坤，坤为地，雷雨作而地解，故"利西南"。"无所往，其来复，吉"，万物解则无所往也。或为，处困厄之时，阳（主要是九二）无所往，待雷雨作，九二出险而复归五位，此大吉之事。"有攸往，夙吉"，解之事，早与速为吉也。

《彖》曰：解，险以动，动而免乎险，解。"解，利西南"，往得众也，"其来复，吉"，乃得中也。"有攸往，夙吉"，往有功也。天地解而雷雨作，雷雨作而百果草木皆甲坼（chè）。解之时大矣哉！

【解】"险以动，动而免乎险"，坎为险，震为动，动则出险。"利西南，往得众也"，西南为坤，坤为地，坎陷而地平，故"利西南"，地闻雷而解，又得雨水之润，故百果草木生，故"得众"。"其来复，吉，乃得中"，盖谓九二出险而复归五位。"有攸往，夙吉"，夙，早也。盖于解之时，雷雨作，其解也速，故君子早日出险，吉事也，往而有功。坼，《说文》中载"裂也"。"解之时大矣哉"，天下之困厄艰险者，得雷雨必解之，解而万物复生，其义大矣哉。

《象》曰：雷雨作，解。君子以赦过宥罪。

【解】雷雨作，而万物解。君子观此象，何事不解？故赦人之过，宥人之罪。以为复兴也。

第四十卦 雷水解

初六：无咎

【解】以柔处下，处解之初，去雷最远，解之始也，无誉亦无咎。

《象》曰：刚柔之际，义无咎也。

【解】"刚柔之际"，初六与九二也，初六以柔处下，尚无力为解，"义无咎也"。

九二：田获三狐，得黄矢，贞吉。

【解】三狐，卦中之三阴爻，初六、六三、六四是也。九二以刚居中，又得六五之君的充分信任，故以田猎这种刚猛之法诛灭小人，以解君子之困也（解卦中二阳四阴，阴盛阳衰也）。"得黄矢"，一种可能的解读是，九二因获三狐而得六五赏赐黄矢；另一种可能的解读是，当为"得之黄矢"，狐乃狡猾难猎之物，非用黄矢不可获之。

《象》曰：九二，"贞吉"，得中道也。

【解】九二虽以刚处阴，且以刚猛之法诛灭小人，却为"贞吉"者，因其中道而行也。

六三：负且乘，致寇至，贞吝。

【解】"负且乘"，六三以柔居阳，以小人之质，欲行君子之事。其所负者，六四也，所乘者，九二也。六四为小人之物（可能是占取或偷窃而来），九二为君子之器（车）。"致寇至"，小人得不义之财，不以为耻，反招摇过市，必招致寇贼至也。"贞吝"，六三之事，吝之必也。

《象》曰：负且乘，亦可丑也。自我致戎，又谁咎也？

【解】背负赃物，乘车而招摇过市，已经是很羞耻的事情了。负乃小人之事，乘乃君子之器。自己招来了贼寇，又是谁的过错呢？[1]

九四：解而拇，朋至斯孚。

【解】九四以其阳刚之才，上得柔中之君的信任，为治世之能臣也。然九四与阴柔之初六相应，有近小人之嫌。拇，在下而微者，初六也（也有解为六三者）。"解而拇"者，九四当斥去小人，解除与初六之约。"朋至斯孚"，或为"斯孚朋至"倒装，九四以诚相见，则贤才毕聚。朋者，其他阳刚之君子也。

《象》曰："解而拇"，未当位也。
【解】"未当位也"，九四以刚居阴，位不当也。正是其未达至诚处，贤人疑之，故必与小人解约而贤人集也。

六五：君子维有解，吉。有孚于小人。
【解】六五以柔居尊，有君子之谓也。君子解其险厄，方可重整国事，以期复兴，故为吉。或解之为：君子非指六五自身，而是九二，本卦上震下坎，动而出险，九二登五位而为正大之君。"其来复吉"是也。小人者，六五也，君子来复，小人退位。

《象》曰：君子有解，小人退也。
【解】君子解于险中，小人自退也。

上六：公用射隼（sǔn）于高墉之上，获之，无不利。
【解】隼，为害之猛禽，以喻小人。唯有用刚猛之法诛灭之。"公"者，一解作上六自身，上六处六五之上，不为君而为公，上六在高墉之上把隼射落下来，人君获上六贤人为辅，无有不利。一解，公乃九二也，卦中用黄矢猎三狐者，九二也，故唯有九二可以射隼于高墉之上。

《象》曰："公用射隼"，以解悖也。
【解】悖，逆也。上六，处解之极，高飞于云天之上的隼（喻小人），唯有非常之贤才用刚猛之法去此逆也。或谓，六三负且乘，与上六无应，正是悖逆之小人，故上六于高墉之上射而诛之。[2]

注释：
[1] 子曰："作《易》者，其知盗乎？《易》曰：'负且乘，致寇至。'"负也

者，小人之事也；乘也者，君子之器也。小人而乘君子之器，盗思夺之矣；上慢下暴，盗思伐之矣。慢藏诲盗，冶容诲淫。《易》曰"负且乘，致寇至"，盗之招也。（《系辞上》）

[2]《系辞下》曰："《易》曰：'公用射隼于高墉之上，获之，无不利。'子曰：'隼者，禽也；弓矢者，器也；射之者，人也。君子藏器于身，待时而动，何不利之有？动而不括，是以出而有获，语成器而动者也。'"《帛书易·二三子》曰："《卦》曰：'公用射隼于高墉之上，无不利。'孔子曰：'此言人君高志求贤，贤者在上，则因尊用之，故曰无不利。'"从两个引文来看，解卦的上六射隼正是为了"解悖"，小人除去，君子才可以为用。

第四十一卦 山泽损

䷨ 艮上
兑下

损：有孚，元吉，无咎。可贞，利有攸往。曷（hé）之用？二簋（guǐ）可用享。

【解】上山下泽，泽损以增山之高，此元吉之事也。诚信之至，利有攸往。郑玄注曰："艮为山，兑为泽。互体坤。坤为地，山在地上，泽在地下，泽以自损，增山之高也。犹诸侯损其国之富，以贡献于天子，故谓之损矣。"（《郑注》）孚，信也。元吉，无咎可言。正则可往，用二簋盛祭品祭祀依旧吉祥。簋，《说文》中载"黍稷方器也"。《广韵》曰："簋簋，祭器，受斗二升，内圆外方曰簋"[1]，即简陋的祭器。

《彖》曰：损，损下益上，其道上行。损而有孚，元吉，无咎，可贞，利有攸往。曷之用？二簋可用享。二簋应有时。损刚益柔有时，损益盈虚，与时偕行。

【解】"损下益上"者，泽（水气）上行而润山，兑卦上行而有泽上山下则成咸卦，泽虚受人也。"其道上行"者，乃言泽气上行乃其本性。"损刚益柔"者，损艮之刚而增益兑之柔，以得刚柔相济之美。"损益盈虚，与时偕行"者，刚为过，柔不足，故损刚而益柔，然必顺时而行；或盈或虚，随时而定，当损则损，时也，不当损而损，非时也。

《象》曰：山下有泽，损。君子以惩忿窒欲。

【解】山下有泽，气通上润于山，山（林）见长，而泽见损也。君子观此象，当知修身之道在于损己，损己之道在于惩忿与窒欲。惩忿者，惩戒己之仇恨；窒欲者，窒塞己之私欲也。虞翻曰："损乾初成兑说，故'惩忿'，初上据坤，艮为山，故'窒欲'也。"（《集解》）意即下卦为兑，兑本愉悦之事，故惩忿以悦；上卦为艮，艮为止之事，窒欲则无私也。

初九，已事遄（chuán）往，无咎。酌损之。

【解】已事：过往之事或已经做完的事。《程传》曰："事既已则速去之，不居其功，乃无咎也。"《正义》曰："竟事速往。"而《帛书易》中为"巳事"，即"祀"，祭祀之事。"遄，速也。"（《尔雅·释诂》）初九与六四正应，正当损刚益柔，损下益上，故爻辞促其速往六四则无咎也。"酌损之"者，盖刚胜则柔危，二者虽正应，然刚之益柔亦当斟酌，过与不及，皆不可也。

《象》曰："已事遄往"，尚合志也。

【解】"尚"者，上也，此指六四。初九与六四正应，故曰"尚合志也"。合志则速往而无疑。

九二，利贞，征凶。弗损，益之。

【解】九二与六五亦正应，本亦当损下益上。然初九与九二两阳皆损而益上，损卦乃成为剥卦，故九二宜守中不动，故曰"利贞"。往而有凶，故曰"征凶"。故九二不当损反宜益，故曰"弗损，益之"。如此，则损卦乃成为蒙卦，损道成了萌生之道，此止损之道也。王弼注曰："柔不可全益，刚不可全削，下不可以无正。初九已损刚以顺柔，九二履中，而复损已以益柔，则剥道成焉，故不可遄往而'利贞'也。进之于柔，则凶矣，故曰'征凶'也。故九二不损而务益，以中为志也。"（《王注》）

《象》曰："九二，利贞"，中以为志也。

【解】九二以刚居中，正而守贞，不肯妄进。可见，处损道也并非全以损上益上为美，当损则损，不当损则止；初九益上之速，九二自守之志决也。

六三，三人行则损一人，一人行则得其友。

【解】"三人"者，言六三、六四与六五。三阴上行，内无定主（阳），必互相猜忌，其心不一，故必损一人。王弼注曰："三阴并行，以承于上，则上失其友，内无其主，名之曰'益'，其实乃'损'。"（《王注》）"一人行则得其友"者，爻柔而性柔，三人三志，一人则一志，一人行反得其功，"得其友"者，上九也。六三本与上九正应，故其一人行可得上九；而与上二阴（六四与六五）同行，反倒心思不一而无功。孔子曰："天地蕴，万物润，男女媾情而万物成。《易》曰：'三人行则损一人，一人行则得其友。'言至一也。"（《帛书易·要》）孔子从天地得一而万物生的角度讲"至一"的重要性，由此说明一人则志专，多人则志乱之义。

《象》曰："一人行"，"三"则疑也。

【解】一人行则志坚行果，三人行则互相猜疑。盖"君子群而不党，小人党而不群"，此小人之性也。

六四，损其疾，使遄有喜，无咎。

【解】六四得初九益上之刚，则损其阴柔之疾。初九来之速，六四之损疾为喜亦速也，何咎之有。六四之疾，因其居二阴爻中间，故有疾。

《象》曰："损其疾"，亦可喜也。

【解】六四以柔居阴，履得其位，以柔纳刚，则去其疾，自可喜也。

六五，或益之十朋之龟，弗克违，元吉。

【解】六五以阴居尊，柔顺虚中，以应乎下二阳之益上也。故当损之时，六五以其虚中而受天下之益也。或可益之十朋之龟之大宝之物，不能辞也，元吉也。朋，类也，同朋为类。又解，朋为贝类货币。十朋之龟，极珍贵之物。《汉书·食货志》曰："元龟岠冉，长尺二寸，直二千一百六十，为大贝十朋。"《注》曰："苏林曰：两贝为朋，朋直二百一十六，元龟十朋，故二千一百六十也。"

《象》曰：六五元吉，自上祐也。

【解】"自上祐"者，上天也。六五居尊，虚己而谦下，自得天降福祐也。又，"上"或为上九，上九为艮之主，止六五之必得之志，则可得吉也。"或"字正表明六五惩忿窒欲之德也，无所益而不忿，得之亦不骄。

上九，弗损，益之，无咎，贞吉。利有攸往，得臣无家。

【解】上九处损之极，损极则益，故曰"弗损，益之"。处损之时，皆损下而益上，故上九为得益之主，又何咎也，上九唯守正而得吉。如是以往，国富民强可待也。"得臣无家"，盖"无家之臣"也，如禹乃三过家门而不入之良臣，损家事而为国事。可以看出，五爻、六爻已经由损而益，因"其道上行"也。

《象》曰："弗损，益之"，大得志也。

【解】上九居上得天下之益，臣民皆舍家而为国，故曰"大得志也"。"弗损，益之"之义还有一解，即上九不损于下，反以己益于下。如《程传》曰："居上不损下而反益之，是君子大得行其志也。"《本义》曰："受益之极，而欲自损以益人也。"

注释：

[1]《周礼·秋官·掌客》郑玄注："簠（fǔ），稻粱器也。"又"簠，黍稷器也"。按《诗·秦风·权舆》云："于我乎，每食四簋。"《毛传》曰："四簋，黍稷稻粱。"郑玄《三礼图》云："簋受一升，足高一寸，中圆外方，挫其四角，漆赤中，盖亦龟形，其饰如簠，盛稻粱。"（《玉函山房辑佚书》）《圣门礼志》上对簠的形状用途的要求规定是："祭器也，夏曰瑚商曰琏周曰簠簋，簋方簠圆，刻木为之，尚质也。方座圆体，口小而腹大，穴其中，以实黍稷。"

第四十二卦　风雷益

䷩ 巽上
　 震下

益：利有攸往，利涉大川。

【解】风雷相搏，风疾而雷激。风雷搏而万物生，物生则益，民用裕足，故曰"利有攸往"也。雷风恒，为顺，逆之为风雷益。郑玄注曰："阴阳之义，阳称为君，阴为臣。今震一阳二阴，臣多于君矣。而四体巽之不应，初是天子损其所有，以下诸侯也。人君之道以益下为德，故谓之益也。震为雷，巽为风。雷动风行，二者相成，犹人君出教令，臣奉行之，故利有攸往，利涉大川矣。"（《郑注》）天子者，谓九五也。上卦二阳，下卦一阳，故损上卦之阳以增益下卦之阳也。

《彖》曰："益"，损上益下，民说无疆。自上下下，其道大光。"利有攸往"，中正有庆。"利涉大川"，木道乃行。益动而巽，日进无疆。天施地生，其益无方。凡益之道，与时偕行。

【解】损上益下，损上巽益下震。上为九五，下为众阴。巽为入，雷为动，若天下之动，皆以巽之理为理，则无有管理之必要。木道乃行，为益道乃行。损下益上曰损，损上益下曰益。何也？损下益上为地道上行，以地益天，故曰损（以地为参照系，因人在地上）；损上益下为天道下行，以天益地，故曰益。盖天之大，用之不竭也。[1]

《象》曰：风雷，益。君子以见善则迁，有过则改。

【解】君子益道而行，择善而执，过则能改，进益而不止也。

初九，利用为大作，元吉，无咎。

【解】初九以刚居震之初，处益之时，必奋力益上，上与六四正应，其上益而四纳之。雷动于下，故有"大作"之声。初九全力益上，正是"利有攸往，利涉大川"之义，故"元吉，无咎"也。

《象》曰："元吉，无咎"，下不厚事也。

【解】初九利用"大作"，上益六四，故厚上而不厚下，故曰"下不厚事也"。

六二，或益之十朋之龟，弗克违。永贞吉。王用享于帝，吉。

【解】十朋之龟，极珍贵之物。六二以柔处中，有虚中能容之量，故益之以十朋之龟亦不为盈。虚中而守正，其吉永久也。六二与九五为正应，君臣心诚志同，九五以六二所益之物（如十朋之龟）祭祀天帝，吉之大也。王，九五也。朋是商朝的贝币，用作交换的钱，五币一系，两系一朋。如"丙午，王赏戌嗣子贝十二朋"（《戌嗣子鼎文》）。

《象》曰："或益之"，自外来也。

【解】六二以其诚中以守，其益不召而至。

六三，益之，用凶事，无咎。有孚，中行告公用圭。

【解】六三以柔居阳，处震之极，不中不正，亦急于益之，自专而擅为，乃凶事也。六三与上九正应，故曰"有孚"。六三虽处不中不正之地，然其志行于上，力求中行以脱凶险之地也。故执圭以告公，以示其诚。"中行"者，六三不中，以求中也。或六三处坤之中（二三四爻互为坤）。"公"，上九也。也或为九五，因上九处益之极，"立心勿恒"，非益之主。"圭"，古大夫执圭以使，信物也。

《象》曰："益用凶事"，固有之也。

【解】六三用益，本为凶事，这是由其所处之位所致也。而若诚而上行，则可免凶也。

六四，中行告公从，利用为依迁国。

【解】六四以柔居阴，处巽之下，体柔当位，下应于初，上从于五，虽不中，其德已中。故六四上告于九五以从，五必纳之。"公"，九五也。九五乃为大德之君，益之主也。故六四告之以从，举其国迁之以从九五，古之小国之从大国之事多也，小国取有德之大国以依之，亦是益其民生之举，故曰"利用为依迁国"也。

《象》曰："告公从"，以益志也。

【解】六四告公以从，明其心志，亦以益九五之志也。

九五，有孚惠心，勿问元吉。有孚，惠我德。

【解】九五以刚居尊，为益之主也。其诚德于中，施惠于下，不必占问，必为元吉。人君诚信之至，万民所向，百国来依，其德之大益也。[2]

《象》曰："有孚惠心"，勿问之矣。"惠我德"，大得志也。

【解】"有孚惠心"，人君之惠下也。"惠我德"，下之惠上也。诚心惠下，何占之有？故曰"勿问之矣"。众下惠上，德益厚也，故曰"大得志也"。[3]

上九，莫益之，或击之，立心勿恒，凶。

【解】上九以刚处益之极，益必过盈，故曰"莫益之"。贪求无厌，众必恶之，终得他人攻击之，故曰"或击之"。求益无已，心无恒者，必凶。[4]

《象》曰："莫益之"，偏辞也。"或击之"，自外来也。

【解】无厌之求，人弗与也，独唱莫和，故曰"偏辞也"。人道恶盈，怨者非自内也，"故击之"之人，或来自外部。

注释：

[1]《帛书易·要》曰："孔子繇《易》，至于《损》《益》一卦，未尝不废书

第四十二卦　风雷益

而叹，戒门弟子曰：'二三子，夫《损》《益》之道，不可不审察也，吉凶之门也。《益》之为卦也，春以授夏之时也，万物之所出也，长日之所至也，产之室也，故曰益。授者，秋以授冬之时也，万物之所老衰也，长夕之所至也，故曰产。道穷焉而产，道达焉□□。益之始也吉，其终也凶。损之始凶，其终也吉。损益之道，足以观天地之变而君者之事已。是以察于损益之变者，不可动以忧患。故明君不时不宿，不日不月，不卜不筮，而知吉与凶，顺于天地之心也，此谓《易》道。故《易》有天道焉，不可以日、月、星、辰尽称也，故律之柔刚；有人道焉，不可以父子、君臣、夫妇、先后尽称也，故要之以上下；有四时之变焉，不可以万物尽称也，故为之以八卦。故《易》之为书也，一类不足以亟之，变以备其情者也。故谓之《易》有君道焉，五官六腑不足百遍，难以致之。不问于古法，不可顺以辞令，不可求以志善。能者繇一求之，所谓得一而君毕者，此之谓也。损益之道，足以观得失矣。'"

大意：孔子通过对《损》《益》二卦的研读，深刻地明白所谓损益者，讲的是天地运化之消长。春生夏长，万物生长壮大为益；由秋而冬，万物衰老收藏为损。益之始吉而终凶，损之始凶而终吉。人观天地之变而知损益之道，故顺从天地变化而成人道。明达的君主不通过穷尽天地日月，不通过卜筮便知吉凶之事，而能顺乎天地之变。故此，《易》中有天之道，但不可能日月星辰尽称遍列之，用柔与刚去总体把握即可；《易》中有人之道，但不可能把父子、君臣、夫妇等全罗列一遍，用上下尊卑的人伦秩序把握即可；天地有四时之变，不可能把万物尽行列举以显其变，故以八卦代万物之要而知天地之变化也。因此，《易》之为书，不可能把天地万物全部罗列其中，只能取类比象而体现其情伪。损益之道亦如此理，不必穷尽天地万物而知其所以损益变化。

[2]《帛书易·缪和》曰："西人举兵侵魏野，□□□□□□□而遂出见诸大夫。过段干木之闾而式。其仆李义曰：'义闻之，诸侯无财而后财，今吾君先身而后财，何也？'文侯曰：'段干木富乎德，我富于财；段干木富于义，我富于地。财不如德，地不如义。德而不吾为者也，义而不吾取者也。彼择取而不我与者也，我求而弗得者也。若何我过而弗式也？'西人闻之，曰：'我将伐无道也，今也文侯尊贤，不能伐。'遂退兵。□□□□□□□何可？而要之局，而取之狱狱。吾君敬女，而西人告不足。《易》卦其义曰：'又孚慧心，勿问元吉，又孚惠我德'也。"

大意：段干木为魏国贤士，其数名好友先后为魏将，唯段干木清高隐居。魏文侯弟魏成子，极力推荐段干木，魏文侯月夜登门拜请他。段干木遵从"不为臣不见诸侯"的古训，越墙逃避。文侯求贤若渴，每过段干木家门，必扶轼致敬，以示其诚。此段文字正是记载这段故事，并以此说明益卦九五之义。秦国举兵侵伐魏国边境……出来见各位大夫。魏文侯经过段干木住处时，扶轼致敬。他的仆人李义说：我听说诸侯都看重钱财，您却先人而后财，这是为什么呢？魏文侯说：段干木德行高尚，我只是富有钱财而已；段干木隆于道义，我只是富有土地而已，德义恰恰是我不足的地方，过其门我能不恭敬吗？秦国听说这件事后，说：我要征伐的是无道之国，现在文侯尊贤之至，不可伐之，遂退兵。由此论证益卦之九五益德而无境，必吉无不利也。

[3]《系辞下》曰："包牺氏没，神农氏作，斫木为耜，揉木为耒，耒耨之利，以教天下，盖取诸益。"圣人之益百姓之用也。

[4]《系辞下》曰："子曰：'君子安其身而后动，易其心而后语，定其交而后求。君子修此三者，故全也。危以动，则民不与也；惧以语，则民不应也；无交而求，则民不与也。莫之与，则伤之者至矣。《易》曰：莫益之，或击之，立心勿恒，凶。'"

第四十三卦　泽天夬

䷪ 兑上
　　乾下

夬（guài）：扬于王庭，孚号有厉。告自邑，不利即戎。利有攸往。

【解】夬卦五阳一阴，且阴居末位，因此，夬之义为阳决之于阴也。《彖》曰："夬，决也，刚决柔也。"正此义也。又，《说文》中载："分决也。"夬又有溃决之义。《程传》曰："泽，水之聚也，乃上于至高之处，有溃决之象。"是故，值君子道长，小人道消之时，当果断决尽小人余势，以免后患。若姑息养奸，将有溃决之险。"扬于王庭"者，君子当惩小人之恶于王庭之上，一则不自专，二则此为众君子（五阳）之共同意愿。[1]"孚号有厉"者，孚，诚也，号，命众也。治小人之罪，不只上报君王，还要下呼民众，上下一心。《本义》曰："然其决之也，必正名其罪，而尽诚以呼号其众，相与合力。""有厉"者，使民众知危厉尚在，以免有不虞之悔。"告自邑"者，惩恶而广而告之于自家私邑，以儆效尤也。游酢曰："'扬于王庭'，诵言于上也。'孚号'，诞告于下也。'告自邑'，自近而及远也。"（《折中》）"不利即戎"者，或有相反之两义，一则谓不宜尚武也，阳盛而阴衰至此，不必动用武力即可除之；二则谓阳虽盛，然阴犹未除，不可侥幸行事，除小人则当以武力果断除之。"利有攸往"者，处夬之时，小人必除之而后快，则天下大治，故往而有利也。

《象》曰：夬，决也，刚决柔也。健而说，决而和。"扬于王庭"，柔乘五刚也。"孚号有厉"，其危乃光也。"告自邑，不利即戎"，所尚乃穷也。"利有攸往"，刚长乃终也。

【解】下乾上兑，故"健而说"。五阳决去一阴，天下和同也，故曰"决而和"。上六乘于五刚之上，为五刚于王庭广众之下扬其恶也。众阳决阴仍不忘危厉，相互呼号，危厉不存，故曰"其危乃光也"。"告自邑，不利即戎"，其义也或为，除小人之恶事当遍告自家私邑民众，决之不畅则动用自邑之武力，如此，小人必除也。"所尚乃穷也"，尚当作"上"之义，上六也。九五果决如此，上六之道必穷也。"刚长乃终也"，处夬之时，众刚不可犹豫姑息，必使刚长大而至于终极，使阴无立锥之地也。

《象》曰：泽上于天，夬。君子以施禄及下，居德则忌。

【解】"泽上于天"，有溃决之象也。天上有泽（积之不多则为云雾，积之多则为雨雪，积之盛则为暴雨），必来润下，有夬之象。故君子观之，当知施禄及下，泽润众人，众人心合，则无夬决之危也。反之，居德自傲，居财自恃，灾决之源也，此人君之所忌。正所谓："财聚则民散，财散则民聚。"（《大学》）虽只有一阴来决，防微杜渐，不可不慎也。

初九：壮于前趾，往不胜，为咎。

【解】初九居乾之初，健而欲行，居下为趾，"壮于前趾"，必将行也。然上于九四非正应，往兑而有决之险，故往而不胜也。不胜而往，故为咎也。

《象》曰：不胜而往，咎也。

【解】不胜而往，君子所不为，故为咎也。苏轼曰："大壮之长则为夬，故夬之初九，与大壮之初九无异。"（《东坡易传》）大壮之初九曰："壮于趾，征凶，有孚。"大意确实相似，皆为诫辞也。

九二：惕号，莫夜有戎，勿恤。

【解】九二以刚居柔，又得中道，故知忧惧，呼号戒备，以防小人之决。即使"莫夜"有小人来犯，因有兵戎戒备，亦无忧也。莫，暮也。《说文》曰:"日且冥也。"莫夜者,黑夜也。

《象》曰:"有戎勿恤",得中道也。
【解】九二居下卦之中,行事中道,深谋而远虑,防患于未然,故无险也。

九三:壮于頄(qiú),有凶。君子夬夬,独行遇雨若濡。有愠,无咎。
【解】王弼注:"頄,面权也。"即颧骨。九三在乾卦之上,故有壮于頄之象。九三以刚居阳,刚暴燥进,独行而遇上六。必当颜色愠厉,不与小人私合,则无咎也。处夬之中,本当是五阳决去一阴之事,然九三刚燥,夬夬而独行,有遇雨之险,故诫之不当只身犯险。雨者,阳遇阴也,濡者,衣之微湿之状也。

《象》曰:"君子夬夬",终无咎也。
【解】《正义》曰:"众阳决阴,独与上六相应,是有咎也。"若能夬夬而行,决之不疑,方终无咎。"夬夬"者,言果决之貌也。

九四:臀无肤,其行次且(cì qiě)。牵羊悔亡,闻言不信。
【解】九四以刚居阴,处决之时,其不欲进,然下三阳鼓噪而进(尤其是九三),终致臀为群阳(羊)所伤而无肤也。臀无肤,其行愈加犹豫不进,不进则恐更加危厉。故九四当行之事乃顺从众阳之志,共决一阴,则悔事消除也。然九四不听九五之言,犹豫不决,是为憾事。"牵羊"者,谓九四当顺下三阳而共进也。

《象》曰:"其行次且",位不当也。"闻言不信",聪不明也。
【解】九四以刚居阴,不中不正,故位不当也。"闻言不信"者,谓九四不听从九五之言,聪而不明。九五居尊当位,为夬之主,九四处位不当,犹豫不决亦不听夬主之言,致臀无肤之伤也。

九五：苋陆夬夬，中行无咎。

【解】九五以刚居尊，为夬之主，故号令众阳决阴，其行夬夬而意坚，中行而无咎。苋陆，王弼注曰："草之柔脆者也。"草之柔脆，决之至易也。

《象》曰："中行无咎"，中未光也。

【解】盖九五以尊决卑，虽胜之亦不足贵，故曰"未光"也。《正义》曰："'中未光'者，虽复居中而行，以其亲决上六，以尊敌卑，未足以为光大也。"郑汝谐曰："苋陆，本草云：一名'商陆'，其根至蔓，虽尽取之，而旁根复生，小人之类难绝如此。"（《东谷先生易翼传》）若以此义解，表明上六之一阴并不易决也，故有"中未光"之憾也。盖虽是以五阳决一阴，然初九与九三壮莽，九四之不听号令，仅有九二"莫夜有戎"相助，而上六相比于九五，终须九五亲为之，即便能够完全决去一阴，亦是未能光大夬之大义也。此正应大象辞"君子以施禄及下，居德则忌"之诫也，九五当于平日泽润众人，当夬之时，"孚号"而有应，无"闻言不信"之窘境也。

上六：无号，终有凶。

【解】上六孤阴处夬之极，为众人所弃，纵呼号而无应援，故终有凶也。

《象》曰："无号"之"凶"，终不可长也。

【解】君子道长，小人道消。虽号而无应，其势终不可长也。

注释：

[1] 郑玄注曰："夬，决也。阳气浸长至于五，五尊位也，而阴先之，是犹圣人积德悦天下，以渐消去小人，至于受命，为天子，故谓之夬。扬，越也。五互体干，干为君又居尊位，王庭之象也。阴爻越其上，小人乘君子，罪恶上，闻于圣人之朝，故曰夬，扬于王庭。"（《郑注》）

第四十四卦　天风姤

☰ 乾上
☴ 巽下

姤：女壮，勿用取女。

【解】本卦一阴五阳，为一女遇五男之象，可知此女不正而壮，遇男子而与之苟合，品行如此，自是不可娶。虽是一阴始生，然其渐次为壮，阴长而阳消，女壮而男弱之势，娶之必失家道。姤，"偶也"。（《说文》）偶，二人相遇之义。故《广雅》曰："姤，遇也。"郑玄注曰："遘，遇也。一阴承五阳，一女当五男，苟相遇耳，非礼之正，故谓之遘。女壮如是，壮健似淫，故不可娶。妇人以婉，娩为其德也。诘四方。诘，正也。"（《郑注》）冯椅曰："古文姤作逅，遇也，亦婚媾也，以女遇男为象。"（《折中》）

《彖》曰：姤，遇也。柔遇刚也。"勿用取女"，不可与长也。天地相遇，品物咸章也。刚遇中正，天下大行也。姤之时义大矣哉！

【解】一阴遇五阳，"柔遇刚也"。此等女子心性已失妇德，娶之何可长久也。天地相遇，刚柔相济，中正相与，万物则可盛大而彰明也。故刚遇柔以中正为美，天下生生大道可行也。

《象》曰：天下有风，姤。后以施命诰四方。

【解】上乾下巽，风游荡于天下也，此姤之天地之象。君后观此象，诰命四方，男女婚配以中正，则家道和乐，子孙繁昌。后，君王也。《说文》曰："后，继体君也。象人之形。施令以告四方，故厂之从一口。发号者，君后也。"

初六：系于金柅，贞吉。有攸往，见凶。羸（léi）豕孚蹢躅（zhí zhú）。

【解】初六一阴始生，不早止之则将上行害阳，故不惜用金柅以止其进也，方得贞吉。金柅者，金属所制止车之木也，初六与九四正应，金柅当指九四。《说文》曰："柅，木名也，实如梨。又止车木。"可知，柅是一种质地坚实如梨木一般的树木，因其坚实耐磨，可做止车木。若初六未得其止，有攸往则必害阳也，故曰"见凶"。"羸豕"者，瘦弱之豕（猪）也，此处当谓牝豕也。"蹢躅"者，徘徊不进之貌也。牝豕徘徊不前，将欲淫合于群豭（牡豕）。孔子曰："姤之卦，足而知余。"（《帛书易·衷》）正言初六，初六一女遇五男，当知足而止也。

《象》曰："系于金柅"，柔道牵也。
【解】初六系于金柅，柔道为刚坚之物所牵止也。

九二：包有鱼，无咎，不利宾。
【解】包当为庖，鱼，喻初六也。初六为不正之阴，九二遇之，食之无咎也。"不利宾"者，初六本不正之阴，九二食之尚可，若宴之于众宾（其他四阳），将有害于众宾也。陆希声曰："不正之阴，与刚中之二相比，能包而有之，使其邪不及于外。"（《折中》）

《象》曰："包有鱼"，义不及宾也。
【解】庖中之鱼，本不正之物，不宜宴及于宾客也。

九三：臀无肤，其行次且（cì qiě），厉，无大咎。
【解】臀部皮肤脱落，行走艰难，虽危厉而无大咎。九三不中不正，欲止初六而未能，终为初六所伤，故"臀无肤"也。"臀无肤"，其行必艰。然而，九三虽有危厉，却终无大咎，因下与初六相隔九二。王弼曰："九三过刚不中，下不遇于初，上无应于上，居则不安，行则不进，故其象占如此。然既无所遇，则无阴邪之伤，故虽危厉而无大咎也。"（《王注》）王弼所言大义得当，但却言"无阴邪之伤"恐不妥，

不然"臀无肤"作何解也！次且，"进难之状也"。(《程传》)"巽为股，三居上，臀也。"(《集解》)

《象》曰："其行次且"，行未牵也。

【解】九三"其行次且"者，因其欲下牵止初六，然终未能牵止初六，故曰"行未牵也"。或曰，九三虽为初六伤其臀，然伤不至于不行，故曰"行未牵也"。

九四：包无鱼，起凶。

【解】初六为鱼，已为九二所据，故九四则庖中无鱼也。九四居上位而失其下，故将有凶也。九四本与初六正应，为制阴之主也。然其不中不正，仅以刚暴（金柅）制之，不得其法，故"包无鱼"也。九二以刚居中，宽而有制，故有"包有鱼"也。

《象》曰："无鱼"之凶，远民也。

【解】阴为阳之民，九四无制于初六，初六依附于九二，故曰九四远其民也。

九五：以杞包瓜，含章，有陨自天。

【解】杞，高大之木，其叶大而可包物。《程传》曰："杞高木而叶大，处高体大而可包物者杞也。"瓜，阴物也，于卦中当指初六。九五高大中正，其欲下拯救初六，"以杞包瓜"以喻其事也。然初六非其正应，其欲拯而不易得。虽如此，九五依旧内含充实章美之德，不舍不弃，诚意自天而降，必欲拯初六而后已。《程传》曰："九五尊居君位，而下求贤才，以至高而求至下者，犹以杞叶而包瓜，能自降屈如此。又其内蕴中正之德，充实章美。人君如是，则无有不遇所求者也。"《说文》曰："章，采也。"采，彩也。草木长势盛大而美为章。"含章"者，内"含章"美而不彰显于外也，此处以喻九五虽光彩中正高居尊位，却内敛其德而谦下，欲以其至诚感化初六也。《说文》曰："陨，从高下也。"《尔雅·释诂》曰："陨，落也。"

《象》曰：九五"含章"，中正也。"有陨自天"，志不舍命也。

【解】九五高大中正，以杞为喻，高大而华美。然其必欲下拯于初六，其至诚之意自天而降，九五志在不舍弃远离于己之民，故曰"志不舍命也"。这与九四形成鲜明对比，九四与初六虽正应，却"远民"，九五虽去民之远而志不舍，德盛之君也，可知九五乃拯姤之主。

上九：姤其角，吝，无咎。

【解】上九以刚居上，故以"角"为喻也。上九距初六最远，与阴无遇，故虽有吝而无咎也。吝者，言其无制于阴也；无咎者，言阴与其无妨害也。《折中》曰："此爻亦与夬初反对，皆与阴绝远者也，不与阴遇，不能制阴，故可'吝'。然非其事任也，故'无咎'。此如避世之士，不能救时，而身亦不与乱也。"

《象》曰："姤其角"，上穷吝也。

【解】"上穷吝"者，因距初六之远，距之远而无遇，拯救阴爻之事与其无关也，故曰"穷吝"也。

第四十五卦　泽地萃

兑上
坤下

萃：亨。王假有庙。利见大人，亨，利贞。用大牲，吉。利有攸往。

【解】假，至也。值萃之时，万物富聚，王当前往宗庙献祭。"利见大人"，九五也。九五以刚居尊位，为众柔爻所往会聚者。"利贞"者，萃聚之事，必以正，不正之聚，何利之有？"用大牲"，物盛而可用大牲也。"利有攸往"，众柔聚于刚也。

《彖》曰：萃，聚也。顺以说，刚中而应，故聚也。"王假有庙"，致孝享也。"利见大人，亨"，聚以正也。用大牲，吉。利有攸往，顺天命也。观其所聚，而天地万物之情可见矣。

【解】萃，为会聚之义。下坤上兑，故顺以悦也。九五以刚居中，与六二正应，且众阴爻皆来聚。值众物来聚之时，王至宗庙祭祀，使先祖亦得其享，故曰"致孝享"也。"利见大人"者，九五也，大人现，天下聚，无不亨通。"用大牲"者，物萃而盛，用大牲亦不为过也。"利有攸往"，众柔皆往会于九五，此顺天命而行。"观其所聚，而天地万物之情可见矣"，刚得其位，众柔萃聚，刚柔相济，阴阳相合，天地之理也。万物聚有泽之地，相互依存而其生发愈茂，亦天地万物之情。

《象》曰：泽上于地，萃。君子以除戎器，戒不虞。

【解】地上有泽，万物皆来聚，为萃之义。君子观此象，一方面要上享于鬼神，下接于民用。另一方面，众民聚，小人亦杂于其中，故亦当修治戎器，以戒备意外之事发生。《王注》曰："除，治也。"而《郑注》曰："除，去也。"其义则正相反。其义则是当萃之时，刀兵勿用。但若如此解，与后文"戒不虞"相矛盾。故不取郑注。虞，备也。《左传·桓公十七年》曰："疆场之事，慎守其一，而备其不虞。"

初六：有孚不终，乃乱乃萃，若号。一握为笑，勿恤，往无咎。
【解】"有孚"者，初六与九四本正应，彼此诚心以对。"不终"者，处萃之时，欲与九四会者众也，六二与六三（尤以六三，近九四）亦欲会于九四，恐初六未能得其终也。"乃乱乃萃"者，三阴聚之，初六情志为二阴所乱，不知其往。"若号"，初六迷途而号咷。"一握为笑"，初六号而九四应之，往而一握初六之手，而初六转哭为笑。[1]九四之助初六，正萃之义。"勿恤"，无忧也。"往无咎"，初六之萃会于九四则无咎也。萃之初六似同人卦六二的遭遇，"先号咷而后笑"。

《象》曰："乃乱乃萃"，其志乱也。
【解】初六为六二、六三所乱，其志迷错也。

六二：引吉无咎，孚乃利用禴。
【解】六二处众阴之中，以柔居阴，无力出困，故需正应之九五牵引脱于迷困，故吉而无咎。"孚乃利用禴"，禴，殷者春祭名也，春祭物少，故其祭薄。六二幸处中当位，故其祭虽薄，却诚信于中，九五必感其诚而引之。

《象》曰："引吉无咎"，中未变也。
【解】"中未变也"，六二虽处众阴之中，因其处中当位，其与九五萃聚之志未变也。

六三：萃如嗟如，无攸利。往无咎，小吝。
【解】六三欲与上六萃聚，奈何二阴不相应，故有"嗟如"之叹。

二阴相聚，无利可言，故曰"无攸利"。"往无咎"者，盖上六亦独立无应，处萃之时，同类亦可苟相聚，然其萃不正，故有"小吝"之言也。

《象》曰："往无咎"，上巽也。
【解】六三之所以"往无咎"者，上卦为兑，萃而为悦。言其"上巽"者，盖三四五爻互体为巽也。巽为入，其往无咎也。

九四：大吉，无咎。
【解】九四下据三阴，其萃众阴为便也，故曰"大吉"。然其以刚居阴，所处不当，其所据不正，虽得其功，亦不足以为喜，故以"无咎"诫之。

《象》曰："大吉，无咎"，位不当也。
【解】位不当，故诫之。

九五：萃有位，无咎，匪孚。元永贞，悔亡。
【解】九五以刚居尊，中正当位，为萃之主也。然其虽位当，却未能一呼而众阴来聚，九四之阻隔也，故不以吉言，而曰"无咎"。"匪孚"者，言九五必以诚正之心感召众阴来萃。"元永贞"者，诚正以始终也。"悔亡"者，诚正而悔消，众阴来萃也。

《象》曰："萃有位"，志未光也。
【解】九五虽据萃主之位，萃聚众阴之志却未能光大也。

上六：赍（jī）咨涕洟（yí），无咎。
【解】赍咨，嗟叹之辞。涕洟，哭泣之辞。《说文》曰："涕，泣也。"泣为眼泪。《说文》曰："洟，鼻液也。"上六处萃之极，下无应援，自知所处危惧之地，哀叹哭泣不已。然则，处萃之时，虽孤苦无助，亦无人相害，故曰"无咎"也。

《象》曰："赍咨涕洟"，未安上也。

【解】嗟叹哭泣者，在上而未能安处也。

注释：

[1]《周易口义》曰："'号'，谓号咷也。萃聚之世，必上下相求和会，然后必有所济，故始有号咷之怨，终得与四萃聚而有欢笑也。"

第四十六卦　地风升

坤上
巽下

升：元亨。用见大人，勿恤。南征吉。

【解】木处地下，生长而上，故有升之象，升而亨通，故曰"元亨"。郑玄曰："升，升也。坤地巽木，木生地中，日长而上，犹圣人在诸侯之中，明德日益高大也，故谓之'升'。升，进益之象矣。"（《郑注》）"用见大人，勿恤"者，盖升之初，柔乘于刚，阳爻不当尊位（九五），故为不美，然而升之为卦，阳爻终上升而当尊位，故有"勿恤"之言（恤者，忧也）。"南征吉"者，离者，南方之卦也，木生地中，最喜日丽，南征者，向明也，故吉。阳爻（主要是九二爻）终升至五位，三四五爻则成离之象。二之五，六五将变九五，故有大人见也。

《彖》曰：柔以时升。巽而顺，刚中而应，是以大亨。"用见大人，勿恤"，有庆也。"南征吉"，志行也。

【解】六五以柔处尊位，下应九二，得其时则九二升至五位，成九五之尊；木生于地中，适宜其升进乃春夏之季，阳盛之时，故曰"柔以时升"。"巽而顺"者，巽入而坤顺。"刚中而应"，言九二之正应六五也。下生而上顺，且二与五正应，故曰"大亨"也。柔顺而刚升，终见大人，故曰"有庆"也。九二必志在行至五位，方成"用见大人"之事，故曰"志行"也。

《象》曰：地中生木，升。君子以顺德，积小以高大。

【解】巽下而坤上，地中生木之象。君子观此象，则知凡事皆由微至著，故秉柔顺之德，积小以至高大也。

初六：允升，大吉。

【解】《说文》曰："允，信也。""允升"者，初六上信从于九二、九三而俱升。初六虽以阴居下，然处升之时，当升则升，且有二阳开先，大吉之事也。

《象》曰："允升，大吉"，上合志也。

【解】"上合志"者，初与二、三合志也，下三爻处巽之中，其志合同，皆欲向上生长也。

九二：孚乃利用禴（yuè），无咎。

【解】九二与六五正应，故心气相通，九二往必见用。九二为阳刚之臣，上事柔顺之君，当诚积于中。《礼记·王制》曰："禴，春祭也。"春物未成，其祭最薄，却无碍于诚敬。且以阳刚事于柔弱，亦免于献媚之嫌。故曰"无咎"也。

《象》曰：九二之孚，有喜也。

【解】九二诚信于中，往则为六五所纳，故曰"有喜"也。

九三：升虚邑。

【解】《广雅·释诂》曰："虚，空也。"阳实而阴虚，上三爻皆阴爻，故有"虚邑"之象也。又《说文》曰："虚，大丘也。"丘，非山也，故坤虽处高处，却不难登，六五有"升阶"之语，以相佐证，此解似也能通。

《象》曰："升虚邑"，无所疑也。

【解】九三由内卦向上升，入于坤则如坦途，无有阻碍，何疑之有也？《程传》曰："三以阳刚之才，正而且巽，上皆顺之，复有援应；

以是而升，如入无人之邑，孰御哉！"

六四：王用亨于岐山，吉，无咎。

【解】六四以阴居柔，下虽乘刚而不拒下之升，上顺比于九五而不固执自守，故吉而无咎也。六四为坤之首爻，处内外卦相接之地，因其当位而柔顺，故能率众阴迎纳下三爻之来升，如文王得天下归心，虽百里而终王天下也。亨，通"享"，祭祀。《释文》曰："亨，祭也。"崔觐曰："为顺之初，在升当位，近比于五，乘刚于三，宜以进德，不可修守。此象太王为狄所逼徙居岐山之下，一年成邑，二年成都，三年五倍其初，通而王矣，故曰'王用亨于岐山'。以其用通，避于狄难，顺于时事，故'吉，无咎'。"（《集解》）

《象》曰："王用亨于岐山"，顺事也。

【解】六四柔顺而当位，上迎而上承，顺以成事也。《集解》案曰："坤，顺也。又发于事业为事。二升五王，受命告祭。四率群阴，以顺承之，故曰'顺事也'。"

六五：贞吉，升阶。

【解】六五以柔处尊位，下与九二正应，纳阳而不拒，任之而能专，故曰"贞吉"。或曰：二升至五，成九五之正者，为"贞吉"也。坤之三阴，如台阶然，阳循之而升，故曰"升阶"也。《集解》疏曰："古者土阶，故坤土为阶。"

《象》曰："贞吉，升阶"，大得志也。

【解】六五谦下以为阶，九二终升至五位，以九五临天下，故曰"大得志也"。

上六：冥升，利于不息之贞。

【解】冥，《说文》中载"幽也"。《释文》曰："暗昧也。"上六处升之极，非六五之"柔以时升"之时也，依旧一味贸然求升，必有悔也，故曰"冥升"。程子曰："六以阴居升之极，昏冥于升，知进而不知止者也，其为不明甚矣。"（《程传》）故上六唯有守贞而不止，则可免于冥升之悔也。息者，止也。若"息"作"涨"之义，则可解为上六以不涨为正也。

《象》曰："冥升"在上，消不富也。

【解】上六冥升在上，阳不及升则为消也，阳升不及上六，何富之有？《集解》疏曰："阳实阴虚，阴升不已，必失三阳，阳息则阴消，坤广生为富，故曰'消不富也'。与豫上'冥豫在上，何可长也'同义。"

第四十七卦 泽水困

☱ 兑上
☵ 坎下

困：亨。贞大人吉，无咎。有言不信。

【解】泽中无水，有困之象。天道变化，泽不可能久困，困而能变，则亨也。故《系辞下》曰："困，穷而通。"处困之中，大人穷则思变，不改其志，故为吉；而小人穷斯滥矣，故无吉可言。天不可能久困，人不可能久达。阴阳更替，天之道也，困达相继，人之道也。圣人反复诫勉此理，人未必信之，故曰"有言不信"也。[1]

《彖》曰：困，刚揜（yǎn）也。险以说，困而不失其所，亨。其唯君子乎？贞大人吉，以刚中也。有言不信，尚口乃穷也。

【解】兑为柔，坎为刚，坎在兑下，有困之象，故曰"刚揜也"。揜，大意同"掩"。《说文》曰："揜，自关以东，取曰揜，一曰覆也。"《礼记·王制》曰："诸侯不揜群。"《礼记·檀弓》曰："掩藏广轮揜坎。"《说苑·修文》云："取之不圄泽，不揜群。"处险之中，不改其悦，处困之中，不失其所，故能亨也，这也只有君子能做到吧！故《系辞》曰："困，德之辨也。"贞问此卦，大人为吉，因大人刚健而处中正也。于困卦中，九五也。处困之中，君子唯有不改其志，刚健有为，方能脱离困境，仅空托于言辞，必溺于穷厄不可出也。"有言不信"者，人处困中，有劝进之言亦不得人之信也。

《象》曰：泽无水，困。君子以致命遂志。

【解】泽中无水，有困之象。君子观此象，知天地阴阳变化之道，人事困顿与通达交替之理，处困之中，亦能乐天安命，刚健进取，终可脱困至达，以遂其志也。或曰：处危难之中，必舍命相搏或可脱险，如《论语·子张》曰："士见危致命。"

初六：臀困于株木，入于幽谷，三岁不觌（dí）。

【解】初六处险之下，如臀之困于株木，株，《说文》中载"木根也。徐曰：在土曰根，在土上曰株"。《释名》曰："罪及余人曰诛。诛，株也，如株木根枝叶尽落也。"可见，株木当指枝叶落尽的树桩，自然非安处之所，初六居坎之下，或臀部有伤，臀有伤而无法安坐，其困可知。或解，初只可为足，不可为臀。臀者，言九四也。"入于幽谷，三岁不觌"，也可有两解：其一指初六自身，处险之下，脱困之难，如入幽谷，数年难以见天日也；其二指九四，初六与之正应，九四往救初六，然有坎之隔，如入幽谷之中，数年也没有成功。

《象》曰："入于幽谷"，幽不明也。

【解】初六以柔处下，如在幽谷，暗而不明。初六处坎之下，有谷之象，二三四互为离，处离之下，幽而不明也。

九二：困于酒食，朱绂（fú）方来，利用享祀。征凶，无咎。

【解】九二以刚居中，本是有为之君子，奈何处困之时，居险之中，不得其行，故有"困于酒食"之象。酒食，人之所好也，然过则为厌，君子所不喜也。《折中》曰："小人以身穷为困，君子以道穷为困。卦之三阳，所谓君子也。所困者，非身之穷，乃道之穷也。故二五则'绂'服荣于躬，四则'金车'宠于行。然而道之不通，则其荣宠也，适以为困而已矣。""朱绂方来"者，九五也，绂，古代作祭服的蔽膝，缝于长衣之前，为祭服的服饰。周制帝王、诸侯及诸国的上卿皆着朱绂。《正义》曰："绂，祭服也。"又《小尔雅·广服》曰："绂，谓之绶。"朱绂，谓衣着高贵华丽之义。二与五同气相求，故九五着绂服来迎九二。"利用享祀"者，处困之时，唯有诚意祭祀，以求通达。然九二处险困之中，动辄得咎，故曰"征凶"。而九二有中正之德，终可无咎也。[2]

《象》曰:"困于酒食",中有庆也。

【解】"中有庆"者,九二虽困于酒食,然以中正之德,九五着绂服来迎,故为庆也。

六三:困于石,据于蒺藜,入于其宫,不见其妻,凶。

【解】六三以柔居阳,处险之极,进退两难。前有二阳阻挡,故"困于石"也。后有九二所据,不可退也,故曰"据于蒺藜"。六三进退不得,所居而不能安,入其宫,不见其妻,凶之极也。宫,六三也。妻,上六也。

《象》曰:"据于蒺藜",乘刚也。"入于其宫,不见其妻",不祥也。

【解】六三下乘九二,故曰"乘刚也"。居无所居,进无可进,退无可退,不祥之甚也。《系辞下》曰:"《易》曰:'困于石,据于蒺藜,入于其宫,不见其妻,凶。'子曰:'非所困而困焉,名必辱;非所据而据焉,身必危。既辱且危,死期将至,妻其可得见耶!'"

九四:来徐徐,困于金车。吝,有终。

【解】"来徐徐"者,九四之来初六也,初与四正应,故来也。"困于金车"者,九四往于初六中有九二相阻。九二以刚居坎之中,刚者,金也,坎为车也,故有"金车"之象。较之"困于酒食",金车之诱惑更甚也,故曰"吝"。然初六与九四二者正应,终可相会,故曰"有终"。

《象》曰:"来徐徐",志在下也。虽不当位,有与也。

【解】九四之来初六,受困于九二,故"来徐徐"也,然九四之志在初六,故"有终"也。九四以刚处阴,位不当也。然位虽不当,却与初六正应,故曰"有与"也。

九五:劓刖(yì yuè),困于赤绂,乃徐有说,利用祭祀。

【解】劓刖,割鼻断足之刑。劓,伤于上;刖,伤于下。处困之时，上下二阴皆被伤也。九五上为阴掩，下则乘刚，其困可知。九五以刚处困，刚烈威怒不足以脱于困。故当徐慢则有悦也。"利用祭祀"者，祭祀而求福也。《折中》曰："王氏应麟曰：困九五曰'利用祭祀'，李公晦谓明虽困于人，而幽可感于神，岂不以人不能知，而鬼神独知之乎。愚谓孔子云：知我者其天乎。韩子云：唯乘于时，乃与天通，不求人知而求天知，处困之道也。"九二谓朱绂，九五谓赤绂，朱深于赤也，故九二之困甚于九五。

《象》曰："劓刖"，志未得也。"乃徐有说"，以中直也。"利用祭祀"，受福也。

【解】"志未得"者，九五以刚处困，未脱于困反被其伤。"乃徐有说"，九五中正以守，知徐则有悦也。二为"享祀"，五为"祭祀"，皆诚意而受福也。

上六：困于葛藟（lěi），于臲卼（niè wù），曰动悔有悔，征吉。

【解】上六以柔处困之极，上乘二刚，如困于藤葛之中，难以脱身。《博雅》曰："藟，藤也。"《广韵》曰："臲卼，不安。"处葛藟之中，动则有悔，然脱困之道，唯动而不可，故曰"征吉"。

《象》曰："困于葛藟"，未当也。"动悔有悔"，吉行也。

【解】上六之"困于葛藟"，其位不当。动而有悔，亦当动也，穷则思变，变则通，困而至达之道也，故谓之"吉行也"。

注释：

[1] 缪和闻于先生曰："凡生于天下者，无愚知、贤不肖，莫不愿利达显荣。今《周易》曰：'困，亨；贞大人吉，无咎；有言不信。'敢问大人何吉于此乎？"子曰："此圣人之所重言也，曰：'有言不信'。凡天之道一阴一阳，一短一长，一晦一明。夫人道尤之，是故汤囚于桀王，文王拘于羑里，秦穆公困于殽，齐桓公辱于长勺，越王勾践困于会稽，晋文君困于骊氏。从古至今，柏王之君。未尝困而能□□者，未之有也。夫困之为达也，亦犹□□□□□□□□□□□□□□故《易》曰：'困，亨；贞，大人吉，无咎，有言不信。'此之谓也。"（《帛书

第四十七卦　泽水困

易·缪和》)

大意：缪和说：我听先生说，世界上的人，不论愚笨、智慧、贤明还是不肖，没有不想显贵、荣达的。现在《周易》说："困，亨；贞大人吉，无咎；有言不信。"敢问大人困卦怎么就解释成吉利的呢？孔子说：这就是圣人特意强调的一个道理，所以说"虽然直言却没人相信"。天道变化，阴阳更替，长短相形，昼夜相继。人道更是如此，人不可能久困，亦不可能久达。所以汤王被夏桀囚于夏台，周文王被商纣拘于羑里，秦穆公兵败被困于殽地，齐桓公在长勺败于鲁国，越王勾践被吴王夫差囚困在会稽，晋文公曾被骊戎所困。被困而后又显达，这是从远古至今的道理。因此《周易》说："困，亨；贞大人吉，无咎；有言不信"，就是这个意思。

[2] 郑玄注曰："九二，困于酒食，朱绂方来，利用享祀。二据初，辰在未，未为土，此二为大，夫有地之象。未上值天，厨酒食象。困于酒食者，采地薄不足己用也。二与日为体，离为镇霍。爻四为诸侯有明德，受命当王者。离为火，火色赤。四爻辰在午时，离气赤又朱是也。文王将王，天子制用朱绂。朱，深于赤。"（《郑注》）

第四十八卦　水风井

坎上
巽下

井：改邑不改井，无丧无得，往来井井。汔至亦未繘（jú）井，羸（léi）其瓶，凶。

【解】民凿地为井，取水而用之，民迁移他处而井不可迁也，故曰"改邑不改井"也。井水取之而不竭，雨泉盛亦不见其盈，故曰"无丧无得"。民之往来不穷，皆可取井中之水饮之，井之德无所偏私，故曰"往来井井"也。待无水可饮，却没准备好汲水之绳，且汲水之瓶还毁损不堪，自然是凶事。养物无穷者，井也，取水而用之，人也。井有水，而人事未备，井之何咎也！《说文》曰："汔，水涸也。"又曰："繘，绠也。"汲水之绳也。《说文》曰："羸，瘦也。"此处为羸败毁损之义。另一解，"汔至"是井枯之义。井枯、无绳、瓶毁，无水可饮，其凶可知也。

《彖》曰：巽乎水而上水，井。井养而不穷也。"改邑不改井"，乃以刚中也。"汔至亦未繘井"，未有功也。"羸其瓶"，是以凶也。

【解】井之为卦，木上有水，乃木（取水之器）入于水中，取水出地上而用之。井以不变为德，取之不竭，养民而不穷也。"改邑不改井"者，因九二与九五皆以阳爻居中，不动于外，故虽改邑而井不改也。无水可饮却还未备汲水之绳，何功之有；欲汲水之时瓶亦毁损不堪其用，其凶可知也。

《象》曰：木上有水，井。君子以劳民劝相。

【解】木上有水，以木器取水以为用，为井之象。君子观此象，知井德养民之不穷也，则教之于民，使之知取用之法，且劝其相与为助也。盖井之德无偏无私，民之何为私。[1]

初六：井泥不食，旧井无禽。

【解】井中泥淤塞滞，泉不可出，井中无水可食，故曰"井泥不食"也。井久无人治理，则为旧井，禽鸟不来饮此井之水，何况人也，故曰"旧井无禽"。

《象》曰："井泥不食"，下也。"旧井无禽"，时舍也。

【解】初六以阴居下，上无应援，故曰"下也"。修治井者，人也，无人修治，其井必废弃。彼时用则修治，此时不用则弃之，故曰"时舍"也。

九二：井谷射鲋，瓮敝漏。

【解】"井谷"者，井中出泉之孔窍也。九二以刚居中，有泉之象，然九二上与九五无应，故虽有水而不能上出而养物，维有射下而济井之鲋鱼之属。鲋，小鱼也。凿井本为养人之用，然井有水却不为人所用，如瓮之敝坏，水之漏下也。[2]

《象》曰："井谷射鲋"，无与也。

【解】九二上与九五无应，故曰"无与也"。而与初六相比，故就下而射鲋也。

九三：井渫不食，为我心恻，可用汲。王明，并受其福。

【解】《说文》曰："渫，除去也。"井除去污秽之物，清洁可食也，而人之不食者，使我心中不安也。九三以阳居阳，有水之盛，有修治之能，然与上六虽正应，却无能出于地上以养民也，故有"心恻"之叹。九三如积极进取的贤人，待明主之用也。故有"王明，并受其福"之望。

《象》曰："井渫不食"，行恻也。求"王明"，受福也。

【解】王弼注曰："行感于诚，故曰'恻也'。"（《王注》）

六四：井甃（zhòu），无咎。

【解】《说文》曰："甃，井壁也。"此处显然为砌累井壁之义。《正义》引《子夏传》曰："甃亦治也，以砖垒井，修井之坏，谓之为甃。"六四以柔居阴，虽得其正，才虽不足以济人，自守可也。如井之不泉，却可修治井壁以待来时。

《象》曰："井甃，无咎"，修井也。

【解】六四上承九五，修之以盛九五之"寒泉"之水也。如臣下修治其职守，以承纳君之德业也。

九五：井洌寒泉，食。

【解】《说文》曰："洌，水清也。"九五刚健中正，高洁而有为，泉出清洌寒澈，人饮之美也。

《象》曰："寒泉"之食，中正也。

【解】九五以阳居尊而中正，其才德尽备也。

上九：井收，勿幕。有孚，元吉。

【解】收，成也。"井收"者，井已成也。"幕"者，盖井之具也。上九处井之极，井修治已成，水已出井外，井道成矣。井成而不擅有，民皆可用之，取而不禁也，故"勿幕"。井以取之不竭为德，而修井之人亦以广施无私为德，故曰"有孚，元吉"也。

《象》曰："元吉"在上，大成也。

【解】井道成而博泽于众，功之大焉，故曰"大成也"。

注释：

[1] 郑玄注曰："井，法也。坎，水也。巽木，桔槔也。互体离兑，离外坚中，

虚瓶也。兑为暗泽，泉口也。言桔槔引瓶，下入泉口，汲水而出井之象也。井以汲人，水无空竭，犹人君以政教养天下，惠泽无穷也。"（《郑注》）

[2] 郑玄注曰："九三，艮爻也。艮为山，山下有井，必因谷水所生鱼，无大鱼但多鲋鱼耳。夫感动天地，此鱼之至大。射鲋井谷，此鱼之至小，故以相况。瓮，停水器也。井渫不食，谓已浚渫也。犹臣修正其身以事君也。"（《郑注》）

第四十九卦　泽火革

兑上
离下

革：巳日乃孚，元亨利贞，悔亡。

【解】 革者，变也。变革非当日生效，需七日而应验。故曰"巳日乃孚"。巳日，自子日起七日而至巳日，故以七数为限。或以遇巳日乃应验。[1]孚，信也。革则新，新则重生，故"元亨利贞"皆全也。物老而当革，革则悔消也，故曰"悔亡"。

《彖》曰：革，水火相息，二女同居，其志不相得，曰"革"。"巳日乃孚"，革而信之。文明以说，大亨以正，革而当，其悔乃亡。天地革而四时成，汤武革命，顺乎天而应乎人，革之时大矣哉！

【解】 泽为水，离为火，水火相互止息其势；兑为少女，离为中女，二女同居一室，其志不一，则必有变，故曰"革"。"革"者，变也。变者必有应验，故"革而信之"。下离上泽，故当革之时，则"文明以说"。革正则亨通，革当则悔亡也。天地运化，非恒定不变（如恒日恒夜，恒寒恒热），故天地革新而有四时变化。汤武革命，亦当革而革，顺乎天道变化和人心所向，故此革命以正，亨而利也。

《象》曰：泽中有火，革。君子以治历明时。

【解】 泽中有火，其势不相得，有革之象。君子观此象，当循天地革变而修治历法，明天地之时变，民则知变以存其身也。

初九：巩用黄牛之革。

【解】初九以刚居革之初，上与九四无应，贸然行革之事，必得咎也。故用黄牛之革以约束之，止初九之妄动也。《说文》曰："巩，以韦束也。"韦，熟牛皮也。熟牛皮束之，坚韧不可脱也。

《象》曰："巩用黄牛"，不可以有为也。

【解】革变之事，非寻常事也，必持重而望高者可行之，初九居初而蒙稚，德才皆不足以当之，故"不可以有为也"。

六二：巳日乃革之，征吉，无咎。

【解】六二与九五为正应，九五革之，六二从之，自九五之革始，至六二之革应，巳日乃为限也，故曰"巳日乃革之"。六二以柔处中，往应九五之革，吉无不利，故曰"征吉"。然二与五虽正应，却出自水火之殊体，六二先悖而后从，从则"无咎"也。

《象》曰："巳日革之"，行有嘉也。

【解】"行有嘉"者，六二往应见纳于九五，故行而有嘉庆也。

九三：征凶，贞厉。革言三就，有孚。

【解】九三以刚居阳，处火之极，故性躁易动，轻往必凶，故曰"征凶"。故当以正怀厉，慎其所往也。或曰"贞厉"之义，是贞占得九三为厉也。然九三处内外相接之地，将革未革之时，革为必然之事也。故当分外谨慎，再三审详，而后可革也，故曰"革言三就"。就，《说文》中载"高也。"《广韵》曰："成也，迎也。"盖言九三审详再三而当行，则从之也。

《象》曰："革言三就"，又何之矣？

【解】再三审详，可往而革之。之，往也。程颐曰："稽之众论，至于'三就'，事至当也，又何之矣，乃俗语更何往也！如是而行，乃顺理时行，非己之私意所欲为也，必得其宜矣。"（《程传》）此语乍看难解，若解为：审慎再三，往而何疑也？似更易理解。

九四：悔亡，有孚改命，吉。

【解】九四已经居上卦，革已过中，革则悔亡也。初九"用黄牛之革"，以止其进，六二"巳日乃革"，其应也远，九三"革言三就"，其行也慎。至九四，当革则革，当行则行，无有疑者，疑而滞于行，必有悔也。至九四改命而革，必有信应。虞翻曰："将革而谋谓之言，革而行之谓之命。"《朱子语类》曰："问：革下三爻，有谨重难改之意，上三爻则革而善，盖事有新故，下三爻则故事也。未变之时，必当谨审于其先，上三爻则变为新事矣。曰：然，乾卦到九四爻，谓乾道革，也是到这处方变。"

《象》曰："改命"之吉，信志也。

【解】九四以刚居柔，顺势而改命，改命则必有成效，无可疑也。胡炳文曰："自三至五，皆言'有孚'，三议革而后孚，四'有孚'而后改，深浅之序也。五'未占'而'有孚'，积孚之素也。"（《周易本义通释》）显然，自三爻至五爻，革之时效愈加明显。

九五：大人虎变，未占有孚。

【解】九五以刚居尊，以大人之德而为革之主也。其为革，一呼而百应，举国焕然改观，故以"虎变"为喻也。九五位高德尊，以察时变，顺天应人，故曰"未占有孚"。"未占有孚"者，不占而吉也。

《象》曰："大人虎变"，其文炳也。

【解】"大人虎变"之时，非随性而为，乃创法立制，诏布天下，以为定则，其公正光明，如日之炳照于天下，故曰"其文炳也"。九五与六二正应，六二乃离之中也，故有"文炳"之象。

上六：君子豹变，小人革面。征凶，居贞吉。

【解】上爻居革之终，变道已成，君子当承大人之创制，蔚然为变也。故曰"君子豹变"。上六以柔处阴，不可能是革主，乃顺革之臣民也。大人以虎为喻，君子则以豹为喻。小人闻大人之革，其更变其容色，以从革也，纵其心尚未能革也，故曰"小人革面"。上六之时，革道已成，不当再革，当安静守正，故曰"征凶，居贞吉"也。九三之"征凶"者，革道未成，往而必凶。上六之"征凶"者，革道已成，再往必凶。

《象》曰："君子豹变"，其文蔚也。"小人革面"，顺以从君也。

【解】"其文蔚"者，与文炳而相映蔚也。大人之革，顺天应人，君子感其诚，革之亦蔚然可观。"顺以从君"者，小人虽未能即刻明晓大人之革义，亦先革面也。孔子曰："圣人之德风，小人之德草，草上之风，必偃。"（《论语·颜渊》）依小人之德性与见识，化成之非一日之功，故小人之革，必当耐心假以时日也。六二与九五为正应，其尚需"巳日乃革"，况乎上六！

注释：

[1] 巳为十二地支之一，古代以天干、地支相配以记时。十二地支分别为：子、丑、寅、卯、辰、巳、午、未、申、酉、戌、亥。其中巳与午五行属火，泽火为革，"巳日乃革"为六二爻辞所言，六二处离之中，故以遇火之日（巳与午）乃应验。盖先遇巳日，则曰"巳日乃革"。

第五十卦　火风鼎

离上
巽下

鼎：元吉，亨。

【解】鼎，上卦为离，中空之物，为鼎身，下卦为巽，似足之形，为鼎足，故鼎卦以其卦象取之。又，火风相与，可以烹饪，鼎乃古之食器也。鼎为食器之大者，故可享于上帝与食于众人，亨祭且养贤，大吉也，故曰"元吉"。下卦之巽柔而上行，上与离合。九二与六五正应，通达无碍，故曰"亨"也。

《彖》曰：鼎，象也。以木巽火，亨饪也。圣人亨，以享上帝，而大亨以养圣贤。巽而耳目聪明。柔进而上行，得中而应乎刚，是以元亨。

【解】巽为木，离为火，木以生火，烹饪之事。鼎成可熟物，圣人用之，祭祀天帝亦可用之，鼎之熟物多，可养圣贤之众也。熟物以养人，可明目达聪。巽三变成坎，有耳之象，离为目，故"巽而耳目聪明"。巽为阴卦，故曰"柔进而上行"。"得中而应乎刚"，谓六五也，下应九二。

《象》曰：木上有火，鼎。君子以正位凝命。

【解】木上有火，有鼎之象。君子观此象，当中正其位，明尊卑之序，知命之所安，且不渝其志命（使命）。郑玄注曰："鼎烹熟物之象。鼎烹熟以养人，犹圣君兴仁义之道以教天下也，故谓之鼎矣。凝命，凝成也。"（《郑注》）

初六：鼎颠趾，利出否，得妾以其子，无咎。

【解】初六以柔处鼎之下，有鼎足不实之象，故有"颠趾"之事。"颠趾"本非佳事，然正好可将鼎中余秽之物（如之前剩余的食物等）倾覆出来，可以再加入新鲜的食物。否，否秽不洁之物。"得妾以其子"者，倒装用法，"得其子以妾"。妾，正室之继也。正室去（颠趾），妾为继，且得子，无咎也。正如"鼎颠趾"而得以去旧纳新，虽不以吉言，然何咎之有？火风为鼎，若把卦体颠倒过来，则是泽火革也。故"鼎颠趾"有革之义。[1]

《象》曰："鼎颠趾"，未悖也。"利出否"，以从贵也。

【解】"鼎颠趾"，也非悖离不吉之事。利出否者，去旧纳新，舍贱而从贵也。

九二：鼎有实，我仇有疾，不我能即，吉。

【解】九二以刚居中，为鼎中有实之象。《正韵》曰："仇，匹也。""我仇"者，初六也。九二与六五正应，然九二若于初六合，则"有疾"也。"不我能即"，当为"不能即我"的倒装，九二中正以守，初六则不能近我。即，就近之义。如此则吉。疾，也或为嫉，嫉慕之义。初六嫉慕九二之有实，故往而比于九二，而九二中正以守，不能近也。

《象》曰："鼎有实"，慎所之也。"我仇有疾"，终无尤也。

【解】之，往也。九二为鼎中之实（物），不当有他往，如往于初六，将有再"颠趾"而"出否"之咎也，故曰"慎所之也"。"终无尤"者，初六虽欲比于九二，终无成也，故九二为无忧也。

九三：鼎耳革，其行塞，雉膏不食。方雨亏悔，终吉。

【解】鼎耳方革，无法挪移，鼎中虽有雉膏之美食亦不能食之。鼎耳者，六五也，因鼎耳为虚，必不是九三。雉膏，离为雉之象，禽之美味也，鼎烹之成膏，美食之极也。九三以刚居阳，全心尽力之君子也，然其能为之食，却未必能使人食也。因"其行塞"也，阻塞九三之往于六五之路者，九四也。"方雨亏悔"，雨，阴阳合而有雨也。九三与六五未能相合而有"雉膏不食"之事，今二者越过阻塞相合，虽有亏悔，雉膏可食也，故曰"终吉"。

《象》曰："鼎耳革"，失其义也。

【解】"鼎耳革"，六五之事也，故失其义者，非九三，乃六五也。《程传》曰："始与鼎耳革异者，失其相求之义也，与五非应，失求合之道也。不中，非同志之象也，是以其行塞而不通，然上明而下才，终必和合，故'方雨'而'吉'也。"可见，九三与六五非正应，故有"其行塞，雉膏不食"之事，幸六五虽初失其义，后明达而柔下，且九三刚正之才，坚持不懈，故终得相合而得吉也。

九四：鼎折足，覆公餗（sù），其形渥（wò），凶。

【解】鼎足折，鼎中食物倾覆，食物泼洒沾濡一身，狼狈不堪，凶。九四为执事之大臣（或谓烹饪之人），其力不足以胜任（执鼎分食），至有折足倾覆之事。《周礼·天官》曰："餗，糁食，菜餗蒸。"即今日之蒸食。"其形渥"者，另一解为，九四因覆公餗而汗流被面，羞愧难当。孔子即持此解。[2]

《象》曰："覆公餗"，信如何也。

【解】九四覆公之餗，辜负君王（六五）之信任。或曰：九四致公餗倾覆，信非其人。与九四正应者，初六也。初六以柔在下，其力何足助九四以负鼎也。

六五：鼎黄耳，金铉（xuàn），利贞。

【解】六五以柔居上卦之中，有鼎耳之象。居中，其色黄。故曰"鼎黄耳"。"金铉"，六五为阴柔之物，然其与九二正应，中正纳物，故有"金铉"之象，以为移鼎之用也。"金铉"来自九二。"鼎黄耳"者，鼎有耳且中空（鼎分有耳与无耳，有耳鼎可移动，无耳鼎不可移动，有些则是有耳而无孔，亦不可移动）。铉，其状如钩，以贯穿鼎之双耳而移之。鼎有耳，且有坚固之金铉可用之。鼎之迁移不复有"失其义"之事也。《说文》曰："铉，举鼎也。"又"鍵，铉也"。段玉裁注曰："谓鼎扃也。以木横关（贯）鼎耳而举之。非是则既炊之鼎不可举也。故谓之关键。"《正义》疏曰："铉，所以贯鼎而举之也。"郑玄注曰："六五，金铉，喻明道能举君之官职也。"（《郑注》）郑玄进一步引申，金铉配黄耳，喻明君可以恰当地任用官员。

《象》曰："鼎黄耳"，中以为实也。

【解】"中以为实"，即鼎耳之中有金铉穿入以充实之，鼎之可移也，不复有"失其义"之事。

上九：鼎玉铉，大吉，无不利。

【解】上九以刚履柔，故有"玉铉"之象。玉者，刚而润者。盖处鼎之终，高而不亢，刚而有柔，故鼎其用无穷，动静皆宜也，故曰"大吉，无不利"。[3]

《象》曰：玉铉在上，刚柔节也。

【解】较之六五之"金铉"，"玉铉"之刚柔相济，更加经久耐用。"玉铉"者，不可误为以玉制铉，显然以纯玉之质，不能承鼎之重也。故当是以玉饰铉以显示鼎之尊贵，或此铉质地刚柔相济更加经久耐用。

注释：

[1] 郑玄注曰："初六，鼎颠趾。颠，蹐也。趾，足也。无事曰趾，设陈曰足。爻体巽为股。初爻在股之下，足象也。足所以承，正鼎也。初阴爻而柔与干同体，以否正承干。干为君，以喻君。夫人事君，若失正礼，蹐其为足之道，情无怨，则当以和，义出之然。如否者，嫁于天子，虽失礼，无出道，废远之而已。若其无子，不废远之，后尊如故其犯。六出则废之远之。子废。坤为顺，又为子，母牛。在后妃之旁，侧妾之例也。有顺德，子必贤，贤而立以为世子，又何咎也。"（《郑注》）

[2]《系辞下》曰："子曰：'德薄而位尊，知小而谋大，力少而任重，鲜不及矣。'《易》曰'鼎折足，覆公𫗧，其形渥，凶'，言不胜其任也。"又《帛书易·二三子》载有："《易》曰：'鼎折足，覆公𦭶，其形渥，凶。'孔子曰：'此言下不胜任也。非其任也而任之，能毋折乎？下不用则城不守，师不战，内乱犯上，谓折足；露其国，芜其地，五种不收，谓覆公𦭶；口养不至，饥饿不得食，谓形渥。'

二三子问曰：'人君至于饥乎？'孔子曰：'昔者晋厉公路其国，芜其地，出田七月不归，民反诸云梦，无车而独行，□□□□武，公不胜饥也，不得食其肉，此其刑屋也。故曰德义无小，失宗无大，此之谓也。'"

大意：其中，"露其国"即荒废国政，国防不力。孔子给其弟子解释鼎之九四之义，指出如果国君不知人善任，用心经营国家，也会出现整个国家都无粮可食的混乱情况，甚至出现国君自己也无食而饥的窘境。

[3]《帛书易·二三子》载有："《易》曰：'鼎王鬠，大吉，无不利。'孔子曰：'鼎大矣，鼎之迁也，不自往，必人举之，大人之贞也。鼎之举也，不以其止，以□□□□□□□□□□□贤以举忌也，明君立正，贤辅弼之，将何为而不利？故曰大吉。'"

大意：孔子说：鼎体型大且重，不可能自己移动，要移动鼎，必须有人抬着，就如同大人物需要有人辅佐一样。鼎举起来了，也不能随意停下来，所以……推举贤人要慎重，圣明的君王立于正道，再有贤能的人辅佐他，还有什么不利的呢？所以说大吉。可见，孔子以"鼎玉铉"为喻，阐释了明君配贤臣，乃坚实久远的治国之道。进一步可以帮助我们理解，"玉铉"较之"金铉"的不同，若"玉铉"是志高而操洁的贤人，而"金铉"则是刚健而坚实的壮夫。

第五十一卦 震为雷

䷲ 震上
震下

震：亨。震来虩虩（xì），笑言哑哑。震惊百里，不丧匕鬯（chàng）。

【解】人知惧而能亨通。雷震百里而众人皆惊，惊惧而不敢妄为，反可致福也。古之诸侯出其政令，而举国皆服。声威如此，方可守其宗庙社稷而为祭祀之主，不丢失宗庙之匕鬯也。《正义》曰："'虩虩'，恐惧之貌。'哑哑'，笑语之声。"震之为雷，人闻之变色，故曰"震来虩虩"。人知惧不敢为非作歹而可致福也，获福而笑，故曰"笑言哑哑"。《正义》曰："匕，所以载鼎实；鬯，香酒，奉宗庙之盛也。"匕即用来舀取食物的勺匙。鬯是用来祭祀的香酒。[1]

《彖》曰："震，亨。""震来虩虩"，恐致福也。"笑言哑哑"，后有则也。"震惊百里"，惊远而惧迩也。出，可以守宗庙社稷，以为祭主也。

【解】雷来而知惧，反获其福。哑然而笑者，行而有则。雷震百里，远近皆惊，惊惧而能自省则亨也。震之为人，长男也，于国为储君也。家之长男，国之储君，礼义之隆，声威之盛，接任国柄而能为祭祀之主，可以安守宗庙社稷也。出，长子接任之义也。或曰："出"，谓国君出，而长子可守社稷。

《象》曰：洊雷，震。君子以恐惧修省。

【解】洊，水流连连之义。震卦相叠，有雷声连连之象。君子闻之，战战兢兢而自省其身，克制已过而能亨通也。

初九，震来虩虩，后笑言哑哑，吉。
【解】初九居震之初，为震之主，有阳明之德，闻雷而知惧也。知惧而后可致福也。

《象》曰："震来虩虩"，恐致福也。"笑言哑哑"，后有则也。
【解】"后有则"者，闻雷知惧而有则也。

六二：震来厉，亿丧贝，跻于九陵。勿逐，七日得。
【解】六二居初九之上，谓之乘刚也。初九刚震而来，六二不可挡之，故曰"震来厉"。"亿"，臆度之义。如《论语·先进》曰："赐不受命，而货殖焉，亿则屡中。"贝，财资也。六二见初九来势凶猛，自知其力不足以阻挡之，且可能丧尽其财资。"跻于九陵"者，谓六二见险将至，当不惜舍其财资，远避高陵之上，可免于祸也。"勿逐，七日得"，初九来犯，宜避不宜逐之。因其来势虽猛，经七日则必衰也。爻有六，时历一周再至二爻，则为七日也。故六二之险厉，经七日可解之矣。[2]

《象》曰："震来厉"，乘刚也。
【解】六二之来厉者，因其乘刚所致也。

六三：震苏苏，震行无眚。
【解】六三居位不当，虽无乘刚之厉，然处震之上，故有畏惧不安之状。"苏苏，缓散自失之状。"（《程传》）"震行无眚"者，虽居位不当，却无乘之危，故曰无眚也。

《象》曰："震苏苏"，位不当也。
【解】六三以阴居阳位，不中不正，故曰位不当也。

九四：震遂泥。

【解】九四以阳居阴，不中不正，且上下皆阴，如陷入泥泽之，可知震动之难也。因上下皆阴，成坎之象，故曰遂于泥也。"项氏安世曰：初九以一阳动乎二阴之下，得震之本象，故其福与卦辞合。九四以一阳动乎四阴之中，则震变成坎，震而遂陷于泥也。"（《折中》）

《象》曰："震遂泥"未光也。

【解】九四处四阴之中，如陷于泥中，动之甚难也，震道不能光大也。因此，于初九相比，虽俱为阳爻，皆当为震道之主，然九四所居不及初九，故初九当为卦之主爻，九四自身尚且难保，何望其光大震道之德乎？

六五：震往来厉，亿无丧有事。

【解】六五处二阳爻之上，故有"厉"也。"往"者，谓初九也。"来"者，谓九四也。幸六五居中，虽有危而不致有（丧）失也。"俞氏琰曰：二曰'震来'，指初之来。以五视初，则初之始震为既往，四之洊雷为复来，五盖往而复来之时也。'有事'，谓有事于宗庙社稷也。震之主爻在初，而'无丧有事'乃归之五，五乃震之君也。"（《折中》）二五皆居阳之上，六二"丧贝"，而六五"无丧"，盖初九为震道之主，其势烈，而九四刚陷于泥中，其势弱，不足以致六五有丧也。"有事"，《春秋》谓祭祀之事曰"有事"，六五虽处危厉之中，然不足以妨碍其安守宗庙社稷也。

《象》曰："震往来厉"，危行也。其事在中，大无丧也。

【解】六五处初九与九四两阳之上，故有"震往来厉"之说，处危厉之中，谨言慎行，可无咎也。六五安守中正之位，主祭宗庙社稷之事，无所失也。

上六：震索索，视矍矍（jué），征凶。震不于其躬，于其邻，无咎。婚媾有言。

【解】"索索"，内心畏惧不安之状。"矍矍"，目光惊惶四顾之状。

郑玄注曰："索索，犹缩缩，足不正也。矍矍，目不正。"（《郑注》）上六以阴柔处震之极，惶恐不安，故征而必凶也。"震不于其躬，于其邻"者，盖言上六虽处震之极，然距震爻（初九与九四）为远，故震及其邻（六五），未及其身也，故无咎。虽震不及其身，然处高危之地，宜静慎以守，不宜妄动也，故虽有婚媾之佳事，亦当慎而不应，故曰"有言"也。"有言"者，疑虑之言也。

《象》曰："震索索"中未得也。虽凶无咎，畏邻戒也。

【解】上六之所以"震索索"而不安者，因其居震之极，而不居中也。上六虽凶而无咎者，因其见邻（六五）之动而知惧，引以为戒，故虽处高危之地，可免灾也。

注释：

[1] 郑玄注曰："震惊百里不丧匕鬯。震为雷，雷动物之气也。雷之发声，犹人君出政教以动国中之人也，故谓之震。人君有善声，教则嘉会之礼通矣。惊之言，警戒也。雷发声闻于百里，古者诸侯之象。诸侯之出教令，能警戒其国疆之内，则守其宗庙社稷为之祭主，不亡其匕与鬯也。人君于祭之礼，匕牲体荐鬯而已，其余不亲为也。升牢于俎，君匕之，臣载之，鬯秬酒。芬芳条，鬯因名焉。"（《郑注》）

[2] 郑玄注曰："六二，亿，丧贝十万曰亿。"（《郑注》）郑玄则注"亿"为数量单位。

第五十二卦　艮为山

艮上
艮下

艮：艮其背，不获其身，行其庭，不见其人，无咎。

【解】艮乃一阳升于二阴之上，无可升而止，故艮为止义。其象为山，而其象在人者，一身之阳皆升至极处，乃在背也，故背为阳，胸为阴。身之阳止于背则不随身而动，故曰"不获其身"也。不随欲而妄动，故即便行其庭院之内，亦不见其人之坐卧不宁也，少动乃至不动，何咎之有。《本义》曰："艮，止也。一阳止于二阴之上，阳自下升，极上而止也，其象为山，取坤地而隆其上之状，亦止于极而不进之意也。"《程传》曰："人之所以不能安其止者，动于欲也。欲牵于前而求其止，不可得也。故艮之道，当'艮其背'，所见者在前，而背乃背之，是所不见也。止于所不见，则无欲以乱其心，而止乃安。'不获其身'，不见其身也，谓忘我也。无我则止矣，不能无我，无可止之道，'行其庭不见其人'，庭除之间至近也。在背则虽至近不见，谓不交于物也。外物不接，内欲不萌，如是而止，乃得止之道，于止为'无咎'也。"郭忠孝曰："人之耳目口鼻皆有欲也，至于背则无欲也。内欲不动，则外境不入，是以'行其庭不见其人'也。'不获其身'，止其止矣。'不见其人'，止于行矣。"（《折中》）[1]

《彖》曰：艮，止也。时止则止，时行则行，动静不失其时，其道光明。"艮其止"，止其所也。上下敌应，不相与也。是以"不获其身，行其庭，不见其人，无咎"也。

【解】艮为止之义，故君子当知时止则止，时行则行，动静皆不失时机，如此则前路光明。"艮其止"者，止于当止之地，非皆止而不行也。上下皆艮，皆止其所，不相交往也。若以爻论，阴阳相应可通也，艮之上下卦皆是阳对阳、阴对阴，故曰"敌应"。郑玄注曰："艮为山，山立峙各于其所，无相顺之。时犹君在上，臣在下，恩敬不相与通，故谓之艮也。"（《郑注》）

《象》曰：兼山，艮。君子以思不出其位。

【解】艮之为卦，山外复山，当知止之又止之义。故君子当知止其所思不越出其所处的位置，安于内而不妄于外也。

初六，艮其趾，无咎。利永贞。

【解】初六以柔处下，如止在趾，趾止而足必不能前。在初害本不显，已知止，故利永贞也。贞者，守正而已。

《象》曰："艮其趾"，未失正也。

【解】未失正者，初六以柔居刚，本不正，但其不逞其刚，事止于初，故不失正也。

六二，艮其腓，不拯其随，其心不快。

【解】其止在腓，欲举步而不能，其心不快。腓，小腿也。《说文》曰："拯，上举也。"另一说则为："随"者，股也，在卦为九三。六二欲止而不能，勉强从于九三，故其心不快也。《程传》曰："股动则腓随，动止在股而不在腓也。二既不得以中正之道，拯救三之不中，则必勉而随之，不能拯而惟随也。虽咎不在己，然岂其所欲哉。言不听，道不行也。故其心不快，不得行其志也。"

《象》曰："不拯其随"，未退听也。

【解】未退听者，六二未退而听初六之言也，初六本居不正却未失其正，六二本居中正之位，却不欲守正，故其心不快也。

九三，艮其限，列其夤（yín），厉薰心。

【解】《正义》曰："限，身之中也。夤，当中脊之肉也。"所止在身之中，进退不得，必"薰心"而更加烦躁，其危厉可知。王宗传曰："九三下体之终也，以上下二体观之，则交际之地也，故曰限夫人之身。虽有体节程度，或高或下，然其脉络血气，必也周流会通，曾无上下之间，然后耳目聪明，手足便利而中外无恙。故能屈伸俯仰，无不如意，而心得以夷然居中而享其无事之乐。今也'艮其限'，而有所止焉，则上体自上，下体自下，截然不相关属。而其所谓夤者不得不列矣。夤，膂肉之下接者也。夤之列则所谓心者，其能独宁乎？吾见其炎炎焉危矣。何者上下二体之相绝则不堪其忧者，心也。故曰'艮其限，列其夤，厉薰心'。"（《童溪易传》）膂（lǚ），脊骨也。

《象》曰："艮其限"，危薰心也。

【解】九三爻以刚居下卦之终，其势欲进，然内外卦俱止之，故进退不得。

六四，艮其身，无咎。

【解】六四以柔居柔，能止其身，不拯其随，志不在外，则无咎也。

《象》曰："艮其身"，止诸躬也。

【解】止其躬者，所止者己身也。

六五，艮其辅，言有序，悔亡。

【解】《说文》曰："辅，人颊车也。"所止在颊，君子当不任性妄言，其出言必合序，悔事则渐亡也。[2]

《象》曰："艮其辅"，以中正也。

【解】中正以守，有缄口说之喜，言有序之得也。

上九，敦艮，吉。

【解】敦，笃也。上九处艮之极，止之又止，故谓之"敦艮"也。

人之敦止之至，不陷危妄，故吉也。

《象》曰："敦艮之吉"，以厚终也。

【解】笃守知止，其终何其厚也。王申子曰："德愈厚而止愈安，是止之善终者也。其吉可知。"（《大易缉说》）

注释：

［1］《帛书易·二三子》曰："《卦》曰：'艮其背，不获其身；行其庭，不见其人。'孔子曰：'艮其背者，言任事也；不获其身者，精白鳏言，敬官也。敬官任事，身不获者鲜矣。其占曰：能精能白，必为上客；能白能精，必为□□。以精白长众，难得也，故曰行其庭，不见其人。'"

大意：孔子之语一时难明，暂以字面义妄度之，大概是说知止之人（艮其背者），可以任用其做事；而知止且精明练达少言又能尊敬官长者，不获重用是不可能的。精明练达，但当言之时而能言者（"白"作表达之义），必定是任事的上选之人（止之太过之人往往又讷于言）。此类人绝不会于庭院之中闲散见之，故曰"行其庭，不见其人"。因孔子在《帛书易》中多以道德说解人事，结合孔子对艮卦其他爻的解读，此解且可依之。然"精白"之概念从未见于《论语》等儒家经典之中，倒是见于道家经典之中，《老子》有"知其白，守其黑，以为天下式"之说。《老子想尔注》中解曰："精白与元炁同，同色，黑，太阴中也，于人在贤（肾）精藏之。安如不用为守黑，天下常法式也。"可参见陈鼓应《〈二三子问〉〈易之义〉〈要〉中的黄老思想》，载《易经与道家思想》，生活·读书·新知三联书社1996年版。

［2］《帛书易·二三子》中载有："《卦》曰：'艮其辅，言有序。'孔子曰：'此言也，吉凶之至也，必皆于言语择善而不言害，择利而言害，塞人之美，阳（通"扬"）人之恶，可谓无德，其凶亦宜矣。君子虑之内，发之□□□□□□□不言害，塞人之恶，阳人之美，可谓有序矣。'"《系辞上》曰："子曰：'君子居其室，出其言善，则千里之外应之，况其迩者乎？居其室，出其言不善，则千里之外违之，况其迩者乎？'言出乎身，加乎民；行发乎迩，见乎远。言行，君子之枢机。枢机之发，荣辱之主也。言行，君子之所以动天地也，可不慎乎！"也可以帮助我们理解"艮其辅，言有序"之重要。

第五十三卦　风山渐

☴ 巽上
☶ 艮下

渐：女归吉，利贞。

【解】木生于山上，非一日之功，渐进而成。"女归吉"，巽，女也，其势为入。女嫁于夫家为归，妇欲得夫家之完全认同，并成长为一家之主妇，亦非一日之功。"利贞"者，渐之为功，非正不可。

《彖》曰：渐，之进也，"女归吉"也。进得位，往有功也。进以正，可以正邦也。其位，刚得中也。止而巽，动不穷也。

【解】"进得位，往有功也"，言六二进而为九五。"进以正，可以正邦也"，九五以刚居尊位，其进以正，其正可以治邦也。"其位，刚得中也"，谓九五也。"止而巽，动不穷也"，下艮上巽，下止而上动，虽动之不剧，然动之不穷，正是渐之义也。

《象》曰：山上有木，渐。君子以居贤德善俗。

【解】山上有木，有渐之义。君子观此象，当居守贤德，化民以成善俗。善俗之成，非一日之功，必久而化之而成。

初六：鸿渐于干，小子厉，有言无咎。

【解】"鸿渐于干"，鸿由水中掠飞至水湄之上。鸿，水鸟也，即大雁。干，水中陆地。郑玄注曰："干，谓大水之傍，故停水处。""小子厉，有言无咎"，初六以柔处下，上无应爻，位卑未安，恐有危厉之险，有受人言语中伤之虞；然其渐进而不躁，则无咎也。《正义》曰："始进未得显位，易致凌辱，则是危于'小子'，而被毁于谤言，故曰'小子厉，有言'；小人之言，未伤君子之义，故曰'无咎'也。"

《象》曰："小子"之厉，义无咎也。
【解】小子虽有危厉之险，然其渐进而不妄动，故虽厉无咎也。

六二：鸿渐于磐，饮食衎衎（kàn），吉。
【解】磐，山石也（此处当指水溪中高大的山石，因六二为阴爻，尚未脱离水溪之中）。鸿止于溪石之上，其处渐高。衎衎，和乐安定之貌也。《说文》曰："衎，行喜也。"六二处艮之中，故以磐为喻。又上与九五正应，可谓内外皆安定，其饮食和乐无忧也。

《象》曰："饮食衎衎"，不素饱也。
【解】《诗·魏风·伐檀》曰："彼君子兮，不素餐兮。"《汉书·朱云传》曰："今朝廷大臣，上不能匡主，下亡以益民，皆尸位素餐。"《毛传》曰："素，空也。""素饱"即"素餐"之义。"素餐"即今日俗语所说不付出相应的劳动而白吃白喝之义。故"不素饱"当指六二不会因为与九五正应而期望不劳而获，其饮食无忧是自己努力（如捕鱼）的结果。此语盖是与初六相比，初六以柔处下，上无正应又受人微言，故饮食无定，饥饱不匀。六二正体现了渐卦"女归吉""进得位"之言，其正是渐卦之主爻也。

九三：鸿渐于陆。夫征不复，妇孕不育，凶。利御寇。
【解】《尔雅·释地》曰："高平曰陆。"陆为水边高平之地，鸿止于其上，较磐为高，且已经脱离溪水之外。"夫征不复"，九三本与上九相应，但二阳相斥，故九三往与六四苟合，去而不返，然非其配，则有"妇孕不育"之事。妇，六四也。非义之合，其凶必也。"利御寇"者，巽阴柔下侵，艮守之。故九三宜与下二爻共御外寇。

《象》曰："夫征不复"，离群丑也。"妇孕不育"，失其道也。"利用御寇"，顺相保也。

【解】九三见利忘义，离群（下卦）征而不复，为其丑也。六四不守贞道，与九三苟合而不育，亦可丑也。"顺相保也"，九三之解除此凶道，唯退与下二爻共御外寇，可相保也。

六四：鸿渐于木。或得其桷（jué），无咎。

【解】木，水边高树。"桷，确坚而直也。"（《释名》）鸿止于水边高树的又直又坚的树枝上，得其安栖之所，无咎。

《象》曰："或得其桷"，顺以巽也。

【解】六四以柔居阴，处巽之下，知顺知止，故得桷而栖，知足而止也。

九五：鸿渐于陵。妇三岁不孕，终莫之胜，吉。

【解】陵，陆之次也。"妇三岁不孕"，九五与六二正应，然有九三之阻隔，三年却不得相合。"终莫之胜"，九五以刚居尊位，处巽之中，其以刚健之德，巽入之能，终无人可与之匹敌也，历三年终与六二嘉合。

《象》曰："终莫之胜，吉"，得所愿也。

【解】九五与六二正应，各得中正，终成其愿也。

上九：鸿渐于陆。其羽可用为仪，吉。

【解】上九为渐之位之最高者，在他卦，上爻多物极而反，故多为不吉。但在渐卦之中，因其由渐而来，由微见著，由贱而贵，故为吉。且峻极高洁清远，非凡物可比，故鸿之羽可用为仪仗，贵之极也。

《象》曰："其羽可用为仪，吉"，不可乱也。

【解】不可乱也：一义，渐之为功，积于跬步，其次第不可乱也；二义，渐积为上爻，其洁净高贵非他物可乱也。

第五十四卦　雷泽归妹

震上
兑下

归妹：征凶，无攸利。

【解】妹者，女之少也。归妹者，以妹嫁人也。《释文》曰："妇人谓嫁曰归；妹者，少女之称。"妹少而嫁者长，故非佳配，故曰"征凶，无攸利"。古者婚姻佳配为中男娶少女，"男三十而有室，女二十而嫁"（见《周礼·地官·媒氏》《礼记·内则》）。归妹卦则是长男娶少女，故有凶之义。

《彖》曰：归妹，天地之大义也。天地不交而万物不兴。归妹，人之终始也。说以动，所归妹也。"征凶"，位不当也。"无攸利"，柔乘刚也。

【解】归妹者，婚配之事也，天地交而万物兴，男女交则人丁兴。故曰"天地之大义"也。兑下震上，故曰"说以动"。"位不当"者，刚皆居下，柔皆居上也。"柔乘刚"者，柔皆在刚上也，六三居九一、九二之上，六五、上六居九四之上。盖天地之义，当刚上而柔下，今柔上而刚下，正似少妻恃娇而宠，恐乱人伦之序，故以"征凶""无攸利"诫之。

《象》曰：泽上有雷，归妹。君子以永终知敝。

【解】雷动于上，泽随于下，女从于男之象，故曰"归妹"。君子观此象，当知长男娶少女，其合不正，夫之将终老而凋敝，而妻尚年少，祸事将生，故不可不诫也。孔子曰："归妹，以正女也。"（《帛书易·衷》）吴慎曰："'永终知敝'，言远虑其终而知有敝也，氓之诗，不思其反，所以终见弃于人与。"（《折中》）此言是也。"永"，有版本作"求"字。

初九：归妹以娣，跛能履，征吉。

【解】以妹从娣而嫁，谓之"归妹"。娣者，从姊而嫁者。《说文》曰："娣，同夫之女弟也。"《六书故》曰："古之嫁女者，以侄娣从，自适而下，凡谓之娣。"古者诸侯一取九女，嫡夫人及左右媵皆以侄娣从。娣跛尚能行，故从而嫁之，不失婚嫁之礼，故"征吉"。

《象》曰："归妹以娣"，以恒也。"跛能履，吉"，相承也。

【解】姊嫁而娣从，为婚嫁之礼，以确保能育也。天地之道，恒久而不已者，生生也；人生之道，能恒而不已者，生生也，故曰"以恒也"。娣跛而能履，从姊而嫁，姊不育而娣可继之，故曰"相承也"。《正义》曰："'跛能履'者，妹而继姊为娣，虽非正配，不失常道，譬犹跛人之足然。虽不正，不废能履，故曰'跛能履'也。"

九二：眇（miǎo）能视，利幽人之贞。

【解】眇，《说文》中载"一目小也"。《释名》曰："目匡陷急曰眇。眇，小也。"一目小为眇，两目一大一小，自非佳配，正如"归妹"之老夫娶少妻之事。"能视"，两目虽非佳配，尚能视。九二以刚居中，女之贞良者，所配虽不为美，然其中正以守，未有越常之念也，故有"利幽人之贞"之言也。

《象》曰"利幽人之贞"，未变常也。

【解】九二中正以守，女之良者，所合不正，却不失其常也。

六三：归妹以须，反归以娣。

【解】《史记·天官书·婺女注》中载："《正义》曰：须女，四星。亦婺女，天少府也。须女，贱妾之称，妇职之卑者。""须女"，指女之贱者。盖女子长相丑陋（如长胡须的女子），故以"须女"泛指女之贱者。帛本作"嬬"，《说文》云："嬬，弱也。一曰下妻也。"下妻者，妾也。

六三不中不正，非当娶之女也。故以"须女"嫁之，不若以其娣嫁之，故曰"归妹以须，反归以娣"。郑玄注曰："须，有才智之称。"(《郑注》) 其义几相反，然六三以柔居阳位，不中不正，不知其才智何来？

《象》曰："归妹以须"，未当也。

【解】"归妹"者，当择其良者而嫁之，嫁之以"须女"，自不当也。

九四：归妹愆（qiān）期，迟归有时。

【解】九四以刚处阴，女刚而不轻易从人，故愆期而不行也。然待时机备则归也，故曰"迟归有时"。九四不似六三，不当嫁而嫁，失礼为贱也。九四虽处相合不正之时，矜持而自贵也。

《象》曰："愆期"之志，有待而行也。

【解】"有待而行"者，待其佳配而嫁，或待彼意诚则行也。《程传》曰："所以'愆期'者，由己而不由彼，贤女人所愿取，所以'愆期'。乃志欲有所待，待得佳配而后行也。"

六五：帝乙归妹，其君之袂（mèi），不如其娣之袂良。月几望，吉。

【解】帝乙下嫁其妹于诸侯（姬昌），盛其服饰，择月将圆之日，[1] 送嫁其妹，吉。"其君之袂，不如其娣之袂良"，有二解：其一，帝乙之袂，尚不如其娣之袂优良，可知其嫁妹之服饰之盛也；其二，此"君"字指其妹，其妹之袂不如从嫁之娣之袂优良，表明帝乙之妹重礼而不重饰，且有谦下恭让之风。六五与九二正应，为帝之妹下嫁诸侯之象。泰卦的六五亦以"帝乙归妹"为典，曰："帝乙归妹，以祉。元吉。"[2] 袂，衣袖也。

《象》曰："帝乙归妹，不如其娣之袂良"也，其位在中，以贵行也。

【解】六五以柔处尊，不重饰而重礼，故曰"贵行也"。《本义》曰："以其有中德之贵而行，故不尚饰。"

上六：女承筐无实，士刲（kuī）羊无血，无攸利。

【解】刲，《礼记·内则》中载"炮取豚若牂刲之"。《说文》云："刺也，割也。"此爻之义或有两解。其一，"女"，谓六三也。"士"，谓上六也。六三与上六无应，故女上求于上六，承筐而无所得（因上六以阴居极，老而困顿者也）；亦如士刲羊而无血（羊羸弱枯瘦之至），无所得也（士为上六，羊为六三，即上求于下亦无所得）。其二，上六谓女也。上六处归妹之极，为年长色驰之女也，欲嫁而未有娶者，即使嫁而不能有孕也，如"女承筐而无实，士刲羊而无血"，何利之有。[3] 孔子训血为恤，可解为士刲羊而无怜惜之情，可知士之贪求无厌也。孔子以君臣之道为喻，君待臣以虚，臣待君则无实，上下互欺，天下必乱也。[4] 王宗传曰："专取虚筐无实为言者，上六女子也。"（《童溪易传》）

《象》曰：上六"无实"，承虚筐也。

【解】六三承筐而虚，乃上六无实。上无实故下无所得，民心何归也？郑玄注上六曰："宗庙之礼，主妇奉筐米。"（《郑注》）依此义解，则指六三不中不正，归之乃小妾之属，非主妇则于宗庙之礼时不可奉筐米，故曰"承虚筐也"。或：上六已是年衰之士，六三嫁之无有子嗣，正如"承虚筐也"。

注释：

[1]《帛书易·昭力》曰："良月几望，处女之义也。"可知，"良月几望"，处女养成，嫁之以时，上合于天，下合于人，吉无不利也。望，十五日为望。几望，十三、十四日。

[2] 公元前1102年，文丁去世，帝乙继位。此时，商朝国势已趋于没落。商王文丁杀了周族首领季历以后，商周关系已经开始恶化。季历之子姬昌继位后，厉兵秣马，准备为父报仇。同时，位于商王朝东南的夷方、孟方、林方等部落叛乱，反对商朝。帝乙为了避免背腹受敌，决定采用和亲的办法来缓和商周的矛盾，将其胞妹嫁与姬昌。姬昌审时度势，认为灭商时机还未成熟，同意与商联姻。帝乙亲自择定婚期，置办嫁礼，并命姬昌继其父爵号为西伯侯。成婚之日，西伯亲自去渭水相迎，以示其郑重之极。《诗》对此亦有记载："天监在下，有命既集。文王初载，天作之合。在洽之阳，在渭之涘。文王嘉止，大邦有子。大邦有子，俔天之妹。文定厥祥，亲迎于渭。造舟为梁，不显其光。有命自天，命此文王。于周于京，缵女维莘。长子维行，笃生

武王。保右命尔，燮伐大商……"（《诗·大明》）此桩政治联姻使得商周近三十年互不侵犯，无疑是非常成功的。但是，这桩被称赞为"天作之合"的婚姻，因姬昌年已长，且已有夫人太姒（莘国之女），帝乙之妹也只能是侄、娣的身份，仅从婚配的角度来看，为老夫娶少妻之象，并非佳配也。好在帝乙之妹与姬昌俱有贤德，方得元吉。

[3]《左传·僖公十五年》中载有："初，晋献公筮嫁伯姬于秦，遇归妹三之睽。史苏占之曰：'不吉'。其繇曰：'士刲羊，亦无亡也。女承筐，亦无贶也。西邻责言，不可偿也。归妹之睽，犹无相也。'震之离，亦离之震，为雷为火。为嬴败姬，车说其輹，火焚其旗，不利行师，败于宗丘。归妹，睽孤，寇张之弧，侄其从姑，六年其逋，逃归其国，而弃其家，明年其死于高梁之虚。"史苏所占在后来皆一一应验，确实表明了晋献公嫁女不当，而及于为嬴败姬，惠、怀之乱。《左传》上的这段记载亦可佐证对《归妹》卦上六爻的理解。

[4] 李平问先生曰："《易·归妹》之上六曰：'女承筐无实，士刲羊无血，无攸利。'将以辞，是何明也？"子曰："此言君臣上下之求者也。女者，下也。士者，上也。承者，下奉于上也。筐者，器之名也。刲者，上求于下也。羊者，众也，血者，恤也。攸者，所也。夫贤君之为列执爵位也，□实承，群臣荣其列，乐其实，夫人尽忠于上。其于小人也，必谈博知其有无，而□□□□。是以□□□行，莫不劝乐以承上求，故可长君也。贪乱之君不然，群臣虚立，皆有外志，君无赏禄以劝之。其于小人也，赋敛无根，嗜欲无厌，征求无时，财尽而人力屈，不朕上求。众又离心而弗恤，此所以亡其国，以及其身也。夫明君之畜其臣也，不虚忠臣之事，其君也有实，上下迥实，此所以长有令名于天下也。夫忠言情爱而实弗修，此鬼神之所疑也，而况人乎？将何所利？《易》曰：'女承筐无实，士刲羊无血，无攸利。'此之谓也。"孔子曰："夫无实而承之，无血而刲之，不亦不知乎？且乎求于无有者，此凶之所产也，善乎谓无所利也。"（《帛书易·缪和》）

大意：李平问孔子说"女承筐无实，士刲羊无血，无攸利"句之义。孔子说：这是讲君臣上下之间各自所求也。女为下者（当指六三），士为上者（当指上六）。承者，下求上者也。刲者，上求于下者也。羊，众阴也。血，恤也，攸者，所也。贤明的君王设立封官加爵的制度，为的就是让群臣按其功劳各得封赏，如此则群臣以列于朝堂为荣，以获得具体的封赏为乐，人人皆尽忠于君王，群臣承上而有所求，则是君王长治之道也。反之，贪乱之君不然，不肯实赏于臣下，则群臣身虽站在朝堂之上，心却早跑到外面去了。群臣得不到君王的封赏，就在民间横征暴敛，搜刮百姓，不再上求于君王。因此，明君善于畜养其臣者，决不会使忠臣的付出徒劳无得（有功必有赏），如此，君臣皆得其实，天下则久安也。那些嘴上说着忠实的话，却从不落实的人，这样做连鬼神都会怀疑他，何况人呢？这样怎么会有好处呢？

第五十五卦　雷火丰

震上
离下

丰：亨。王假之，勿忧，宜日中。

【解】丰，大而亨也。王至丰之时，亨而不忧，宜保持日中之盛也。孔子曰："日中而盛，用贤弗害，其亨亦宜矣。"[1]

《彖》曰：丰，大也。明以动，故丰。王假之，尚大也。"勿忧，宜日中"，宜照天下也。日中则昃，月盈则食，天地盈虚，与时消息，而况于人乎？况于鬼神乎？

【解】丰，大也。下火上雷，火借雷声，雷借火势，故为盛大之事也。王至丰之时，崇尚其大也（此时不以谦下为美）。程颐曰："极天下之光大者，唯王者能至之。"（《程传》）"勿忧，宜日中"，无所忧虑者，日中之时，普照于天下，何物不丰茂。然日中之后西落，月盈之后亏缺，天地之消长乃与太阳之升没相一致，况且人呢？况且鬼神呢？（二者不过也是与时消息而已，告诫人欲保持日中之势而不衰，唯修德而已也）[2]

《象》曰：雷电皆至，丰。君子以折狱致刑。

【解】丰之为卦，雷电皆至，万物莫不兴而成丰之象，然雷电皆至，亦声色俱厉也。故君子观此象，当用之于折狱断案，决讼定刑也。离，文明也。雷，刑罚也。君子折狱，当明察秋毫，亦决不姑息养奸。丰本为丰盛喜庆之事，缘何言之以折狱致刑之事？盖日中之时，有丰之象，然日昃之时则昏暗生也。刑狱之事，乃人之昏暗事。君子于丰盈之时，可垂手而获，然于亏虚之时，亦当遏恶以存善。否则，丰盈之所获，为恶人所侵。君子以折狱致刑，正为保护丰收之果也。

初九：遇其配主，虽旬无咎，往有尚。

【解】"遇其配主"，初九之遇九四。二阳本不相配，然在丰之时，宜阳不宜阴，初九为离之初，九四为震之初，二阳相配正是明以动之事，故"往有尚"也。"虽旬无咎"者，十日为旬，盖二者本不相配，故配之不速，然虽经十日配之亦无咎也。郑注训"旬"为十日之义。[3] 王弼、程朱等皆训"旬"为"均"之义，意即二阳相配为"均"，亦成丰之象。

《象》曰："虽旬无咎"，过旬灾也。

【解】"过旬灾也"，盖处丰之时，宜阳不宜阴，二阳久不相配，阴必长也，阴长则为灾。故初九之配于九四亦不可久也。胡瑗曰："'旬'者，十日也，谓数之盈满也。言初与四其德相符，虽居盈满盛大之时，可以'无咎'。以此而往，则行有所尚也。"（《周易口义》）

六二：丰其蔀（bù），日中见斗。往得疑疾，有孚发若，吉。

【解】郑玄曰："六二，丰其菩。菩，小席。"（《郑注》）王弼曰："蔀，覆暧，障光明之物也。"（《王注》）"丰其蔀"者，有物遮挡阳光。六二处离之中，当为日中之时，然与六五不应，独明不能成丰，如日中之时，有物遮蔽反至于昏暗也。"见斗"者，一言斗乃量器之大者，以明遮障之甚也；又言斗乃北斗星，日中而见北斗星，可见太阳被蒙蔽之甚也。日为大，而蔀为小，以小遮大，如一叶障目，虽于日中而不见明也。"往得疑疾"，六二之往六五，往而愈昏暗，故疑而以之为疾。然六二以光明处中之得，诚存于中，终可获吉也。

《象》曰："有孚发若"，信以发志也。

【解】六二诚信于中，志发于五，终吉也。

九三：丰其沛，日中见沫。折其右肱，无咎。

【解】"丰其沛"，草木蔽日之义。《风俗通义·山泽》曰："沛者，草木之蔽茂，禽兽之所匿也。"即沛为草盛之象。或曰：沛通旆。则指旌旗蔽日，王弼训之为幡幔，包裹更甚。二者大意相同。"日中见沫"，沫，当通昧，暗昧之义。或曰：沫，斗之辅星。亦是日中之暗昧竟至于可见星斗之义。九三虽以刚处阳，为明之象，然与上六正应，应于暗也，故有沫之象。"折其右肱"，九三以阳刚之才，本为上六股肱之辅，因上六幽暗之极而不得其用，如折其右肱也。"无咎"者，九三折其肱而自守，可得无咎。[4]

《象》曰：丰其沛，不可大事也。折其右肱，终不可用也。

【解】九三遮蔽之甚，过于六二，阳明不足，自然不可大事。九三以其阳刚之才，却遭折肱之灾，何可用之。

九四：丰其蔀（bù），日中见斗。遇其夷主，吉。

【解】九四以刚居阴，其暗昧同于六二，故亦有"丰其蔀，日中见斗"之象。"遇其夷主"，遇初九也，夷，平也。《周礼·秋官》曰："薙氏掌杀草，夏日至而夷之。又陵夷，言凡事始盛终衰，其颓替如丘陵渐平也。""夷主"，当指处于低处的初九。二阳互相发明，终得吉也。孔子对此爻进行发挥，君失其德而无光，若遇贤臣（夷主）相辅则可复有"日中"之兴也。[5]

《象》曰："丰其蔀"，位不当也。"日中见斗"，幽不明也。"遇其夷主"，吉行也。

【解】九四之往遇初九，为吉行也。

六五：来章，有庆誉，吉。

【解】章通彰，彰，《广韵》中载"明也"。《正韵》曰："着也。""来章"者，六二为离之主，其来则彰明也。项安世曰："六二以五为'蔀'，在上而暗也；六五以二为明，在下而明也。"（《折中》）六五虽非自明之主，然其以柔居尊，可广纳众明，成丰大之象，故曰"有庆誉"。

《象》曰：六五之吉，有庆也。

【解】六五以柔处中，与六二虽非正应，以其广纳而有庆也。

上六：丰其屋，蔀其家，窥其户，阒（qù）其无人。三岁不觌（dí），凶。

【解】房屋，本为蔽荫之所，屋成，复又加覆遮阴之物，其蒙蔽之甚也。并且，窥视其屋，内无一人，三年也没看到有人居住，可见幽暗之极，亦弃而无所用，凶也。阒，《说文》中载"静也"。《玉篇》曰："静无人也。"徐铉案曰："《易》：'窥其户，阒其无人。'窥，小视也。阒，大张目也。言始小视之，虽大张目亦不见人也。"（《说文》）《说文》曰："觌，见也。"上六以柔处阴，遮蔽太过，幽藏而不见人，处丰之时，隐而不彰，反为凶道。

《象》曰："丰其屋"，天际翔也。"窥其户，阒其无人"，自藏也。

【解】"天际翔也"，鸟飞于天际，其迹难寻也。"自藏也"，上六处丰之极，其所丰之事，并非靠近文明（离），而是极尽其能远离之，自藏于难觅之幽屋之中。言上六过于高尚其事，非丰之道，反致凶险。

注释：

[1]《帛书易·二三子》曰："《卦》曰：'丰，亨，王假之；勿自忧，宜日中。'孔子曰：'此言盛也。勿忧，用贤弗害也。日中而盛，用贤弗害，其亨亦宜矣。黄帝四辅，尧立三卿，帝王者之处□□□也□□□□□其肝□□□□鱼，大蘖也。肝言其内。其内大美，其外必有大声问。'"

大意：孔子解丰卦之义曰：丰是说盛大之貌，勿有忧虑，君王欲保持久盛不衰，须广用贤人而不害之。黄帝有四个贤臣辅佐，尧有三个贤臣辅佐，四与三都是约数，言其多也。

[2]《正义》曰："此孔子因丰设戒，以上言王者以丰大之德，照临天下，同于日中。然盛必有衰，自然常理。日中至盛，过中则昃；月满则盈，过盈则食。天之寒暑往来，地之陵谷迁贸，盈则与时而息，虚则与时而消。天地日月，尚不能久，况于人与鬼神，而能长保其盈盛乎？勉令及时修德，仍戒居存虑亡也。此辞先陈天地，后言人、鬼、神者，欲以轻譬重，亦先尊后卑也。"（《正义》）

[3] 郑玄注曰："初九，遇其妃主。嘉耦曰妃。虽曰无咎，初修礼，上朝四。

四以匹敌，恩厚待之，虽留十旬，不为咎。正以十日者，朝聘之礼止于主，国以为限，聘礼毕归。大礼曰：旬而稍。旬之外为稍。久留非常。"（《郑注》）郑注中"配"作"妃"，《帛书易》作"肥"。

[4]郑玄注曰："九三，丰其芾。芾，祭祀之蔽膝。日中见昧，折其右肱。三艮爻，艮为手，互体为巽。巽又为进退，手而便于进退，右肱也。犹大臣用事于君，君能诛之，故无咎。"郑注"折其右肱"，"故无咎"。与本书所解略有相左之处。

[5]《帛书易·缪和》曰："缪和问先生曰：'吾闻先君其举义错法，发号施令于天下也，皎焉若□□然，故后世循者不惑眩焉。今《易·丰》之九四曰：丰其蔀，日中见斗，遇其夷主，吉。何谓也？'子曰：'丰者，大也。蔀者，小也。此言小大之不惑也。盖圣君之为爵立赏庆也，若礼执然。大能奋细，故上能使下，君能令臣。是以动则有功，静则有名。列执尤奠，赏禄甚厚，能弄傅君而国不损敝者，盖无有矣。日中见斗，夫日者，君也。斗者，臣也。日中而斗见，君将失其光矣，日中必倾，几失君之德矣。遇者，见也。见夷主者，其始梦兆而亟见之者也，其次秦穆公、楚庄、晋文、齐桓是也。故《易》曰：丰其蔀，日中见斗，遇其夷主，吉。此之谓也。'"

大意：缪和问孔子说：我听说先王们定立法度，发号施令于天下，光明正大好像日月之皎然，这样后世之沿用者遵循先王之法也如明在照，没有疑惑了。现在《易·丰》九四爻中说："丰其蔀，日中见斗，遇其夷主，吉。"这是为什么呢？孔子回答：丰是大的意思，蔀是小的东西。这句话是说小不可惑于大，臣不可惑于君也。君王确立官职爵位是为了赏赐有功之臣。这是礼制的原则，能够以大使小，以上使下，君能使臣。但是，如果君王赏之过重，则可能造成臣壮而君弱的情况。"日中见斗"，则表明君已失其威德，为臣所蒙蔽（日为君，斗为臣）。"遇见夷主"者，是说君在梦中得到兆示，将有新的贤臣相辅（"梦兆"之说是以周公"梦飞熊"之事以喻之，周公夜梦飞熊，不久即于渭水边遇隐钓于此的姜尚。"夷主"者，是相对于近臣而言，隐于民间的贤士）。比如秦穆公、楚庄王、晋文公、齐桓公皆是如此。秦穆公得百里奚、蹇叔，楚庄王得伍举、苏从，晋文公得狐偃、先轸、赵衰等，齐桓公得管仲、鲍叔牙等。此四公皆摆脱了蔽于近臣（斗），终得贤臣（夷主）之助，成就霸业。

第五十六卦　火山旅

离上
艮下

旅：小亨，旅贞吉。

【解】山止于下，而火炎于上，火游走于山上，故有旅之象。盖旅者，失其本所，漂泊于外，故止有小亨而已。客寄在外，守贞而可得吉也。

《彖》曰："旅，小亨"，柔得中乎外而顺乎刚，止而丽乎明，是以"小亨，旅贞吉"也。旅之时义大矣哉！

【解】六五以柔居外卦之中，下乘刚（九四），上承阳（上九），其外顺乎刚而能亨。上丽乎明，下艮于止，明而能止，方得贞吉也。而火性炎上，山利止下，故做到明而能止，并非易事，故旅止于"小亨"也。

《象》曰：山上有火，旅。君子以明慎用刑而不留狱。

【解】山上有火，有旅之象。君子观此象，当静观明察，审慎地使用刑罚，公正而迅捷地断案，不稽留讼狱。《正义》曰："火在山上，逐草而行，势不久留，故为旅象。"

初六：旅琐琐，斯其所取灾。

【解】《正义》曰："琐琐者，细小卑贱之貌也。"初六以柔居下，为柔弱志穷之人，居艮之下，处旅而困顿难行，故有"琐琐"之谓也。因其身弱志穷，故有"取灾"之险。

《象》曰："旅琐琐"，志穷灾也。

【解】初六与九四为正应，本可得九四之助。然九四处离而炎上，初六处艮初而止下，故虽应而无所助也。

六二：旅即次，怀其资，得童仆贞。

【解】"次"者，旅途中寄宿之地。六二居下卦之中，中正安裕，故怀有财资，且得童仆（初六）之助，贞善之事也。

《象》曰："得童仆贞"，终无尤也。

【解】行旅之事，路资充裕，且有童仆为助，无有忧虑也。

九三：旅焚其次，丧其童仆，贞厉。

【解】寄宿之地遇火焚，且丧失童仆之助，其危厉可知也。九三以刚居阳，不中不正，刚愎自用，故有焚次丧仆之灾。九三处艮之上，刚暴难止，又近上卦之离火，故有火焚之事也。

《象》曰："旅焚其次"，亦以伤矣。以旅与下，其义丧也。

【解】"旅焚其次"，九三或身被伤也。处旅之中，当与下（下二阴为九三之童仆）相处和洽，而九三太过刚暴，上犯于离，下失阴爻之从，旅之大意丧也。

九四：旅于处，得其资斧，我心不快。

【解】九四以刚居阴，不当位且不中正。故其所处非安居之地，故曰"于处"。《说文》曰："处，停止，坐几而歇。"此谓暂留之地。"资斧"，当是路资与斧斤。孔子曰："旅之潜斧，商夫之义也。"（《帛书易·昭力》）旅途中的商人，暗中潜藏刀斧，以备不虞。《折中》曰："四居位非正，故不曰'即次'。而曰'于处'。在旅而处'多惧'之地，故虽得资与六二同，而未免暗带斧斤以自防卫之。其未忘戒心可知，安得快然而安乐乎？"可见，九四虽亦得路资之助，然其所处非安居之地，故有加斧斤以做防卫之用，临危厉之地，其心何快也。

《象》曰:"旅于处",未得位也。"得其资斧",心未快也。

【解】九四旅寄于非安居之地,因其不当位也。虽得资斧之助,其心仍不快也。

六五:射雉一矢亡。终以誉命。

【解】射雉而一箭即中(或一箭不失,"一矢亡"当解为"一矢不亡"),可知其易得也。王申子曰:"一矢亡,言中之易也。"(《大易缉说》)六五以柔处中,处事得当,发而皆中,动而无失。离为雉之象,文明之物也。旅之事,合乎文明则为旅道成也。故至于六五而有"终以誉命"之言。"终以誉命"者,盖谓客旅之人经下止而达上明,终得君王之称誉而嘉命也。王申子曰:"谓五有文明之德,柔顺下贤者之誉,易于上达,盖上有明君则旅人一旦而公卿,如娄敬于汉、马周于唐,可也。不然虽孔孟亦终身而旅人矣。"(《大易缉说》)

《象》曰:"终以誉命",上逮也。

【解】《说文》曰:"逮,及也。""上逮"者,旅者终上达于文明之地,旅道达成。或旅者终为明君所赏识和重用,故谓之"上逮"也。

上九:鸟焚其巢,旅人先笑后号咷。丧牛于易,凶。

【解】巢者,鸟所居之高危之地,非人之当居之地也。上九以刚居旅之极,为旅之过也,故有巢焚之灾。"旅人先笑后号咷"者,初旅于上,先有自得之意,然临巢焚之灾,而后号哭也。"丧牛于易,凶",商之先祖王亥贩牛羊于有易国,有易国杀害王亥而夺其牛羊,王亥旅之太过,远离商地,致有此难,大凶之极也。

《象》曰:以旅在上,其义焚也。"丧牛于易",终莫之闻也。

【解】上九旅之在上,过犹不及,旅之道毁也,如鸟焚其巢。而王亥旅之太过,丧牛于易,客死他乡,无处可寻其踪闻也。

第五十七卦　巽为风

☴ 巽上
☴ 巽下

巽：小亨。利有攸往，利见大人。

【解】巽，入也。一阴伏于二阳之下，阴入于阳也。刚行于前，柔从于后，亨不可大也，故曰"小亨"。此处亦有他解，《折中》案曰："'巽'，入也。从来说者，皆以为一阴入于二阳之下，非也。盖一阴伏于内，阳必入而散之。阴性凝滞，必散而后与阳合德也。""利有攸往"者，谓初六与六四二阴宜从于阳，尤宜从于刚健中正之九五（另一说，九二与九五皆是大人），故曰"利有攸往，利见大人"。

《彖》曰：重巽以申命。刚巽乎中正而志行，柔皆顺乎刚。是以小亨，利有攸往，利见大人。

【解】"重巽"者，上下皆巽也。"申命"者，重复命令之义。"申"，重复、叮咛之义。上下皆顺，上命而下从。"命"者，阳命阴也，九五命二阴也。盖阴性本滞，必反复申命而后可也。又，虽是阳命于阴，然成就者却在于阴，故巽虽阳多而实为阴卦；故阳虽盛而阴成就者少，故只有"小亨"。俞琰曰："巽之取象，在天为风，在人君为命。风者天之号令，其入物也，无不至。命者人君之号令，其入人也，亦无不至。"（《周易集说》）"刚巽乎中正而志行"者，九五也，九五以其刚健中正而志行于前。"柔皆顺乎刚"者，初六与六四皆顺从于九五也。

《象》曰：随风，巽。君子以申命行事。

【解】两风相随，故曰"随风"。风既连绵相随而至，无所不顺也。

君子观此象，当以反复申命行事，则无事不成。盖因小人（庶民）性本迟滞，若以刚暴之势命令之，未必得其效。故如风之连绵不绝之势不断申命之，民必从之，民从则无事不成也。《说卦》曰："帝出乎震，齐乎巽……齐也者，言万物之絜齐也。"《系辞下》曰："巽，称而隐。"《诗》云："予怀明德，不大声以色。"（《中庸》）能够号令万民，且絜齐一心者，必如风之巽入不已者方可也。巽之效果虽称著，然其发用却隐微。

初六：进退，利武人之贞。

【解】初六以阴居下，不中不正，上承二刚，过于卑巽而进退失据，不知所从。故反利于"武人之贞"。"武人"者，上二刚也（也或四刚，或九二与九五）。武人之刚毅果决，故初六效之可中和其阴柔之质，或可有为也。

《象》曰："进退"，志疑也。"利武人之贞"，志治也。

【解】"志疑"者，言初六进退犹豫不决。"志治"者，言初六当志从于阳刚而后治也。《正义》曰："'志疑'者，欲从之，则未明其令；欲不从，则惧罪及己，志意怀疑，所以进退也。'志治也'者，武非行令所宜，而言利武人者，志在使人从治，故曰：'利武人。'其犹《蒙卦》初六《象》曰'利用刑人，以正法也'。"

九二：巽在床下，用史巫纷若，吉，无咎。

【解】九二以阳居阴，虽中而不正。巽形似床，九二与九三为床体，床下乃初六也。九二近初六，欲以其刚命于初六，然其力尚不足以拯初六，故频繁地请史巫占筮祛凶，则可吉而无咎也。《周官》曰："史掌卜筮，巫掌祓禳。"卜筮可以占知吉凶，祓禳可以祛除灾祸。《折中》案曰："'床下'者，阴邪所伏也。入于床下，则察之深矣。于是既以史占而知之，复以巫祓而去之，虽有物妖神怪，无能为害矣。"

《象》曰："纷若"之"吉"，得中也。

【解】九二以刚居中，所居虽不当，然以其谦巽之诚，足以感人而免咎得吉也。

九三：频巽，吝。

【解】九三以刚居阳，不中不正，处下卦之上，上又为六四所乘，非能巽而下者，故勉强为之，虽"频巽"而不能有入，故"吝"也。

《象》曰："频巽"之"吝"，志穷也。

【解】九三所处不当，履巽为不得已之事，志穷而为之，何吉之有。程颐曰："三之才质，本非能巽，而上临之以巽，承重刚而履刚，势不得行其志，故频失而频巽。是其志穷困，可'吝'之甚也。"（《程传》）

六四：悔亡，田获三品。

【解】六四，以柔乘刚，非巽者之能为也，故有悔；然其以柔处阴，当位而上承于九五，依尊而履正，巽顺于九五之命而有功，则悔必亡也，故曰"悔亡"。"田获三品"者，六四依九五之命而为田猎，可获三品也。"三品"者，《礼记·王制》载："天子、诸侯，无事则岁三田，一为干豆，二为宾客，三为充君之庖"。为干豆者，祭品也（豆，盛祭品之器）；为宾客者，宴宾客之用也；为充君之庖者，君王自用也。可知田猎所获之丰。在卦中，"三品"当指九二、九三与上九三阳爻，九五虽为号令天下之君，然反复申命而天下所从多寡者乃决于六四也，故六四实为巽卦之主爻也。盖因巽（风）之所以无所不入者，不在其刚暴，而在于其能柔，六四处众刚之中，以柔化刚而无所不获无不能。此巽卦之微妙处也。

《象》曰："田获三品"，有功也。

【解】"有功"者，言六四行九五之命而有功也。其所居当位而处众刚之中，亦非初六所能为也。故胡炳文曰："'田'，武事也。初'利武人之贞'，四之'田获'，用武而有功也。"（《周易本义通释》）初六虽"利武"却力不能武，六四则"用武"而有功。

九五：贞吉，悔亡，无不利。无初有终。先庚三日，后庚三日，吉。

【解】九五以刚居尊，以其刚健中正而号令天下，故贞正而吉也。然处巽之中，刚健不合乎谦巽之道，故可能有悔也。故当以刚合柔，则可无所不入，无所不絜齐也，故曰"悔亡，无不利"。"无初"者，九五之命于初六而无成也（也或为：九二之命于初六而无成）；"有终"者，九五之命于六四"田获三品"而有功也。故曰"无初有终"。"先庚三日，后庚三日"，先庚三日为丁日，后庚三日为癸日，君王当于丁日申命之，于癸日复申命之，如风之连绵不绝而入于万民也，如此则何命不行，何事不成，故吉也。天干十日，戊己日为中，庚者更也，过中为庚。盖丁日为物长盛之时，申命之；值庚日物更而有实，亦申命之；癸日为物归藏之时，怀妊于下，以待复萌，此时亦申命之，则天命无时不入于万物也。在人事，则王命无时不入于万民也，故吉无不利。《系辞下》曰："巽以行权。"九五无时不行其权也。

《象》曰："九五"之"吉"，位正中也。

【解】《正义》曰："'位正中'者，若不以九居五位，则不能以中正齐物，物之不齐，无由致吉，致吉是由九居五位，故举爻位言之。"

上九：巽在床下，丧其资斧，贞凶。

【解】上九以刚处巽之极，不中不正，非能巽下者，其凶可知也。"巽在床下"者，盖言上九处上而本当巽于下（六四）。九三与上九皆刚而不正，皆欲向上而不欲巽于下，故非吝则凶也。"丧其资斧"者，言上九本有刚健之质却失其威断于下也。在巽卦，阳爻以刚健中正申命阴爻为美，而上九却不欲巽于下（六四），正其凶也。另一说则是"床下"是指初六，虞翻曰："床下，谓初也。"（《集解》）

《象》曰"巽在床下"，上穷也。"丧其资斧"，正乎凶也。

【解】"上穷"者，上九刚而上行之极，不欲巽于下，其道穷也。阳失其刚健威断之质而无能号令阴者，正其凶也。

第五十八卦 兑为泽

䷹ 兑上
兑下

兑：亨，利贞。

【解】《说文》曰："兑，说也。"段玉裁注曰："说者今悦字。"可见，"说"通于"悦"。兑之为卦，为一阴进乎二阳之上，有喜出望外之象。故兑取象为口，悦于中而言于外也；取象为花，花开于上以悦蜂蝶也；取象为泽，坎水止其下流而泽，以润悦万物也。故《说卦》曰："说万物者莫说乎泽。"泽以水润生万物，所以万物皆悦；而于人事，犹人君恩泽于民，民无不悦也，故为"亨"。此润泽以正为利，邪则为害，故曰"利贞"。

《彖》曰：兑，说也。刚中而柔外，说以利贞，是以顺乎天而应乎人。说以先民，民忘其劳；说以犯难，民忘其死。说之大，民劝矣哉！

【解】"刚中而柔外"者，二与五以阳居中，中心笃实之象，则中正而不畏邪诣；三与六以柔居外，接物柔和之象，则不与外物为忤，和悦而顺也，故为"说以利贞"。悦而能正，此乃上顺乎天命，下应乎民心，无往而不利也。以和悦之色润泽于民，则民皆竭其力而忘其辛劳；值犯难之时，民亦舍生忘死而保其国。"兑，说"者，劝勉万民之大用也。

《象》曰：丽泽，兑。君子以朋友讲习。

【解】两日并立曰丽。《正义》曰："丽，犹连也。"《正韵》曰："丽，华也。"故"丽泽"者，谓两兑相连也。两泽相连，润泽万物之盛也。君子观此象，当邀聚朋友讲习，以互相成就德行之盛也。虞翻曰："'学以聚之，问以辩之'，兑两口对，故'朋友讲习'也。"（《集解》）《正义》曰："同门曰朋，同志曰友，朋友聚居，讲习道义，相说之盛，莫过于此也。"

初九：和兑，吉。
【解】初九以阳居下，上无正应，悦而不谄上，悦正而无私，处下而能和，故曰"和兑，吉"。程颐曰："阳刚则不卑，居下则能巽，处说则能和，无应则不偏，处说如是，所以吉也。"（《程传》）

《象》曰："和兑"之"吉"，行未疑也。
【解】初九当位而正，又远于阴，和悦而无私，心无所疑，行无所碍。蔡渊曰："初未牵于阴所行未有疑惑，若四比三，有'商兑'之疑矣。"（《折中》）

九二：孚兑，吉，悔亡。
【解】九二以刚居中，悦而不失中正，故曰"孚兑，吉"。其"悔亡"者，乃因九二上比于六三，疑有悔也，然九二刚中以守，悔必消亡也。

《象》曰："孚兑"之"吉"，信志也。
【解】心之所存谓之志。九二自信于其诚实笃定之德，必吉而无悔也。

六三：来兑，凶。
【解】六三阴柔而不中正，上无正应，乃口舌是非之主也。其必来说于九二（其实也包括初九）也，以不正惑于正，凶也。"来"者就下也，"往"者就上也。另一说以两兑连接来说为"来"，王宗传曰："六三居两兑之间，一兑既尽，一兑复来，故曰'来兑'。以言左右媚说相继而不绝者也。夫以不正之才，居两兑之间，处四刚之际，左右逢迎，惟以容说为事。此小人之失正者，故于兑为'凶'。"

(《童溪易传》)

《象》曰："来兑"之"凶"，位不当也。
【解】六三"来兑"之"凶"，皆因其位不当所致也。六三以阴柔之质而厕身于四刚之君子之间，不当之甚也。内无中正之德，却要说人，何吉之有。

九四：商兑未宁，介疾有喜。
【解】九四处六三与九五之间，下受六三之谗邪，上承九五之中正，故有"未宁"之象。然九四以其阳刚之质，下与六三相商，以劝阻其近于九五。九四介然守正，远疾佞之小人，上从于九五，终有喜也。介，分限也。九四之分六三与九五也。

《象》曰："九四"之"喜"，有庆也。
【解】郭雍曰："当兑之时，处上下之际，不妄从说，而拟议不遑宁是知所择者也。为臣如此，贤矣哉！故终有介疾之吉也。介然自守，外患不能入，故能全兑说之喜。喜非独一身而已，终亦有及物之庆也。"（《郭氏传家易说》）

九五：孚于剥，有厉。
【解】"剥"者，阴剥阳也。九五近上六，听信上六之谗言，故谓"孚于剥"也。九五处尊正君王之位，不信君子，却信小人，危之道也，故曰"有厉"。

《象》曰："孚于剥"，位正当也。
【解】谗佞之人最是能言，巧言令色，蛊惑人心，即如当位中正之君亦难免之，故"位正当"之语乃诫辞，责诫九五居其位当介然守正（反不如九四），故远小人亲贤臣也。

上六：引兑。
【解】上六居兑之上，为兑之主，故极尽其力以下引惑于九五也。

然九五毕竟身处中正，虽可能受一时之惑，终难毕其功也。故此爻不论吉凶。毛璞曰："所以为兑者，三与上也。三为内卦，故曰'来'。上为外卦，故曰'引'。"（《折中》）

《象》曰："上六，引兑"，未光也。

【解】上六"引兑"而"未光"者，终因九五刚健中正，惑之未成也。

第五十九卦　风水涣

巽上
坎下

涣：亨。王假有庙，利涉大川，利贞。

【解】风行水上，有涣之象。涣而可远，有亨之义。涣散之极，必凶，故王至于庙以收聚人心也。在萃卦之中，亦有"王假有庙"之语。萃与涣其义正反，缘何皆有"王假有庙"之语？盖萃之"王假有庙"，献祀于庙且利用大牲，物盛分享于天也。涣之"王假有庙"，人心涣散，则假于庙以收拢涣散之人心也。"利涉大川"者，上木下水，有舟楫之象，故可远涉大川也。"利贞"者，处涣之时，居正方可行远也。

《彖》曰："涣，亨"，刚来而不穷，柔得位乎外而上同。"王假有庙"，王乃在中也。"利涉大川"，乘木有功也。

【解】"刚来"当指九二，九二居坎中，险难不穷也。"柔得位"当指六四。王弼曰："二以刚来居内，而不穷于险。四以柔得位乎外，而与上同。内刚而无险困之难，外顺而无违逆之乖，是以亨。"（《王注》）"王乃在中也"，九五也。九五居庙之中，敬祀上帝，收聚人心也。"乘木有功"者，风行水上，舟船可以借之远行也。[1]

《象》曰：风行水上，涣，先王以享于帝，立庙。

【解】"风行水上"，有涣之象。先王观此象，则立庙以享于帝。庙者，众人之所宗信之，此收聚涣散人心之所也。

初六：用拯马壮，吉。

【解】初六以柔处涣之初，在险之中，涣之未甚，可早行脱离险境，然值此拯难之时，当假壮马为吉。故曰"用拯马壮，吉"。壮马者，九二也，初六近刚健中正之九二，得拯易也。

《象》曰：初六之"吉"，顺也。

【解】其他五爻皆言涣，唯独初六不言，盖涣之不甚，又近于得力之九二，救之易也，故曰"顺也"。

九二：涣奔其机，悔亡。

【解】九二以刚居中，当涣之时，其有能力择机出涣。奔，速也。机，时机也。程颐等以九二与初六有案几之象，误也。《系辞下》曰："涣，以行权也。"又有《帛书易》之证，孔子之义非常明了，君子当择机而动则无悔也。[2]君子见时机至则进取之，时机失则急避之。择机当，则悔可消也。

《象》曰："涣奔其机"，得愿也。

【解】君子择机得当，皆得其愿也。

六三：涣其躬，无悔。

【解】六三以柔处险之上，上与上九正应，六三则当起躬（动身）往之，无悔可言也。《折中》案曰："易中六三应上九，少有吉义。唯当涣时，则有应于上者，忘身徇上之象也。"

《象》曰："涣其躬"，志在外也。

【解】六三之志，上九也，上九居外卦之上，故有"外"之义。

六四：涣其群，元吉。涣有丘，匪夷所思。

【解】六四以柔居阴，处九五之下，为辅臣之位，其为涣散天下之朋比结党之用，功莫大也，故曰"元吉"。孔子曰：明君"立为刑辟，以散其群党，执为赏庆爵列以劝天下群臣黔首男女。夫人竭力尽知归心于上，莫敢朋党侍君"。[3] 正是此义。而程颐却解之曰："天下涣散而能使之群聚，可谓大善之吉也。"（《程传》）其义与孔子正相反，其解误也。"群"者，盖初六、六二，甚或六四，众阴皆聚于九二周围，实为私党，当皆聚于九五周围也。九五为君，乃真正聚涣之主。"涣其丘"，丘者，所聚者大也。"匪夷所思"，言六四与九五君臣合德，天下一盘散沙之万民皆团聚一起，万众一心，其势不可思议也。或经前四爻之涣，九二朋结私党，人皆以为涣散之势不可逆也，然九五一出，六四响应，天下毕聚，又岂是之前可思议之？

《象》曰："涣其群，元吉"，光大也。

【解】"涣其群"，则万民皆往聚于九五之君，涣道（收聚人心）之大光也。

九五：涣汗其大号。涣，王居无咎。

【解】九五以刚居尊，为涣卦之主。其以刚健之德，大号天下，天下之壅塞皆得以疏解。胡瑗解之曰："汗者肤腠之所出，出则宣人之壅滞。愈人之疾，犹上有教令，释天下各难，使天下各得其所者。"（《周易口义》）天下条达无碍，王可安处，故曰"王居无咎"也。

《象》曰："王居无咎"，正位也。

【解】九五居中而尊，位正而当，居之何咎，他人居之则必有咎也。

上九：涣其血，去逖出，无咎。

【解】上九以刚处涣之上，当为已脱险难者也。"血"，受伤害之象。"涣其血"者，当非言上九之事，而言六三也。六三处险之极，虽有上九正应，未能脱险，或得上九之助倖幸脱险也有受伤之象。血，坎也。上九知其险，则远走以避害也，故曰"去逖出，无咎"。《尚书·牧誓》曰："逖矣，西土之人。"逖，当通狄，处西域之远，故《说文》曰："逖，远也。"也有学者解为，上九居坎最远，无受伤之险也，俞琰曰："依爻传作'涣其血'，上居涣终，去坎甚远，而无伤害，故其象为'涣其血'，其占曰'无咎'。"（《周易集说》）

《象》曰:"涣其血",远害也。

【解】君子见害而远之,以免于害也。子曰:"危邦不入,乱邦不居。"(《论语·泰伯》)此之谓也。

注释:

[1]《系辞下》曰:"刳木为舟,剡木为楫,舟楫之利,以济不通,致远以利天下,盖取诸涣。"此句正是对"乘木有功"的发挥,刳木为舟,剡木为楫,舟成而风行水上,可致远也。

[2]《帛书易·缪和》曰:"缪和问于先生曰:'请问《易·涣》之九二曰涣奔其机,悔亡,此辞吾甚疑焉。请问此之所意?'子曰:'夫易,明君之用也。吾思不达问,学不上与,恐言而贸易,先人之道。不然,吾志亦愿之。'缪和曰:'请毋既此,愿闻其说。'子曰:'涣者,散也。奔机,几也,时也。古之君子时福至则进取,时亡则以让。夫时至而能既焉,奔走其时,唯恐失之,故当其时而弗能用也,至于其失之也。唯欲为人用,动可得也才!将何无悔之有?受者昌,奔福而弗能蔽者,逆福者死,故其在《诗》也,曰:"女弄,不敞衣裳;士弄,不敞车辆。"无千岁之国,无百岁之家,无十岁之能。夫福之于人,既焉,不可得而奔也。故曰:奔福又央。圣人知福之难得而奔也,是以有矣,故《易》曰:涣奔其机,悔亡。故此言于能奔其时,悔之亡也。'"

大意:缪和问孔子说:《易经》中涣卦的九二爻"涣奔其机,悔亡",这句话我很困惑,请问是什么意思?孔子说:涣的意思就是散。奔机,就是快速地抓住时机。古代的君子时运到了就进而取之,时机消失了就避让开来。他们时机到了能够抓住,该散离避让的时候退避及时,唯恐失去时机。在机会来临时不能及时抓住,只能任其失去,哪能不后悔呀?善于抓住机会的人,其福至则快速地抓住,没有人可以阻挡他,时机错失则福分尽也。所以《诗》中说:"女子纵然年轻貌美,不可穿着太过暴露;男子纵然春风得意,不可敞车招摇过市。"(因为"敞"乃涣散之象,必不长久)世上没有千年不倒的国家,没有百年兴盛的家庭,没有连续十年皆显其能的人,福运对于每个人,如果没抓住就失去了。君子知道福运之难得,更不要说一再来临,故《易》曰:"涣奔其机,悔亡。"所以这句话的意思就是时机来临,快速抓住,就不会后悔。

[3]《帛书易·缪和》曰:"吕昌问先生曰:'天下之士皆欲会□□□也,分别搂与以相高也,以为至是也。今《易·涣》之六四曰:涣其群,元吉。此何谓也?'子曰:'异才!天下之士所贵。夫涣者散,元者,善之始也,吉者,百福之长也。夫群党朋比,□使□□□□□□□□比周相誉,以夺君明,此古亡国败家

第五十九卦　风水涣

之法也。明君之所行罚也,将何元吉之有矣!'吕昌曰:'吾闻类大有焉耳,而未能以辨也。愿先生少进之以明少者也。'子曰:'明王圣君□□□□□□然,立为刑辟,以散其群党,执为赏庆爵列,以劝天下群臣黔首男女。夫人竭力尽知归心于上,莫敢朋党侍君,而王将何求于人矣?'其曰:'涣其群元吉,不亦宜乎?'故诗曰:'慧彼小星,参五在东,潇潇宵正,蚤夜在公,寔命不同。'彼,此之谓也。"

　　此段大意:吕昌问孔子说:天下之士皆要会聚一起,各显其才。现在《易经》涣卦中六四爻说:"涣其群,元吉。"这是什么意思?孔子答道:若天下之士朋比结党,则会蒙蔽君王之明,古代已经发生过这样败亡国家的先例。圣明的君王,建立法度,以拆散其群党朋比,用赏罚爵位等法使天下之人皆为君所用。使他们都能尽心竭力地归心于君王,不敢结党以蒙蔽君王(即,不使天下人结党独立,而是每个人都以君王为中心)。

第六十卦　水泽节

坎上
兑下

节：亨，苦节不可贞。

【解】水在泽上，所容有限，过则为盈，故有节之义。然制事有节，取度适中，其道乃亨，节之甚则为"苦节"，"苦节"亦非万物生生不息之道，故"不可贞"也。

《彖》曰："节，亨"，刚柔分而刚得中。"苦节不可贞"，其道穷也。说以行险，当位以节，中正以通。天地节而四时成，节以制度，不伤财，不害民。

【解】"刚柔分"者，谓坎阳而兑阴也。阳上而阴下，刚柔分，刚柔分而不乱也。"刚得中"者，二五爻皆以刚得中，刚健中正，以制阴爻之不节也。若依整个卦看来，则刚柔分布相对均匀，刚柔相济，互为节制。"苦节"而"其道穷"者，"凡物过节则苦，味之过正，形之过劳，心之过思，皆谓之苦。节而苦，则非通行之道，故曰'其道穷也'"（《折中》）。"说以行险"者，下兑上坎也。"当位以节"者，九五也。"中正以通"者，九五阳刚中正，而为节主也，处得中正，节而通也。即行险之时，节而中正可通也，苦节则不为美。"天地节而四时成"者，即节非人事所定规，乃天地本有之义，天地无节则无四时之成也。天地节而有序，则有四时之更替也。四时成则物方能出生与长成也。故人观此象当知制法度以节之，如此则不伤财、不害民也。郑玄注曰："节以制度，空府藏则伤财，力役繁则害民。二者奢泰之所致。"（《郑注》）

《象》曰：泽上有水，节。君子以制数度，议德行。

【解】泽上有水，所容有限，过盈必溢，故为节。君子观此象，当知制立礼数法度，用于评议人之德行，以使人之行为有节也。

初九：不出户庭，无咎。

【解】户庭，户外之庭。初九以阳在下，得位而正。上虽与六四为正应，然往则为九二所阻，故节而慎守。处节之初，知节而不行，至于不出户庭，则"无咎"也。《尚氏学》曰："二阳为阻，故不宜出；不出则无咎。"本爻之辞《帛书易》为"不出户牖，无咎"，大意相同。孔子认为，乱之所生，在于言行不节所致也。[1]

《象》曰："不出户庭"，知通塞也。

【解】"知通塞"者，言初九"知通塞"之几而定其出入也。此时有九二为塞不可通，故节守而不出户庭以免咎也。

九二：不出门庭，凶。

【解】九二以刚居中，前为二阴，路途通畅，本当往而就于九五。却因处柔而失刚，承柔而近邪，错失良机，故为凶也。《正义》曰："初已造之，至二宜宣其制矣，而故匿之，失时之极，则遂废矣。故不出门庭，则凶也。"初九塞而不通故节，九二通而却节，不为吉反为凶也。《折中》案曰："初、二两爻，一在泽底，一在泽中。在泽底者水之方潴，不出宜也，在泽中则当有蓄泄之道，不可闭塞而不出也……时不应塞而塞，则为绝物自废，所谓出门同人者安在哉！"

《象》曰："不出门庭，凶"，失时极也。

【解】当塞则节，当通则行。当行而不行，故"失时极也"。

六三：不节若，则嗟若。无咎。

【解】六三不中不正，以阴处阳，下乘刚（九二）而上临险（坎），其凶可知也。然六三尚不知节之道，故必有哀嗟之忧也。此忧乃自己招致，又何归咎，故曰"无咎"。

《象》曰:"不节"之"嗟",又谁"咎"也?

【解】《正义》曰:"'又谁咎'者,由己不节,自致祸灾,又欲怨咎谁乎?"

六四:安节,亨。

【解】六四以柔居阴,当位而正,上承九五,柔顺而知节也,故曰"安节"。"安节"以行,其道必亨。

《象》曰:"安节"之"亨",承上道也。

【解】"承上道"者,六四柔顺而正,不自行其道,而以九五之道为其道也,故曰"承上道也"。

九五:甘节,吉。往有尚。

【解】九五阳刚中正居于尊位,为节之主也。其节之道,中正以通,天下则悦从,故谓"甘节"也。"甘节"为节之正道,故行而得吉。以此而行,不伤财、不害民,往而有功,故可嘉尚也。

《象》曰:"甘节"之"吉",居位中也。

【解】九五居位中正,则行节合乎中道,故有"甘节"之"吉"也。

上六:苦节,贞凶,悔亡。

【解】上六处节之极,节之甚也,故为"苦节",故为"贞凶"。"贞凶"者,安守"苦节"之道而为凶也。"悔亡"者,盖礼奢宁俭,虽守苦节之道而有凶,但其势不久,悔恨之意终将消亡。王弼曰:"过节之中,以致亢极,苦节者也。以斯施人,物所不堪,正之凶也。以斯修身,行在无妄,故得悔亡。"(《王注》)

《象》曰:"苦节,贞凶",其道穷也。

【解】生生之道,一张一弛,奢靡与"苦节"皆非中道。故"苦节"之甚,其道必穷也。邱振奇曰:"观下卦'通''塞'二字,上卦'甘''苦'二字,可以知节道矣。通处味甘,塞处味苦,塞极必溃,

故三焉。甘失反苦，故上受焉。"(《折中》)

注释：

[1]《帛书易·系辞》曰："'不出户牖，无咎。'子曰：'乱之所生，言语以为阶。君不闭则失臣，臣不闭则失身。几事不闭则害盈。是以君子慎闭而弗出也。'"

大意：孔子解读"不出户牖，无咎"之义为祸乱之所生，多由言语所起。故君王不知慎言则会失去臣下的尊重和拥戴，臣下不知慎言则可能有杀身之祸。机密的事不知慎言则可能大祸临头，因此君子多慎言慎行，闭其口而多不妄言，闭其门而深居简出。

第六十一卦　风泽中孚

䷼ 巽上
兑下

中孚：豚鱼吉。利涉大川，利贞。

【解】中孚之信，无所不至，可及于豚鱼，故吉。豚，《博雅》中载"鯸鲐，鲀也。背青，腹白，触物即怒，其肝杀人"。豚鱼略受刺激便全身膨胀以自卫，此处以喻人之诚信所及之广大与细微。诚之若此，何处不能往之，故曰"利涉大川"。中孚，中正诚信之事，故"利贞"也。

《彖》曰：中孚，柔在内而刚得中，说而巽。孚，乃化邦也。"豚鱼吉"，信及豚鱼也。"利涉大川"，乘木舟虚也。中孚以"利贞"，乃应乎天也。

【解】"柔在内"，六三、六四也。"刚得中"，九二、九五也。下兑上巽，故"说而巽"，言语和悦，其理易入也。诚信之至，可感化天下也，故曰"孚，乃化邦也"。信之所至，可及于豚鱼，吉无不利。中孚之卦，中虚外实，有舟之象，故可乘舟而涉大川也。中孚为至诚之信，应乎天道，故利贞而吉也。

《象》曰：泽上有风，中孚。君子以议狱缓死。

【解】风行泽上，无所不及，万物得之以长，故为"中孚"之象。君子观此象，故诚信中正之至，化邦而大治也。君子之信，不只如此，且延及牢狱，即如死囚之人，也当以诚感之，重新制狱，当死者尽可缓之，以期其迁善改过。

第六十一卦　风泽中孚

初九：虞吉，有它不燕。

【解】初九与六四正应，故初九专志无二以应六四也，故曰"虞吉"。虞，《诗·鲁颂》中载"无贰无虞，上帝临女"。《疏》曰："言天下归周，无有二心，无有疑误。""有它不燕"，有它心则不安也。燕，《集韵》："与宴通。安也，息也。"以示初九无有二心也。

《象》曰："初九，虞吉"，志未变也。

【解】"志未变"者，初九之专志向于六四也。

九二：鹤鸣在阴，其子和之。我有好爵，吾与尔靡之。

【解】鹤在幽荫处鸣叫，其子应之。我有一杯美酒，我与你共享之。《说文》曰："爵，礼器也。象爵之形。中有鬯酒。又持之也。所以饮器。"《扬子·方言》曰："靡，私小也。""阴"者，九二处二阴之下，故有阴（荫）之象也。"其子"者，初九也。孔子认为，君臣相处融洽，上下一心，国必大治。[1]又《系辞上》曰："'鸣鹤在阴，其子和之。我有好爵，吾与尔靡之。'子曰：'君子居其室，出其言善，则千里之外应之，况其迩者乎？居其室，出其言不善，则千里之外违之，况其迩者乎？言出乎身，加乎民；行发乎迩，见乎远。言行，君子之枢机。枢机之发，荣辱之主也。言行，君子之所以动天地也，可不慎乎！'"孔子进一步把中孚之义推广到君子修德的意义上，君子之出言，千里之外和之，不可不慎也。

《象》曰："其子和之"，中心愿也。

【解】鹤鸣于幽荫之处，非孚之至不可得而闻也。故九二与初九之同类相应，一唱一和，和同之至也，故曰"中心愿也"。[2]

六三：得敌，或鼓或罢，或泣或歌。

【解】六三以柔居阳，所处不当，上与六四同类相敌，故曰"得敌"。"或鼓"者，六三以柔居刚，其势欲进。六四位当且得九五之助，六三不能敌之，故曰"或罢"。进而不敌，忧悲而惧，故曰"或泣"。六四处顺，不相害也，故曰"或歌"。

《象》曰："或鼓或罢"，位不当也。

【解】六三以柔居刚，位不当也。欲进而不能，退而或泣。

六四：月几望，马匹亡，无咎。

【解】六四以柔处阴，居巽之下，得位而履顺，上承于九五，得九五之信也。"月几望"者，月将满也，以喻六四诚信之盛。《释名·释天》曰："月满之名也。月大十六日，小十五日。日在东，月在西，遥在望也。"月者，阴也。九五，日也。六四承九五之光，将得满月也。"马匹亡"者，二马为匹，《小尔雅·广度》曰："倍两谓之匹。"言六四与六三也，二阴为匹。六三以六四为"敌"，六四不与之敌，其欲上行与九五相合也，故弃六三不为之匹敌，故曰"亡"也。弃"敌"而就中正光明之君，何咎之有。

《象》曰："马匹亡"，绝类上也。

【解】"类"，与六四同类者，六三也。六四与六三绝离，上行与九五相合也，故曰"绝类上也"。

九五：有孚挛如，无咎。

【解】"挛如"，言九五之诚信连绵不绝之状。《说文》曰："系也。凡拘牵连系者皆曰挛。"君王之临天下，至诚至信如此，必感通人心，化万邦也。

《象》曰："有孚挛如"，位正当也。

【解】九五以刚处尊，中正而当位，诚于内而发于外，天下皆感其诚也。

上九：翰音登于天，贞凶。

【解】翰，鸟羽之高飞也。音之高飞于天上，虚而不实，出离孚之甚也。上九处孚之极，居巽之上，故不孚于中，而浮华于外也。贞问得此爻，凶也。古时占问，可正占，可反占，即贞与反贞，因此，"贞凶"之义为贞占而得凶也。

《象》曰:"翰音登于天",何可长也?

【解】其音飞于天外,华而不实,如何能长久呢?

注释:

[1] 吴孟问先生曰:"《易·中孚》之九二其辞曰:'鸣鹤在阴,其子和之,我有好爵,吾与尔靡之。'何谓也?"子曰:"夫《易》,圣君之所尊也,吾庸与焉乎?"吴子曰:"恶有然!愿先生试略之,以为毋忘,以匡弟子所疑。"子曰:"夫鹤□□□□□者,所独擅也,道之所见也,故曰'在阴'。君者,人之父母也;人者,君之子也。君发号出令,士今以死力应之。故曰'其子和之'。'我有好爵,吾与尔靡之'者,夫爵禄在君,在人,君不徒□,臣不徒忠。圣君之使其人也,欣焉而欲利之;忠臣之事其君也,欢然而欲明之,欢欣交迥,此圣王之所以君天下也。故《易》曰'鸣鹤在阴,其子和之,我有好爵,吾与尔靡之',其此之谓乎?"(《帛书易·缪和》)

大意:吴孟问孔子,"鸣鹤在阴,其子和之,我有好爵,吾与尔靡之"是什么意思。孔子说:君王是民众父母,民众皆是君王之子。君王发号施令,人们皆尽死力共同响应。这就叫"其子和之"。"我有好爵,吾与尔靡之"的意思是,爵禄的赏赐之权在君王,君王见臣下有功则欣然赏之,臣下忠心事君,欢心愉悦而与君王交流明畅,君臣一心,相处融洽,这才是君王治理天下的良好状态呀!

[2] 《卦》曰:"鸣鹤在阴,其子和之,我有好爵,吾与尔靡之。"孔子曰:"鸣鹤□□□□□□□□□□。其子随之,通也;唱而和之,和也。曰:和同至矣。好爵者,言嗜酒也。弗□□□□□□□曰□□□□□□有一爵与众□□□□□□□□□□□□□□□之德,唯饮与食,绝甘分少。"(《帛书易·二三子》)

大意:孔子说:鸣鹤在阴,其子随之,是通达之义;有唱有和,和同之至也。好爵者,是说君臣共享美酒也,君有一爵美酒而不私饮,有一口美食而不私食,皆与众人共享之,即使每个人分到的不多也坚决要这么做。

第六十二卦　雷山小过

☳ 震上
☶ 艮下

小过：亨，利贞。可小事，不可大事。飞鸟遗之音，不宜上，宜下，大吉。

【解】雷本当出于地上，今行于山上，失其本所，有过高之嫌。飞鸟者，中间两阳爻为体，两边四爻为翼，有飞鸟之象也。"飞鸟遗之音"者，雷行山上，山鸟惊慌乱飞，哀鸣以求其安处。《礼记·乐记》曰："有遗音者矣。"《注》曰："有不尽之音。"谓飞鸟哀鸣之声飘荡于山谷。值雷行山上，不宜向山上飞，宜向下飞，避险而获吉。雷行山上，虽过之，小过而已，雷行而万物化生，故亨。"利贞"者，小有过差，以正矫之即可。"可小事，不可大事"者，雷行山上，失其本所，小过不为凶，小事则可，大事不可求也。

《彖》曰：小过，小者过而亨也。过以利贞，与时行也。柔得中，是以小事吉也。刚失位而不中，是以不可大事也。有飞鸟之象焉，飞鸟遗之音，不宜上宜下大吉，上逆而下顺也。

【解】"小者过而亨也"，小过不碍其亨。"过以利贞"，以利贞矫正其过。"与时行也"，应时制宜矫正其过，如不宜上而宜下即是。"柔得中，是以小吉也"，六二与六五也。二与五以柔居中，虽无力矫过，却可守中行小事而得吉。"刚失位而不中，是以不可大事也"，九三和九四皆刚而不中，处小过之时，本该以其刚健矫正小过而得中和，因其失中，又何望其行大事也？上则乘刚，逆也；下则承阳，顺也。故不宜上而宜下也。

第六十二卦　雷山小过

《象》曰：山上有雷，小过。君子以行过乎恭，丧过乎哀，用过乎俭。

【解】"山上有雷，小过"，本卦之天地之象也。君子观此象，当知矫枉过正以返中也，故所行必过乎恭而后可（因平常有玩世不恭之状），居丧必过乎哀而后可（因平常缺少慎终追远之情），日用过乎俭而后可（因平常所用不知节约之事）。

初六：飞鸟以凶。

【解】雷行山上，不宜上宜下，初六处艮之初，如山下之鸟闻雷而欲上飞，其凶可知也。

《象》曰："飞鸟以凶"，不可如何也？

【解】"不可如何也"者，上进为逆，自取凶咎，如之奈何也？

六二：过其祖，遇其妣。不及其君，遇其臣，无咎。

【解】九三在六二之上，为其父，九四在九三之上，为其祖。妣者，已丧之母。因六五在九四之上，也或指其祖妣。六二上行，过九三与九四，均非其同类，故过而不止。及遇六五，六五以其柔中之德劝止六二，六二始不再上行。"不及其君，遇其臣，无咎"，六二过其父、祖（分别指九三与九四）而未止，遇其妣（六五），始知止而恪守臣道，六五虽为阴，却为君位。盖六二以柔处下卦之中，虽有小过，却当止则止，故无咎。于他卦中，阴阳相合为吉，盖小过卦中，六二受雷声惊扰，虽九三与九四二阳爻亦未能止之，小过之义也。俞琰曰："遇妣而过于祖，虽过之，君子不以为过也。遇臣则不可过于君，故曰'不及其君'。"（《周易集说》）

《象》曰：不及其君，臣不可过也。

【解】"不及其君"非不达之义，而是不过之义，即六二遇其君（六五）而止，恪守臣道而弗过之，故曰"臣不可过也"。若六二连六五亦过之而不止，非小过也，乃大过也。

九三：弗过防之，从或戕（qiāng）之，凶。

【解】于小过卦之中，四阴二阳，小人道盛而君子道衰。九三以刚居阳，当位之君子也。然于小过之时，当正己而自守，或可免祸，故有"弗过"之诫也。"防之"，因小人势大，须当防范，可保无虞。"从或戕之，凶"，而九三处内外卦之间，往往又躁动易进，其若不知恬静自守，盲从而上行必为小人害也（小人当指六五，九四以刚居阴，安静不动，六五为众阴之首，戕害阳爻之最可能者），则凶。《春秋传》曰："在内曰弑，在外曰戕。"可知，九三若遭戕，必是离开内卦，走向外卦所致。

《象》曰："从或戕之"，"凶"如何也？

【解】处小过之时，宜下不宜上，宜静不宜动，九三动而受戕，如何不凶？

九四：无咎，弗过遇之，往厉必戒，勿用永贞。

【解】九四以刚居阴，其性中和则不过，故无咎。"弗过"，九四知止，故不过。"遇之"，不期而会曰遇，九四所遇者，盖六五也。若从而往之则危厉，故诫之勿往。勿往则可保永贞。

《象》曰："弗过遇之"，位不当也。"往厉必戒"，终不可长也。

【解】位不当者，多为不吉，然处小过之中，此不当却为当，阳处阴位，柔中和了刚燥之性，不会冒进。"终不可长"者，盖小过之过，终不可久也。

六五：密云不雨，自我西郊，公弋取彼在穴。

【解】"密云不雨"者，六居五位，阴之盛也，然不雨者，盖阳薄而不上交，故不雨也。"公弋取彼在穴"，《周礼冬官·考工记》中载"弓人为弓，往体多，来体寡，谓之夹庾之属，利射侯与弋"。《诗·郑风》曰："弋凫与雁。"《疏》曰："弋谓以绳系矢而射也。"可见，弋是系有细绳的箭矢，以利于射出的箭再收回来。"公"者，当指九三[1]，"穴"者，六五也。九三射飞鸟，箭矢落处六五处，九三顺弋取其箭矢。可见，六五阴盛而待阳来会，而九四弗过而不往，虽有九三不安其位而弋射，其势微亦不足以成雨。从《帛书易》的相关记载来看，"公"也是指九三。[2]

《象》曰："密云不雨"，已上也。
【解】"已"者，止也。六五虽阴盛而不雨者，阳止于上也。无阳来交，虽密云而不雨也。

上六：弗遇过之，飞鸟离之，凶，是谓灾眚。
【解】"弗遇"者，盖九三也。九三为以刚居阳之君子，然九三过而为六五所害，故上六虽与九三为正应，却不得而遇。"过之"，上六处小过之末，震卦之极，最易动而过之。"飞鸟离之"，上六不得九三之遇，其过如鸟之惊飞，过之也速，凶不知其极也。

《象》曰："弗遇过之"，已亢也。
【解】上六处小过之极，亢而有悔之象也。

注释：

[1]《正义》《程传》等，皆把"公"作六五解，并不可取，既为"公"者，非四阴爻也。《集解》中虞翻解为九三，可取。非九四者，九三躁而欲动，九四弗过而静。且近攻用刀剑，远攻则用箭矢，故必九三也。

[2]《帛书易·二三子》曰："《卦》曰：'密云不雨，自我西郊，公弋取皮在穴。'"孔子曰："此言圣君之下举乎山林畎涂之中也，故曰'公弋取皮在穴'……"既然孔子说圣君举于山林之中，也意指此"公"乃九三。"密云不雨，自我西郊，公弋取彼在穴"句解读异议颇多，尤其对于其中的"公"和"穴"字的解读不一。王弼等以六五爻为"公"，以六二为"穴"。而张载则把"穴"解为九三。王夫之则以九四为"公"，六五为"穴"。虞翻从象数学的立场推定九二为"公"。根据《帛书易》的记载，通过比较研究和逻辑推理，我们认为，此"公"乃九三（详细论证可参考王绪琴《"公弋取彼在穴"考释》，《儒学天地》2021年第56期）。

第六十三卦　水火既济

坎上
离下

既济：亨小，利贞。初吉终乱。

【解】"既"，完成之义，"既，尽也"。（《博雅》）济，渡河之义，"过渡谓之涉济"（《扬子·方言》）。故"既济"为已经渡河之义。既济卦是六十四卦中唯一六爻皆当位的卦，表明刚柔各归其位，万事俱备。"亨小"者，六爻皆当，故大小皆亨，无有遗漏。或云，济道已成，无大亨而止有小亨而已。谷家杰曰："不曰小亨而曰'亨小'，言所亨者其小事也。"（《折中》）"利贞"者，六爻各合刚柔居其位，守其位而为利。既然，既济为万物之圆满完成，却"初吉终乱"，何也？盖万物始终处于运动变化之中，从未停息，下一步的变化可能脱离这一圆满的状态，向不利的方向发展。孔颖达曰："人皆不能居安思危，慎终如始，故戒以今日既济之初。虽皆获吉，若不进德修业，至于终极，则危乱及之。"（《正义》）

《彖》曰："既济，亨"，小者亨也。"利贞"。刚柔正而位当也。"初吉"，柔得中也。"终"止则"乱"，其道穷也。

【解】"'初吉'，柔得中也"，谓六二也。六二以柔处下卦之中，得既济之功而不骄，故为吉。"'终'止则'乱'"，盖上六也，既济之彻底圆满处，也正是其道穷之时，因事物运行不止则不败，上六是事物发展之极处，其欲为止，故"终乱"也。

《象》曰：水在火上，既济。君子以思患而豫防之。

【解】"水在火上，既济"，言此卦之天地之象。天地之间，离之大者，日也。太阳高悬在上，水在下，为未济之象，太阳把水汽蒸腾入云天，方可降而为雨，雨降而复为未济之象，此天地运化循环之机也。观天地之象而知人之如何为之，君子知既济之圆满处，将是未济之将至时，故不持骄持满，防患于未然，从容而行，此人事之象也。

初九，曳其轮，濡其尾，无咎。

【解】曳，双手抓着拖曳。初九以刚居阳，处离之初，上应六四，其势锐意进取，然进取太疾恐得咎，故"曳其轮"以止之。"濡其尾"者，凡兽涉水，必立其尾，尾濡则不利渡水，其尾濡，可知其渡之急也，尾濡则知止，止则无咎。二三四爻为坎为水，故有济之义。

《象》曰："曳其轮"，义无咎也。

【解】知难而止，其义无咎也。

六二，妇丧其茀（fú），勿逐，七日得。

【解】茀，《说文》中载"道多草不可行"。《注》曰："茀，首饰也。"又《疏》曰："妇人乘车不露见，车之前后设障以自蔽隐，谓之茀。"可见，茀本义指草茂盛之状。在此处，当指妇人所用的首饰（草木类所制作的首饰），或是车上所用的草帘类的遮蔽物。妇必有夫，其夫是正应之九五，然六二处初九和九三两阳之中，二阳相侵，故有"丧其茀"之事。然处既济之时，且有九五之正应，害不久也，故勿用驱逐，七日自然消解。七日者，六爻循环一周共七日，时不久也。

《象》曰："七日得"，以中道也。

【解】六二之害不会久远，以其处下卦之中，中行而免祸也。

九三，高宗伐鬼方，三年克之，小人勿用。

【解】高宗，殷王武丁，中兴之君。鬼方，国名。九三居离卦之上，文明之末也，鬼方已经无法用文明怀柔之法征服之。鬼方于卦中当指上六。上六处既济之末，已为不可济者。九三以刚居阳，以武力伐之，经三年方克之。武力本已是不得已之法，若用小人，则事必不成，故"小人勿用"，小人者，或为六四。六四上媚九五，下谄九三。《折中》曰："既济、未济皆以'高宗'言者，高宗商中兴之君，振衰拨乱，自未济而既济者也，既济于三言之者，卦为既济，至于内卦之终，则已济矣。故曰克之者，已然之辞也。未济于四言之者，卦为未济，则到外卦之初，方图济也，故曰'震用'者，方然之辞也。既济之后，则当思患而豫防之，故'小人勿用'，与师之戒同。"

《象》曰："三年克之"，惫也。

【解】文明化之为上，武力征服为下。九三非比九五，勉强攻伐之，三年方克，其惫可知。

六四，繻（xū）有衣袽（rú），终日戒。

【解】繻，《玉篇》中载"细密之罗也"。此处为"濡"字可能更合适，即小舟漏水之状。袽，《玉篇》中载"袾袽，敝衣也"。六四处九三与九五之间，均不相得，然能济者，以预备的破旧衣物堵塞小船上的漏洞。三四五爻外实而中空，有舟之象。王弼曰："繻，宜曰濡。衣袽，所以塞舟漏也。履得其正，而近不与三五相得。夫有隙之弃舟，而得济者，有衣袽也。邻于不亲而得全者，终日戒也。"（《王注》）朱子曰："既济之时，以柔居柔，能豫备而戒惧者也，故其象如此。"（《本义》）张清子曰："六四出离入坎，此济道将革之时也。济道将革，则罅（xià）漏必生，四坎体也，故取漏舟为戒。'终日戒'者，自朝至夕，不忘戒备，常若坐敝舟而水骤至焉，斯可以免覆溺之患。"（《折中》）

《象》曰："终日戒"，有所疑也。

【解】六四之所以终日保持警戒，因其处二阳之中，又不相亲，故疑忌生也。

九五，东邻杀牛，不如西邻之禴（yuè）祭，实受其福。

【解】禴，《集韵》同礿。《礼记·王制》曰："天子四时之祭，春曰礿，夏曰禘，秋曰尝，冬曰烝（zhēng）。"《疏》曰："礿，薄也，春物未成，祭品鲜薄。"可见，禴乃祭。东邻，商，于卦中指九五；西邻，周，此时周处岐山为西，于卦中指六二。[1]程颐曰："二五皆有孚诚中正之德，二在济下，尚有进也，故受福。五处济极，无所进矣。"（《程传》）朱子曰："东阳西阴，言九五居尊而时已过，不如六二之在下而始得时也。"（《本义》）可见，程朱均以九五为商，六二为周。商杀牛以盛祭，然其德衰，虽盛祭无所降福；周虽薄祭，却修德怀远，天降其福也。

《象》曰："东邻杀牛"，不如西邻之时也。"实受其福"，吉大来也。

【解】西邻修德时运已至，虽薄祭而实受其福，且其吉不小。盖处既济九五之位，时机已成，周代商之将至也。

上六，濡其首，厉。

【解】上六处坎之上，既济之末，其道已穷，然强济之，恐有"濡其首"之灾，其危可知也。薛温其曰："'濡其尾'者，有后顾之义。'濡其首'者，不虑前也。恃以为济，遂至陷没，没而至首，其危可知。历险而不虞患，故曰乱者有其治也。既济'终乱'，其义见矣。"（《折中》）

《象》曰："濡其首，厉"，何可久也？

【解】强济而水将灭顶，怎可长久呢？"濡其尾"者，乃危之兆也；"濡其首"者，已至灭顶之灾也。

注释：

[1]《郑注》中载有："坊记疏云：东邻谓纣国中也。西邻谓文王国中也。既济，离下坎上。离为牛，坎为豕。西邻禴祭则用豕，与言杀牛而凶，不如杀豕受福。喻奢而慢，不如俭而敬也。"

第六十四卦　火水未济

离上
坎下

未济：亨，小狐汔（qì）济，濡其尾，无攸利。

【解】未济，未能济渡之义。六爻皆不当位，水火不交，不相为用。汔，《说文》中载"水涸也。一曰泣下。又几也"。未济卦取小狐为象，可知济渡之难也。"未济，亨"，才弱力薄，守柔用中，可济则济，不可济则不济，方亨。"小狐汔济，濡其尾，无攸利"，若济，必待水汔方可。济而濡尾，其险可知也，侥幸得济，何利可言？孔子曰："未济，亨，小狐涉川，几济，濡其尾，无攸利。此言始易而终难，小人之贞也。"（《帛书易·二三子》）可见，未济之卦，表明事情的进展是先易后难，但是，小人守贞而得他助，知险而慎行，小人之福也。另外需要注意的是，在《帛书易》中作"小狐几济"，而非"汔济"。因此，"汔"当取"几"之义为先。

《象》曰："未济，亨"，柔得中也。"小狐汔济"，未出中也。"濡其尾，无攸利"，不续终也。虽不当位，刚柔应也。

【解】"柔得中也"，柔得中者，六五也。六五以柔居中，居刚而应刚，得柔之中也。未济之时，柔而妄动，必陷其灾，故以柔处中，以待其时。六五能纳刚健，故得亨也，所纳刚健者，九二也。六五力薄，若能纳刚健而贤者相辅，可得亨通。"未出中也"，小狐待汔而济，尚未出险之中，此言九二也。"不续终也"，小狐汔济，濡尾无余力得渡，无利可言。"虽不当位，刚柔应也"，小狐（六五）濡尾几不可济，幸有刚健贤明之士（九二）相助而渡，刚柔之应也。故处未济之时，若要济之必得他助方可。

《象》曰：火在水上，未济。君子以慎辨物居方。

【解】火处水上，未济之象。当此时，君子应明辨事物，使其各得其所。因未济六爻皆不当位，故君子所能为者，必使之各得其位，各尽其才，各尽其用，未济方有济难之时。

初六：濡其尾，吝。

【解】初六处未济之初，才弱力薄（较之既济初九更弱），又居险（坎）之最下，故不可济，强济则濡尾溺身，其险可知，故为吝也。

《象》曰："濡其尾"，亦不知极也。

【解】小狐身小水深，欲渡便濡其尾，不知水之极也，不知险之极也。张振渊曰："事必敬始，而后可善其用于终。初所以致尾之濡，不是不可为，心不知'敬慎'故耳。"（《折中》）

九二：曳其轮，贞吉。

【解】九二以刚处中，亦处险中，故刚健却当徐进，方得贞吉。若盲动轻进，则凶。"曳其轮"者，拖曳其轮以止其进也。九二虽有阳刚之才，能济之力，然处险中，不可不慎也。

《象》曰："九二""贞吉"，中以行正也。

【解】九二虽以刚处柔，其位不正，但以其处下卦之中，中以行正，可得贞吉。

六三：未济，征凶。利涉大川。

【解】六三以柔居阳，不中不正，居险之上，却欲济渡，其凶可知，故"征凶"。而"利涉大川"者，六三亲比九二，与上九正应，若欲济渡，得九二或上九之助，方可涉大川。

《象》曰:"未济,征凶",位不当也。

【解】六三不中不正,征而必凶。俞琰曰:"六爻皆位不当,而独于六三曰'位不当'。以六三才弱,而处下体之上也。"(《周易集说》)

九四:贞吉,悔亡。震用伐鬼方,三年有赏于大国。

【解】九四出下卦之险,未济过半矣。四居大臣之位,六五之君专信之,以其刚健以济艰险。九四以刚居阴,处文明之初(离),志在乎正,则必吉而悔之消亡也。[1]"震",动之极也。九四出险之中,处文明之初,六五崇信,是六爻中唯一可有所作为而济难者,故振奋其勇健,以伐鬼方,经三年而克,得大国之赏。于既济卦中,九三亦有伐鬼方,三年而克之事。然于既济,有贬之义,在未济九四中,却有褒之之义,何也?盖既济之九三,已处文明之末,既济本是圆满之态,少为则少败,故九三之伐鬼方,有勉强多事之嫌。而处未济之中,少为则永无可济之时,且九四以刚健之体处文明之初,正是积极有为之时,故虽三年克鬼方,亦是可喜之事也。

《象》曰:"贞吉,悔亡",志行也。

【解】九四以刚健之体处文明之初,其体健,其志正,必行而悔亡也。九四有"悔亡"之语,盖诫九四为济难之主也,处阴位而不当优柔寡断,而当勇往直前,否则为悔也。

六五:贞吉,无悔。君子之光,有孚,吉。

【解】六五以柔居阳,处离卦之中,光明之君也。唯有正而得吉,无悔吝之事。六五诚信于中,任贤于外(九二与九四),吉无不利也。盖六五非刚健者,又处未济之中,不信用于人,何济之有?

《象》曰:"君子之光",其晖吉也。

【解】言君子之德,如光辉四见,吉无不利也。晖,光盛而有晖。

上九:有孚于饮酒,无咎。濡其首,有孚,失是。

【解】孚者,信也。有孚者,自信于中。有孚于饮酒,无吉可言,亦无凶可言，无咎而已。"有孚，失是"者，信失其所，饮酒而放逸无度，必至"濡其首"之凶。为何上九会出现两种截然不同的情况？盖上九处未济之极，将出于未济之中，以上九之刚健，出未济并非难事。因此，若上九自信自制于中，饮酒亦无咎；若上九自信过度，饮酒失节则必有凶险。故上九之吉凶存乎其自身也。邱富国曰："既言'饮酒'之'无咎'，复言饮酒濡首之失，何耶？盖饮酒可也。耽饮而至于濡首，则昔之'有孚'者，今失于是矣。"（《折中》）

《象》曰："饮酒""濡首"，亦不知节也。
【解】饮酒为喜庆之事，处未济之时，本不当饮酒，饮酒而至濡首，不知节制之故也。郑汝楷曰："既济'初吉终乱'，未济则初乱终吉。以卦之体言之，既济则出明而之险，未济则出险而之明。以卦之义言之，济于始者必乱于终，乱于始者必济于终，天之道物之理固然也。"（《东谷先生易翼传》）

注释：
[1] 关于"贞吉，悔亡"的解释有争议，有认为"亡"即"无"，故贞吉而悔必消亡。有认为"亡"乃凶词，故贞则吉，不贞则悔。

附录　通行本《易传》

文言传

乾文言

元者，善之长也；亨者，嘉之会也；利者，义之和也；贞者，事之干也。君子，体仁足以长人；嘉会，足以合礼；利物，足以和义；贞固足以干事。君子行此四德者，故曰："乾：元亨利贞。"

"初九曰：'潜龙勿用'，何谓也？"子曰："龙，德而隐者也。不易乎世，不成乎名，遁世无闷，不见是而无闷，乐则行之，忧则违之，确乎其不可拔，潜龙也。"

"九二曰：'见龙在田，利见大人'，何谓也？"子曰："龙德而正中者也。庸言之信，庸行之谨，闲邪存其诚，善世而不伐，德博而化。《易》曰'见龙在田，利见大人'，君德也。"

"九三曰：'君子终日乾乾，夕惕若厉，无咎'，何谓也？"子曰："君子进德修业。忠信，所以进德也；修辞立其诚，所以居业也。知至至之，可与几也。知终终之，可与存义也。是故居上位而不骄，在下位而不忧，故'乾乾'因其时而'惕'，虽危'无咎'矣。"

"九四曰：'或跃在渊，无咎'，何谓也？"子曰："上下无常，非为邪也。进退无恒，非离群也。君子进德修业，欲及时也。故'无咎'。"

"九五曰：'飞龙在天，利见大人'，何谓也？"子曰："同声相应，同气相求。水流湿，火就燥。云从龙，风从虎。圣人作，而万物睹。本乎天者亲上，本乎地者亲下，则各从其类也。"

"上九曰：'亢龙有悔'，何谓也？"子曰："贵而无位，高而无民，贤人在下位而无辅，是以动而有悔也。"

"潜龙勿用"，下也。"见龙在田"，时舍也。"终日乾乾"，行事也。"或跃在渊"，自试也。"飞龙在天"，上治也。"亢龙有悔"，穷之灾也。乾元"用九"，天下治也。

"潜龙勿用"，阳气潜藏。"见龙在田"，天下文明。"终日乾乾"，与时偕行。"或跃在渊"，乾道乃革。"飞龙在天"，乃位乎天德。"亢龙有悔"，与时偕极。乾元"用九"，乃见天则。

"乾元"者，始而"亨"者也；"利贞"者，性情也。乾始能以美利利天下，不言所利，大矣哉！大哉，乾乎！刚健中正，纯粹精也。六爻发挥，旁通情也。时乘六龙，以御天也。云行雨施，天下平也。

君子以成德为行，日可见之行也。"潜"之为言也，隐而未见，行而未成，是以君子弗用也。君子学以聚之，问以辩之，宽以居之，仁以行之。《易》曰"见龙在田，利见大人"，君德也。

九三重刚而不中，上不在天，下不在田，故"乾乾"，因其时而"惕"，虽危"无咎"矣。

九四重刚而不中，上不在天，下不在田，中不在人，故"或"之。"或"之者，疑之也，故"无咎"。

夫大人者，与天地合其德，与日月合其明，与四时合其序，与鬼神合其吉凶，先天而天弗违，后天而奉天时。天且弗违，而况于人乎？况于鬼神乎？

"亢"之为言也，知进而不知退，知存而不知亡，知得而不知丧。其唯圣人乎，知进退存亡，而不失其正者，其唯圣人乎！

坤文言

坤至柔而动也刚，至静而德方；后得主而有常，含万物而化光。坤道其顺乎？承天而时行。

积善之家，必有余庆；积不善之家，必有余殃。臣弑其君，子弑其父，非一朝一夕之故，其所由来者渐矣，由辩之不早辩也。《易》曰"履霜，坚冰至"，盖言顺也。

"直"，其正也；"方"，其义也。君子敬以直内，义以方外，敬义立而德不孤。"直方大，不习无不利"，则不疑其所行也。

阴虽有美，含之以从王事，弗敢成也；地道也，妻道也，臣道也。

地道"无成",而代"有终"也。

天地变化,草木蕃。天地闭,贤人隐。《易》曰"括囊,无咎无誉",盖言谨也。

君子黄中通理,正位居体,美在其中,而畅于四支,发于事业,美之至也。

阴疑于阳必战,为其嫌于无阳也,故称"龙"焉。犹未离其类也,故称"血"焉。夫"玄黄"者,天地之杂也,天玄而地黄。

系辞传

系辞上

天尊地卑,乾坤定矣。卑高以陈,贵贱位矣。动静有常,刚柔断矣。方以类聚,物以群分,吉凶生矣。在天成象,在地成形,变化见矣。是故,刚柔相摩,八卦相荡,鼓之以雷霆,润之以风雨,日月运行,一寒一暑。乾道成男,坤道成女。乾知大始,坤作成物。乾以易知,坤以简能。易则易知,简则易从。易知则有亲,易从则有功。有亲则可久,有功则可大。可久则贤人之德,可大则贤人之业。易简,而天下之理得矣。天下之理得,而成位乎其中矣。

圣人设卦观象,系辞焉而明吉凶,刚柔相推而生变化。是故吉凶者,失得之象也;悔吝者,忧虞之象也;变化者,进退之象也;刚柔者,昼夜之象也。六爻之动,三极之道也。是故君子所居而安者,易之序也;所乐而玩者,爻之辞也。是故君子居则观其象而玩其辞,动则观其变而玩其占,是以"自天祐之,吉无不利"。

彖者,言乎象者也。爻者,言乎变者也。吉凶者,言乎其失得也。悔吝者,言乎其小疵也。无咎者,善补过也。是故列贵贱者存乎位,齐小大者存乎卦,辩吉凶者存乎辞,忧悔吝者存乎介,震无咎者存乎悔。是故,卦有小大,辞有险易。辞也者,各指其所之。

易与天地准,故能弥纶天地之道;仰以观于天文,俯以察于地理,是故知幽明之故;原始反终,故知死生之说;精气为物,游魂为变,是故知鬼神之情状;与天地相似,故不违;知周乎万物而道济天下,故不过;旁行而不流,乐天知命,故不忧;安土敦乎仁,故能爱;范围天地之化而不过，曲成万物而不遗，通乎昼夜之道而知，故神无方而易无体。

一阴一阳之谓道，继之者善也，成之者性也。仁者见之谓之仁，知者见之谓之知，百姓日用而不知，故君子之道鲜矣。显诸仁，藏诸用，鼓万物而不与圣人同忧，盛德大业，至矣哉！富有之谓大业，日新之谓盛德，生生之谓易，成象之谓乾，效法之谓坤，极数知来之谓占，通变之谓事，阴阳不测之谓神。

夫易，广矣大矣，以言乎远则不御，以言乎迩则静而正，以言乎天地之间，则备矣。夫乾，其静也专，其动也直，是以大生焉。夫坤，其静也翕，其动也辟，是以广生焉。广大配天地，变通配四时，阴阳之义配日月，易简之善配至德。子曰："易，其至矣乎！夫易，圣人所以崇德而广业也。知崇礼卑，崇效天，卑法地，天地设位，而易行乎其中矣。成性存存，道义之门。"

圣人有以见天下之赜，而拟诸其形容，象其物宜，是故谓之象。圣人有以见天下之动，而观其会通，以行其典礼，系辞焉以断其吉凶，是故谓之爻。言天下之至赜而不可恶也，言天下之至动而不可乱也。拟之而后言，议之而后动，拟议以成其变化。

"鸣鹤在阴，其子和之。我有好爵，吾与尔靡之。"子曰："君子居其室，出其言善，则千里之外应之，况其迩者乎？居其室，出其言不善，则千里之外违之，况其迩者乎？"言出乎身，加乎民；行发乎迩，见乎远。言行，君子之枢机。枢机之发，荣辱之主也。言行，君子之所以动天地也，可不慎乎！"同人先号咷而后笑。"子曰："君子之道，或出或处，或默或语。"二人同心，其利断金；同心之言，其臭如兰。

"初六，藉用白茅，无咎。"子曰："苟错诸地而可矣，藉之用茅，何咎之有？慎之至也。"夫茅之为物薄，而用可重也。慎斯术也以往，其无所失矣。

"劳谦，君子有终，吉。"子曰："劳而不伐，有功而不德，厚之至也。语以其功下人者也。"德言盛，礼言恭。谦也者，致恭以存其位者也。

"亢龙有悔。"子曰："贵而无位，高而无民，贤人在下位而无辅，是以动而有悔也。"

"不出户庭，无咎。"子曰："乱之所生也，则言语以为阶：君不密则失臣，臣不密则失身，几事不密则害成。"是以君子慎密而不出也。

子曰："作《易》者，其知盗乎？《易》曰：'负且乘，致寇至。'"负也者，小人之事也；乘也者，君子之器也。小人而乘君子之器，盗思夺之矣；上慢下暴，盗思伐之矣。慢藏诲盗，冶容诲淫。《易》曰"负且乘，致寇至"，盗之招也。

大衍之数五十，其用四十有九。分而为二以象两；挂一以象三；揲之以四，以象四时；归奇于扐，以象闰；五岁再闰，故再扐而后挂。天数五，地数五，五位相得，而各有合。天数二十有五，地数三十，凡天地之数五十有五，此所以成变化而行鬼神也。乾之策二百一十有六，坤之策百四十有四，凡三百有六十，当期之日。二篇之策，万有一千五百二十，当万物之数也。是故四营而成易，十有八变而成卦。八卦而小成。引而伸之，触类而长之，天下之能事毕矣。显道神德行，是故可与酬酢，可与祐神矣。①

子曰："知变化之道者，其知神之所为乎。《易》有圣人之道四焉：以言者尚其辞，以动者尚其变，以制器者尚其象，以卜筮者尚其占。"是以君子将有为也，将有行也，问焉而以言，其受命也如响，无有远近幽深，遂知来物。非天下之至精，其孰能与于此？参伍以变，错综其数。通其变，遂成天下之文；极其数，遂定天下之象。非天下之至变，其孰能与于此？易，无思也，无为也，寂然不动，感而遂通天下之故。非天下之至神，其孰能与于此？夫《易》，圣人之所以极深而研几也。唯深也，故能通天下之志；唯几也，故能成天下之务；唯神也，故不疾而速，不行而至。子曰"《易》有圣人之道四焉"者，此之谓也。

天一，地二；天三，地四；天五，地六；天七，地八；天九，地十。

子曰："夫易，何为者也？夫易，开物成务，冒天下之道，如斯而已者也。"是故圣人以通天下之志，以定天下之业，以断天下之疑。是

---

① 在《帛书易·系辞》中，并无"大衍之数五十……可与祐神矣"这一段，疑为汉儒所窜入文字。

故蓍之德，圆而神；卦之德，方以知；六爻之义，易以贡。圣人以此洗心，退藏于密，吉凶与民同患。神以知来，知以藏往，其孰能与于此哉？古之聪明睿知，神武而不杀者夫！是以明于天之道，而察于民之故，是兴神物，以前民用。圣人以此齐戒，以神明其德夫。是故阖户谓之坤，辟户谓之乾，一阖一辟谓之变，往来不穷谓之通。见乃谓之象，形乃谓之器，制而用之谓之法，利用出入，民咸用之谓之神。

是故易有太极，是生两仪，两仪生四象，四象生八卦，八卦定吉凶，吉凶生大业。是故法象莫大乎天地；变通莫大乎四时；县象著明莫大乎日月；崇高莫大乎富贵；备物致用，立成器以为天下利，莫大乎圣人；探赜索隐，钩深致远，以定天下之吉凶，成天下之亹亹（wěi）者，莫大乎蓍龟。是故天生神物，圣人则之；天地变化，圣人效之；天垂象，见吉凶，圣人象之；河出图，洛出书，圣人则之。易有四象，所以示也；系辞焉，所以告也；定之以吉凶，所以断也。

《易》曰："自天祐之，吉无不利。"子曰："祐者，助也。天之所助者，顺也；人之所助者，信也；履信思乎顺，又以尚贤也。是以'自天祐之，吉无不利'也。"

子曰："书不尽言，言不尽意。"然则圣人之意，其不可见乎？子曰："圣人立象以尽意，设卦以尽情伪，系辞焉以尽其言，变而通之以尽利，鼓之舞之以尽神。"

乾坤，其易之门邪？乾坤成列，而易立乎其中矣。乾坤毁，则无以见易。易不可见，则乾坤或几乎息矣。是故形而上者谓之道，形而下者谓之器，化而裁之谓之变，推而行之谓之通，举而错之天下之民谓之事业。

是故，夫象，圣人有以见天下之赜，而拟诸其形容，象其物宜，是故谓之象；圣人有以见天下之动，而观其会通，以行其典礼，系辞焉以断其吉凶，是故谓之爻。极天下之赜者，存乎卦；鼓天下之动者，存乎辞；化而裁之，存乎变；推而行之，存乎通；神而明之，存乎其人；默而成之，不言而信，存乎德行。

系辞下

八卦成列，象在其中矣；因而重之，爻在其中矣；刚柔相推，变在其中矣；系辞焉而命之，动在其中矣。吉凶悔吝者，生乎动者也；刚柔者，立本者也；变通者，趣时者也。吉凶者，贞胜者也；天地之道，贞观者也；日月之道，贞明者也；天下之动，贞夫一者也。

夫乾，确然示人易矣；夫坤，隤（tuí）然示人简矣。

爻也者，效此者也；象也者，像此者也。爻象动乎内，吉凶见乎外，功业见乎变，圣人之情见乎辞。天地之大德曰生；圣人之大宝曰位；何以守位？曰仁；何以聚人？曰财；理财正辞，禁民为非，曰义。

古者包牺氏之王天下也，仰则观象于天，俯则观法于地，观鸟兽之文与地之宜，近取诸身，远取诸物，于是始作八卦，以通神明之德，以类万物之情。作结绳而为网罟（gǔ），以佃以渔，盖取诸离。包牺氏没，神农氏作，斫木为耜（sì），揉木为耒（lěi），耒耨（nòu）之利，以教天下，盖取诸益。日中为市，致天下之民，聚天下之货，交易而退，各得其所，盖取诸噬嗑。神农氏没，黄帝、尧、舜氏作，通其变，使民不倦，神而化之，使民宜之。易，穷则变，变则通，通则久。是以"自天祐之，吉无不利"。黄帝、尧、舜垂衣裳而天下治，盖取诸乾、坤。刳（kū）木为舟，剡（yǎn）木为楫，舟楫之利，以济不通，致远以利天下，盖取诸涣。服牛乘马，引重致远，以利天下，盖取诸随。重门击柝（tuò），以待暴客，盖取诸豫。断木为杵，掘地为臼，杵臼之利，万民以济，盖取诸小过。弦木为弧，剡木为矢，弧矢之利，以威天下，盖取诸睽。上古穴居而野处，后世圣人易之以宫室，上栋下宇，以待风雨，盖取诸大壮。古之葬者，厚衣之以薪，葬之中野，不封不树，丧期无数，后世圣人易之以棺椁，盖取诸大过。上古结绳而治，后世圣人易之以书契，百官以治，万民以察，盖取诸夬。

是故易者，象也；象也者，像也。彖者，材也。爻也者，效天下之动者也。是故吉凶生而悔吝著也。

阳卦多阴，阴卦多阳。其故何也？阳卦奇，阴卦耦。其德行何也？阳一君而二民，君子之道也；阴二君而一民，小人之道也。

《易》曰："憧憧往来，朋从尔思。"子曰："天下何思何虑？天下同归而殊涂，一致而百虑。天下何思何虑？"日往则月来，月往则日来，日月相推而明生焉；寒往则暑来，暑往则寒来，寒暑相推而岁成焉；往者屈也，来者信也，屈信相感而利生焉。尺蠖之屈，以求信也；龙蛇之蛰，以存身也。精义入神，以致用也；利用安身，以崇德也。过此以往，未之或知也；穷神知化，德之盛也。

《易》曰："困于石，据于蒺藜，入于其宫，不见其妻，凶。"子曰："非所困而困焉，名必辱；非所据而据焉，身必危。既辱且危，死期将至，妻其可得见耶？"

《易》曰："公用射隼于高墉之上，获之，无不利。"子曰："隼者，禽也；弓矢者，器也；射之者，人也。君子藏器于身，待时而动，何不利之有？动而不括，是以出而有获，语成器而动者也。"

子曰："小人不耻不仁，不畏不义，不见利不劝，不威不惩。小惩而大诫，此小人之福也。《易》曰'履校灭趾，无咎'，此之谓也。善不积，不足以成名；恶不积，不足以灭身。小人以小善为无益而弗为也，以小恶为无伤而弗去也，故恶积而不可掩（yǎn），罪大而不可解。《易》曰：'何校灭耳，凶。'"子曰："危者，安其位者也；亡者，保其存者也；乱者，有其治者也。是故君子安而不忘危，存而不忘亡，治而不忘乱，是以身安而国家可保也。《易》曰：'其亡其亡，系于苞桑。'"子曰："德薄而位尊，知小而谋大，力少而任重，鲜不及矣。《易》曰'鼎折足，覆公餗（sù），其形渥，凶'，言不胜其任也。"

子曰："知几，其神乎！君子上交不谄，下交不渎，其知几乎？几者，动之微，吉〔凶〕之先见者也。君子见几而作，不俟终日。《易》曰：'介于石，不终日，贞吉。'介如石焉，宁用终日？断可识矣。"君子知微知彰，知柔知刚，万夫之望。

子曰："颜氏之子，其殆庶几乎？有不善未尝不知，知之未尝复行也。《易》曰：'不远复，无祗悔，元吉。'"

天地氤氲，万物化醇。男女构精，万物化生。《易》曰"三人行，则损一人；一人行，则得其友"，言致一也。

子曰："君子安其身而后动，易其心而后语，定其交而后求。君子修此三者，故全也。危以动，则民不与也；惧以语，则民不应也；无交而求，则民不与也。莫之与，则伤之者至矣。《易》曰：'莫益之，或击之，立心勿恒，凶。'"

子曰："乾坤，其易之门邪？"乾，阳物也；坤，阴物也。阴阳合德，而刚柔有体，以体天地之撰，以通神明之德。其称名也，杂而不越。于稽其类，其衰世之意邪？夫易，彰往而察来，而微显阐幽，开而当名，辨物正言，断辞则备矣。其称名也小，其取类也大，其旨远，其辞文，其言曲而中，其事肆而隐。因贰以济民行，以明失得之报。

《易》之兴也，其于中古乎？作《易》者，其有忧患乎？是故履，德之基也；谦，德之柄也；复，德之本也；恒，德之固也；损，德之修也；益，德之裕也；困，德之辨也；井，德之地也；巽，德之制也。履，和而至；谦，尊而光；复，小而辨于物；恒，杂而不厌；损，先难而后易；益，长裕而不设；困，穷而通；井，居其所而迁；巽，称而隐。履以和行，谦以制礼，复以自知，恒以一德，损以远害，益以兴利，困以寡怨，井以辨义，巽以行权。

《易》之为书也不可远，为道也屡迁，变动不居，周流六虚，上下无常，刚柔相易，不可为典要，唯变所适。其出入以度，外内使知惧，又明于忧患与故，无有师保，如临父母。初率其辞，而揆其方，既有典常。苟非其人，道不虚行。

《易》之为书也，原始要终以为质也。六爻相杂，唯其时物也。其初难知，其上易知，本末也。初辞拟之，卒成之终。若夫杂物撰德，辨是与非，则非其中爻不备。噫！亦要存亡吉凶，则居可知矣。知者观其彖辞，则思过半矣。

二与四，同功而异位，其善不同：二多誉，四多惧，近也。柔之为道，不利远者，其要无咎，其用柔中也。三与五，同功而异位：三多凶，五多功，贵贱之等也。其柔危，其刚胜邪？

《易》之为书也，广大悉备，有天道焉，有人道焉，有地道焉。兼三才而两之，故六。六者非它也，三才之道也。道有变动，故曰爻；爻有等，故曰物；物相杂，故曰文；文不当，故吉凶生焉。

《易》之兴也，其当殷之末世，周之盛德邪？当文王与纣之事邪？是故其辞危。危者使平，易者使倾。其道甚大，百物不废。惧以终始，其要无咎，此之谓易之道也。

夫乾，天下之至健也，德行恒易以知险。夫坤，天下之至顺也，德行恒简以知阻。能说诸心，能研诸侯之虑，定天下之吉凶，成天下之亹亹者。是故变化云为，吉事有祥。象事知器，占事知来。天地设位，圣人成能；人谋鬼谋，百姓与能。八卦以象告，爻象以情言，刚柔杂居，而吉凶可见矣。变动以利言，吉凶以情迁。是故爱恶相攻而吉凶生，远近相取而悔吝生，情伪相感而利害生。凡易之情，近而不相得则凶；或害之，悔且吝。将叛者其辞惭，中心疑者其辞枝，吉人之辞寡，躁人之辞多，诬善之人其辞游，失其守者其辞屈。

说卦传

昔者圣人之作《易》也，幽赞于神明而生蓍，参天两地而倚数，观变于阴阳而立卦，发挥于刚柔而生爻，和顺于道德而理于义，穷理尽性以至于命。

昔者圣人之作《易》也，将以顺性命之理。是以立天之道曰阴与阳，立地之道曰柔与刚，立人之道曰仁与义。兼三才而两之，故《易》六画而成卦。分阴分阳，迭用柔刚，故《易》六位而成章。

天地定位，山泽通气，雷风相薄，水火不相射。八卦相错，数往者顺，知来者逆，是故《易》逆数也。

雷以动之，风以散之，雨以润之，日以烜之，艮以止之，兑以说之，乾以君之，坤以藏之。

帝出乎震，齐乎巽，相见乎离，致役乎坤，说言乎兑，战乎乾，劳乎坎，成言乎艮。万物"出乎震"；震，东方也。"齐乎巽"；巽，东南也。齐也者，言万物之絜齐也。离也者，明也，万物皆"相见"，南方之卦也。圣人南面而听天下，向明而治，盖取诸此也。坤也者，地也，万物皆致养焉，故曰"致役乎坤"。兑，正秋也，万物之所说也，故曰"说言乎兑"。"战乎乾"；乾，西北之卦也，言阴阳相薄也。坎者，水也，正北方之卦也，劳卦也，万物之所归也，故曰"劳乎坎"。艮，东北之卦也，万物之所成终，而所成始也，故曰"成言乎艮"。

"神"也者，妙万物而为言者也。动万物者莫疾乎雷，桡万物者莫疾乎风，燥万物者莫熯（hàn）乎火，说万物者莫说乎泽，润万物者莫润乎水，终万物始万物者莫盛乎艮。故水火相逮，雷风不相悖，山泽通气，然后能变化，既成万物也。

乾，健也。坤，顺也。震，动也。巽，入也。坎，陷也。离，丽也。艮，止也。兑，说也。

乾为马，坤为牛，震为龙，巽为鸡，坎为豕，离为雉，艮为狗，兑为羊。

乾为首，坤为腹，震为足，巽为股，坎为耳，离为目，艮为手，兑为口。

乾，天也，故称乎父。坤，地也，故称乎母。震一索而得男，故谓之长男。巽一索而得女，故谓之长女。坎再索而得男，故谓之中男。离再索而得女，故谓之中女。艮三索而得男，故谓之少男。兑三索而得女，故谓之少女。

乾为天，为圜，为君，为父，为玉，为金，为寒，为冰，为大赤，为良马，为老马，为瘠马，为驳马，为木果。

坤为地，为母，为布，为釜，为吝啬，为均，为子母牛，为大舆，为文，为众，为柄，其于地也为黑。

震为雷，为龙，为玄黄，为旉，为大涂，为长子，为决躁，为苍筤竹，为萑苇。其于马也为善鸣，为馵（zhù）足，为作足，为的颡（sǎng）。其于稼也为反生，其究为健，为蕃鲜。

巽为木，为风，为长女，为绳直，为工，为白，为长，为高，为进退，为不果，为臭，其于人也为寡发，为广颡，为多白眼，为近利市三倍，其究为躁卦。

坎为水，为沟渎，为隐伏，为矫輮，为弓轮，其于人也为加忧，为心病，为耳痛，为血卦，为赤，其于马也为美脊，为亟心，为下首，为薄蹄，为曳，其于舆也为多眚，为通，为月，为盗，其于木也为坚多心。

离为火，为日，为电，为中女，为甲胄，为戈兵，其于人也为大腹，为乾卦，为鳖，为蟹，为蠃，为蚌，为龟，其于木也为科上槁。

艮为山，为径路，为小石，为门阙，为果蓏（luǒ），为阍（hūn）寺，为指，为狗，为鼠，为黔喙之属，其于木也为坚多节。

兑为泽，为少女，为巫，为口舌，为毁折，为附决，其于地也为刚卤，为妾，为羊。

序卦传①

有天地，然后万物生焉。盈天地之间者唯万物，故受之以屯。屯者，盈也。屯者，物之始生也。物生必蒙，故受之以蒙。蒙者，蒙也，物之稚也。物稚不可不养也，故受之以需。需者，饮食之道也。饮食必有讼，故受之以讼。讼必有众起，故受之以师。师者，众也。众必有所比，故受之以比。比者，比也。比必有所畜，故受之以小畜。物畜然后有礼，故受之以履。履而泰，然后安，故受之以泰。泰者，通也。物不可以终通，故受之以否。物不可以终否，故受之以同人。与人同者，物必归焉，故受之以大有。有大者不可以盈，故受之以谦。有大而能谦必豫，故受之以豫。豫必有随，故受之以随。以喜随人者必有事，故受之以蛊。蛊者，事也。有事而后可大，故受之以临。临者，大也。物大然后可观，故受之以观。可观而后有所合，故受之以噬嗑。嗑者，合也。物不可以苟合而已，故受之以贲。贲者，饰也。致饰然后亨则尽矣，故受之以剥。剥者，剥也。物不可以终尽剥，穷上反下，故受之以复。复则不妄矣，故受之以无妄。有无妄，然后可畜，故受之以大畜。物畜然后可养，故受之以颐。颐者，养也。不养则不可动，故受之以大过。物不可以终过，故受之以坎。坎者，陷也。陷必有所丽，故受之以离。离者，丽也。

有天地然后有万物，有万物然后有男女，有男女然后有夫妇，有夫妇然后有父子，有父子然后有君臣，有君臣然后有上下，有上下然后礼义有所错。夫妇之道，不可以不久也，故受之以恒。恒者，久也。物不可以久居其所，故受之以遁。遁者，退也。物不可以终遁，故受之以大

---

① 《史记·孔子世家》曰："孔子晚而喜《易》，序《彖》《系》《象》《说卦》《文言》。读《易》，韦编三绝。"司马迁只说孔子序《彖》《系》《象》《说卦》《文言》，未提及《序卦》和《杂卦》。皮锡瑞曰："太史公书成于汉武帝时经学初昌明、极纯正时代，间及经学，皆可信据。云'孔子晚而喜《易》，序《彖》《系》《象》《说卦》《文言》'，则以《序卦》《杂卦》为孔子作者非矣。"［（清）皮锡瑞：《经学历史》，第92页］可见，《序卦》与《杂卦》本不包括在孔子所序的《易传》之中，当是汉中期以后窜入的作品，以凑泊《易传》的"十翼"之数。因此，在本书的译释过程中，并不参考这两篇作品，但是依照习惯，还是暂时列入书后以供参考。

壮。物不可以终壮，故受之以晋。晋者，进也。进必有所伤，故受之以明夷。夷者，伤也。伤于外者必反于家，故受之以家人。家道穷必乖，故受之以睽。睽者，乖也。乖必有难，故受之以蹇。蹇者，难也。物不可以终难，故受之以解。解者，缓也。缓必有所失，故受之以损。损而不已必益，故受之以益。益而不已必决，故受之以夬。夬者，决也。决必有遇，故受之以姤。姤者，遇也。物相遇而后聚，故受之以萃。萃者，聚也。聚而上者谓之升，故受之以升。升而不已必困，故受之以困。困乎上者必反下，故受之以井。井道不可不革，故受之以革。革物者莫若鼎，故受之以鼎。主器者莫若长子，故受之以震。震者，动也。物不可以终动，止之，故受之以艮。艮者，止也。物不可以终止，故受之以渐。渐者，进也。进必有所归，故受之以归妹。得其所归者必大，故受之以丰。丰者，大也。穷大者必失其居，故受之以旅。旅而无所容，故受之以巽。巽者，入也。入而后说之，故受之以兑。兑者，说也。说而后散之，故受之以涣。涣者，离也。物不可以终离，故受之以节。节而信之，故受之以中孚。有其信者必行之，故受之以小过。有过物者必济，故受之以既济。物不可穷也，故受之以未济，终焉。

杂卦传

乾刚坤柔，比乐师忧。临观之义，或与或求。屯见而不失其居，蒙杂而著。震，起也；艮，止也。损益，盛、衰之始也。大畜，时也；无妄，灾也。萃聚而升不来也。谦轻而豫怠也。噬嗑，食也；贲，无色也。兑见而巽伏也。随，无故也；蛊，则饬也。剥，烂也；复，反也。晋，昼也；明夷，诛也。井通而困相遇也。咸，速也；恒，久也。涣，离也；节，止也。解，缓也；蹇，难也。睽，外也；家人，内也。否泰，反其类也。大壮则止，遁则退也。大有，众也；同人，亲也。革，去故也；鼎，取新也。小过，过也；中孚，信也。丰多故也；亲寡旅也。离上，而坎下也。小畜，寡也；履，不处也。需，不进也；讼，不亲也。大过，颠也。姤，遇也，柔遇刚也；渐，女归待男行也。颐，养正也；既济，定也。归妹，女之终也；未济，男之穷也。夬，决也，刚决柔也，君子道长，小人道忧也。

参考文献

（汉）刘熙：《释名》，汉魏丛书本。
（汉）许慎著，徐铉校定：《说文解字》，中华书局1963年版。
（汉）郑玄：《周易郑注》，商务印书馆1936年版。
（魏）王弼、（晋）韩康伯：《周易注》，四库丛刊本。
（魏）王弼著、楼宇烈校释：《周易注校释》，中华书局2012年版。
（魏）张揖：《广雅》，汉魏丛书本。
（梁）顾野王：《玉篇》，中国书店1983年版。
（唐）孔颖达：《周易正义》，中华书局1980年版。
（唐）李鼎祚：《周易集解》，中华书局1985年版。
（宋）陈彭年等重修：《广韵》，中国书店1982年版。
（宋）程颐：《周易程氏传》，中华书局2011年版。
（宋）郭雍：《郭氏传家易说》，中华书局1985年版。
（宋）胡瑗：《周易口义》，吉林出版集团有限责任公司2005年版。
（宋）李衡：《周易义海撮要》，上海古籍出版社1989年版。
（宋）司马光：《温公易说》，上海古籍出版社1989年版。
（宋）苏轼：《东坡易传》，上海古籍出版社1990年版。
（宋）王宗传：《童溪易传》，通志堂经解本。
（宋）项世安：《周易玩辞》，通志堂经解本。
（宋）杨万里：《诚斋易传》，上海古籍出版社1990年版。
（宋）俞琰：《周易集说》，通志堂经解本。
（宋）张载：《横渠易说》，《张载集》，中华书局1978年版。
（宋）朱熹：《周易本义》，中华书局2009年版。
（宋）朱震：《汉上易学》，上海古籍出版社1990年版。

（元）胡炳文：《周易本义通释·丙子学易编》，吉林出版集团有限责任公司 2005 年版。

（元）刘牧：《易数钩隐图》，上海古籍出版社 1989 年版。

（元）王申子：《大易缉说》，通志堂经解本。

（明）来知德：《周易集注》，九州出版社 2004 年版。

（清）惠栋：《周易述》，中华书局 2007 年版。

（清）李光地：《周易折中》，巴蜀书社 2008 年版。

（清）王夫之：《周易外传》，中华书局 1977 年版。

（清）张玉书等编：《康熙字典》，中华书局 1958 年版。

邓球柏：《白话帛书周易》，岳麓书社 1995 年版。

邓球柏：《帛书周易校释》，湖南人民出版社 1987 年版。

丁四新：《楚竹书与汉帛书周易校注》，上海古籍出版社 2011 年版。

黄寿祺、张善文：《周易译注》，上海古籍出版社 2007 年版。

金春峰：《〈周易〉经传梳理与郭店楚简思想新释》，中国言实出版社 2004 年版。

金景芳、吕绍纲：《周易全解》，吉林大学出版社 1989 年版。

廖名春：《帛书〈周易〉论集》，上海古籍出版社 2008 年版。

刘彬等：《帛书〈易传〉新释》，中国社会科学出版社 2016 年版。

马王堆汉墓帛书整理小组：《马王堆帛书周易六十四卦释文》，《文物》，1984 年版第 3 期。

尚秉和：《周易尚氏学》，中华书局 1980 年版。

王化平：《帛书〈易传〉研究》，巴蜀书社 2007 年版。

于豪亮：《马王堆帛书〈周易〉释文校注》，上海古籍出版社 2013 年版。

余敦康：《周易现代解读》，华夏出版社 2006 年版。

宗邦福等编：《故训汇纂》，商务印书馆 2003 年版。

后　　记

在《易经》的教学活动中，需要给学生们推荐些参考注本，笔者觉得颇有些为难。众多解读文本各执一端，差异较大。尤其，在一个卦当中，文本之间，甚至一个注本内部，各爻的解读就多不具有一贯性，经常相互矛盾，让人不知所云，近代以来的文本更是混乱。相对来说，公认的一些古代经典文本较为可靠一些，然而限于阅读习惯，现代的读者对古代的解读文本又有"畏难"情绪，尤其对于入门的读者更是如此。另外，还有一个重要的问题就是，1973年马王堆出土的《帛书易》对于《易经》文本的理解有重大的冲击，古代的注解者自然没有看到过这个文本，而现代的学者多专注于《帛书易》的文本考释，形成了丰富的思想成果，但是把这些考释成果融入通行本《易经》之中，并进行通俗化解读的文本尚不多见。因此，笔者不吝才疏，结合古代优秀的文本和现代的一些研究成果（尤其《帛书易》的考释成果），试图编写一本较为简洁通俗的解读文本。本书作为易学入门的通俗解读文本，在保证通俗性和一定的学术性的基础上，尽量做到对一个卦的解读能够更有逻辑性和整体性。

笔者在课堂上讲解易学（包括哲学专业课程和通识课程）已有十余年之久，这本书的编译则断断续续进行了六七年之久，2012年，笔者于南开大学哲学院毕业时撰写的博士学位论文《气本与理本——张载与程颐易学哲学比较研究》（2017年5月，在博士学位论文的基础上进一步修改和补充之后，已于中国社会科学出版社出版，书名为"气本与理本——张载与程颐易学本体论的建构及其问题"），主要研究北宋时期易学与理学的内在关系问题。在博士学位论文写作期间，关于各个卦的解读就已进行了不间断的思考和体悟。在博士毕业后，我开始着手译释

《周易》文本。在 2016 和 2017 年，笔者先后赴台湾大学哲学系和香港中文大学哲学系访学，时间宽裕，心境平静，才较为集中地完成了大部分卦的译释工作，之后又陆续进行了补充与完善。

本书得以完成并顺利出版，首先要感谢我的博士后合作导师、浙江大学古籍所的束景南先生，束先生认真阅读了本书书稿，并提出了许多专业、中肯的建议，使得本书得以进一步的完善和深化。感谢原浙江大学出版社周晶晶博士、山东大学儒学高等研究院李梅博士、南昌大学张新国博士等人审阅书稿，并在内容与形式上提出了很多改进的建议。

其次，感谢中国社会科学院徐沐熙博士为此书出版付出的大量努力，对于本书的体例、样式等给出了许多创新性建议。感谢中国社会科学出版社郝玉明博士为书稿耐心认真的审校付出的辛劳，并对于本书格式提出了不少修改意见。感谢浙江理工大学张慧老师、浙江财经大学胡一丁老师、北京知简品牌设计有限公司吴皓东女士和沈铖先生对封面和版式设计等方面给出的建议。感谢我的爱人朱红女士协助搜集资料并审读书稿等。

还有其他一些学界的朋友关心本书的写作与出版进程，在此不一一致谢！